Gymnastizierende Arbeit an der Hand

Schritt für Schritt zu Losgelassenheit und Selbstvertrauen

von Oliver Hilberger

CADMOS

Haftungsausschluss

Der Autor, der Verlag und alle anderen an diesem Buch direkt oder indirekt beteiligten Personen lehnen für Unfälle oder Schäden jeder Art, die aus den in diesem Buch dargestellten Übungen entstehen können, jegliche Haftung ab.
In diesem Buch sind Reiter abgebildet, die ohne splittersicheren Kopfschutz reiten. Dies ist nicht zur Nachahmung zu empfehlen!
Achten Sie immer auf die entsprechende Sicherheitsausrüstung für sich selbst: feste Schuhe und Handschuhe bei der Bodenarbeit sowie Reithelm, Reitstiefel/-schuhe, Reithandschuhe und gegebenenfalls eine Sicherheitsweste beim Reiten.

IMPRESSUM

CADMOS im CADMOS Verlag

Copyright © 2008 Cadmos Verlag GmbH, München
12. Auflage 2019, unveränderter Nachdruck 2022
Gestaltung und Satz: www.ravenstein2.de, Verden
Lektorat: Anneke Fröhlich

Coverfoto: Pamela Sladky
Fotos und Grafiken im Innenteil: Pamela Sladky

Druck: www.graspo.com

Deutsche Nationalbibliothek – CIP-Einheitsaufnahme
Die Deutsche Nationalbibliothek verzeichnet diese Publikation in der Deutschen Nationalbibliografie; detaillierte bibliografische Daten sind im Internet über http://dnb.ddb.de abrufbar.

Printed in EU

ISBN 978-3-86127-449-0

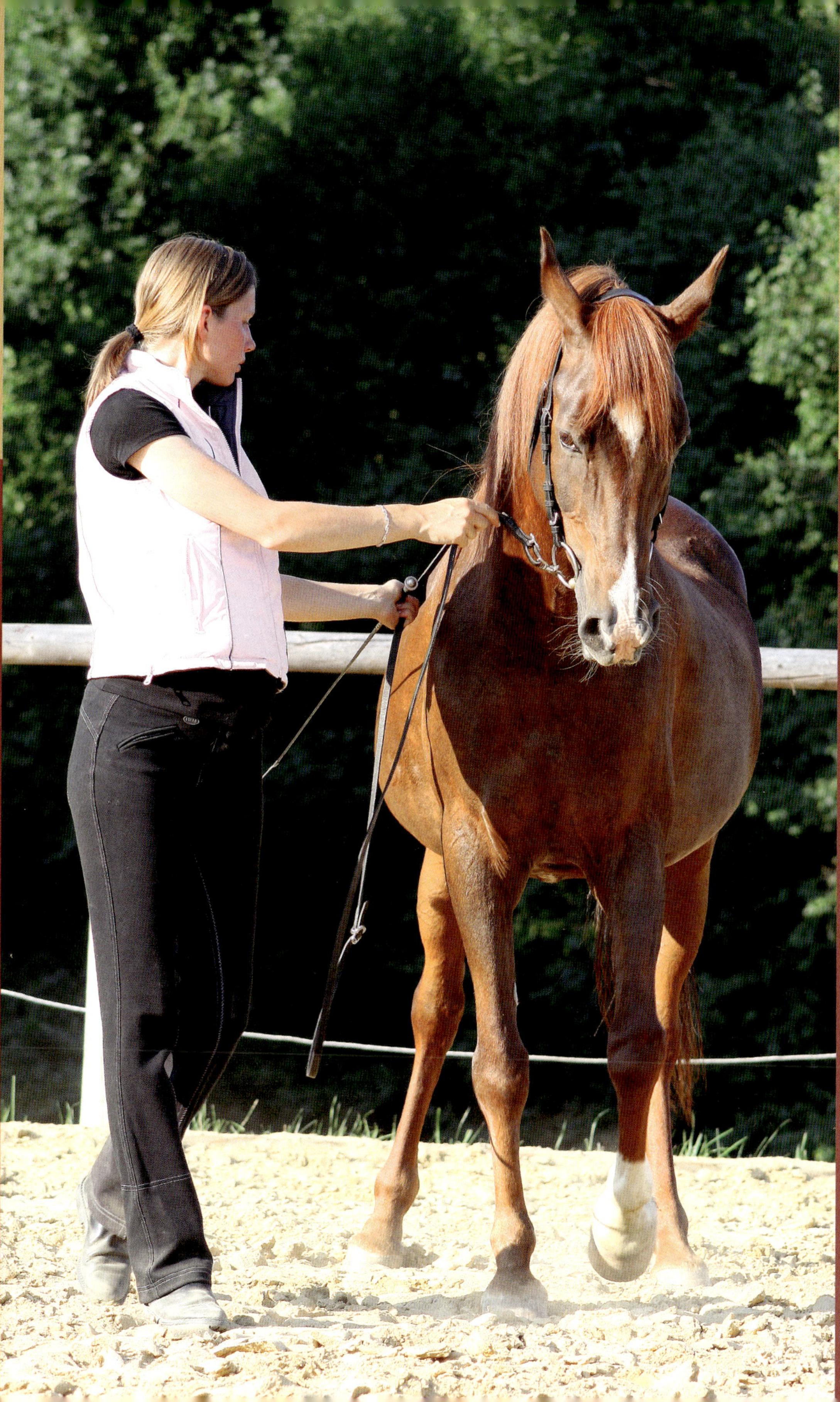

Gymnastizierende Arbeit an der Hand

Schritt für Schritt zu Losgelassenheit und Selbstvertrauen

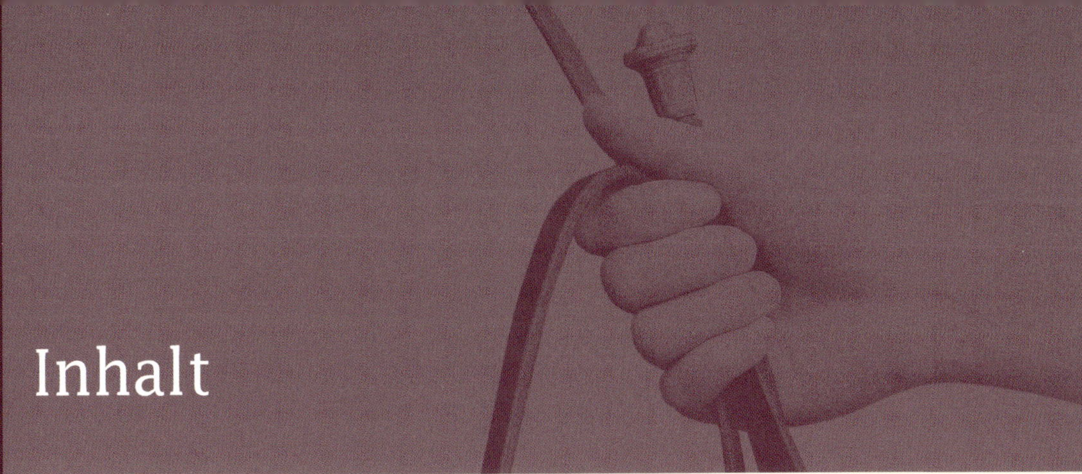

Inhalt

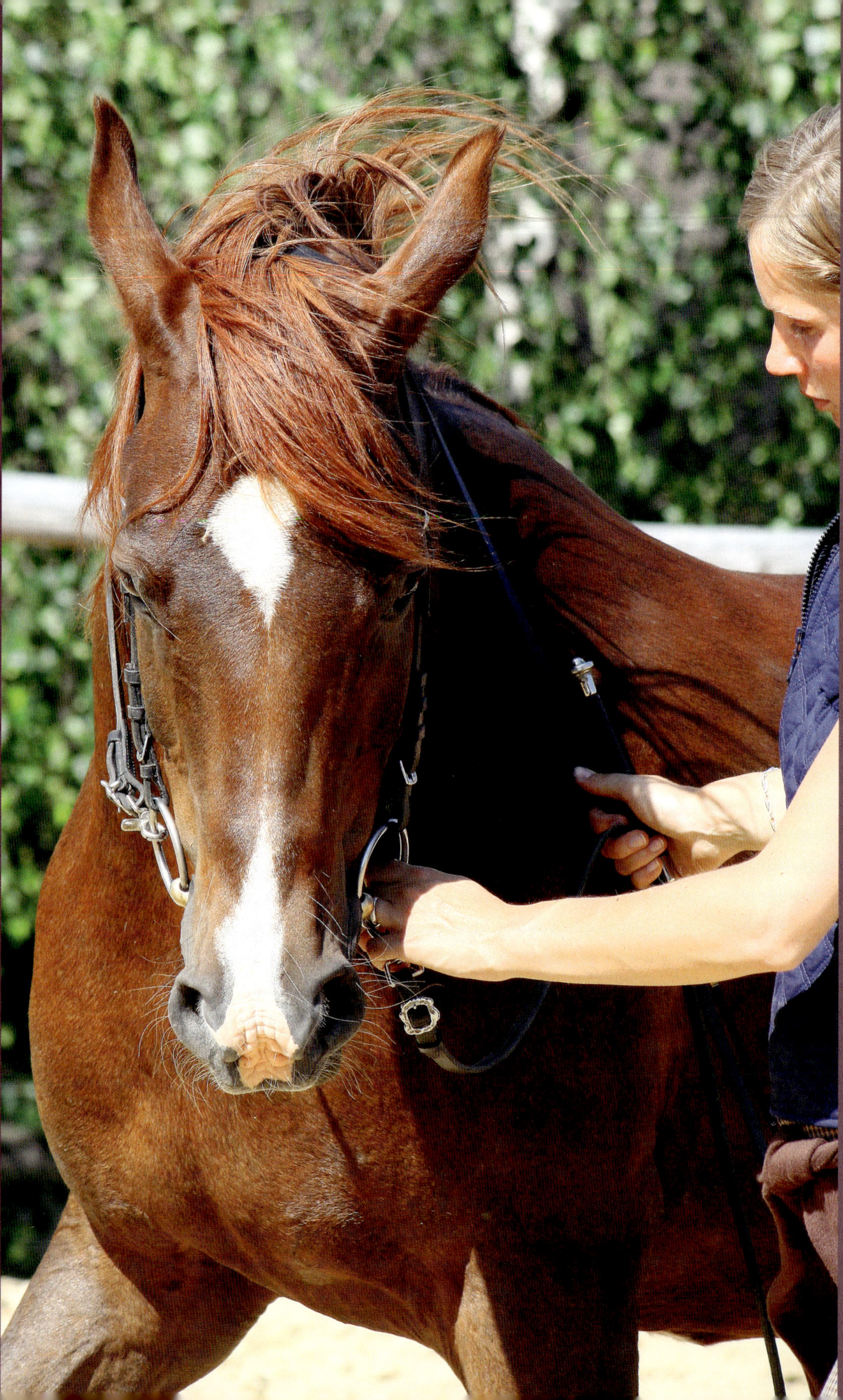

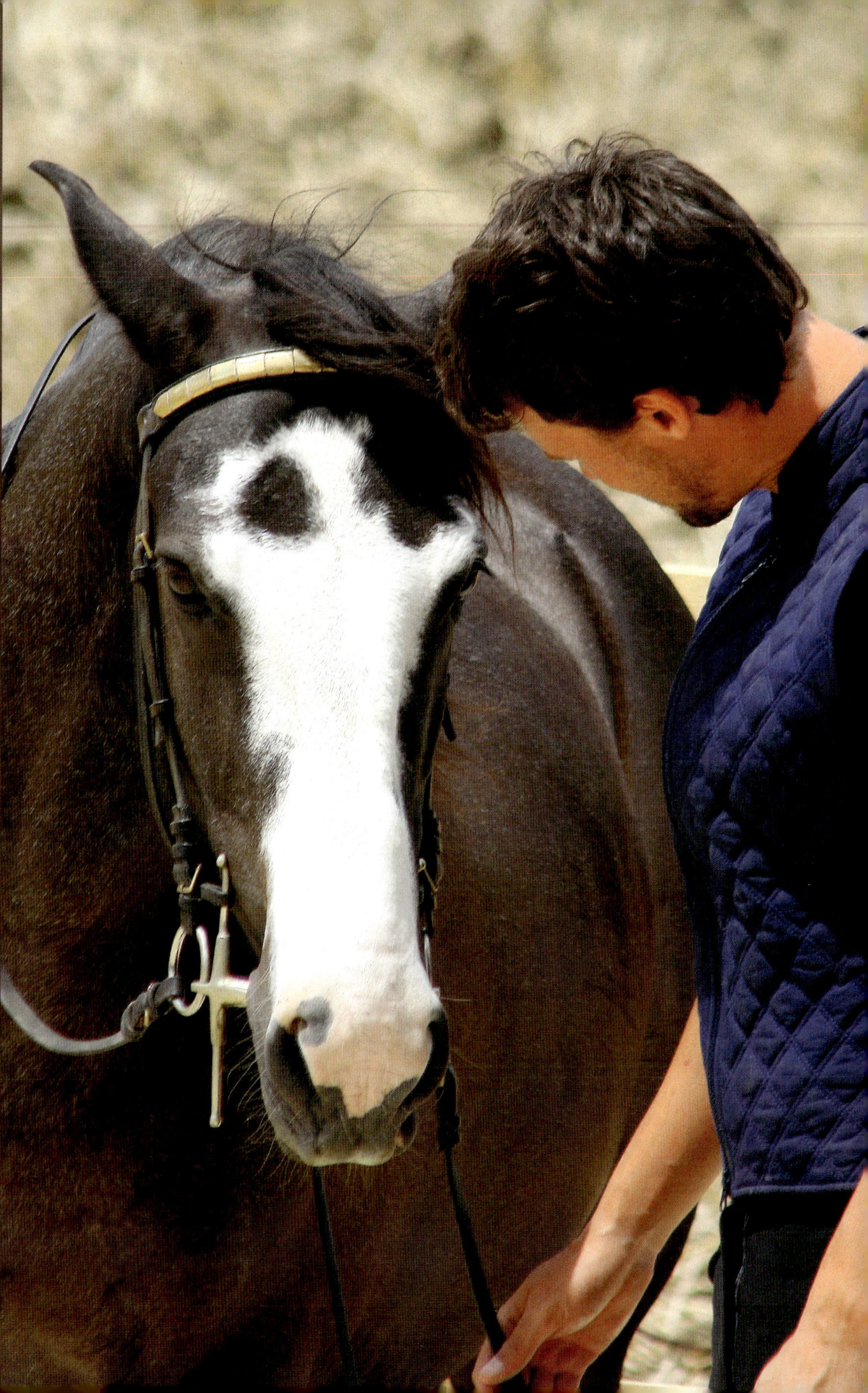

Einleitung

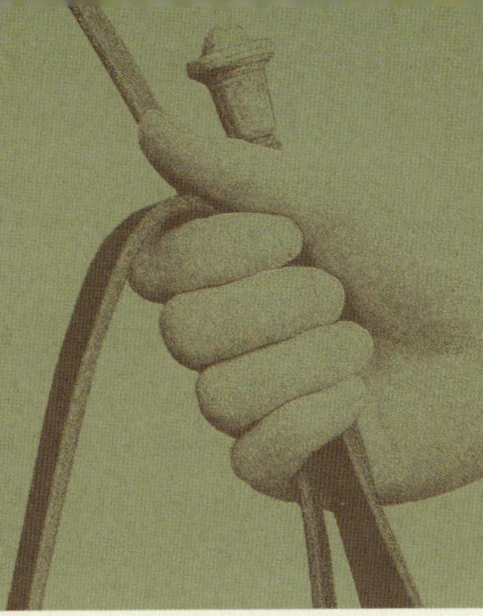

Die Arbeit an der Hand hat mit dem 16. Jahrhundert Einzug in die Geschichtsbücher gehalten. Antoine de Pluvinel ließ die Pilarenarbeit in die Ausbildung der Pferde einfließen. Bis zum Anfang des 20. Jahrhunderts entwickelte sich die Handarbeit weiter und fand mit François Baucher ihren Höhepunkt.

Die Militärreiterei verdrängte im Laufe des vorigen Jahrhunderts die Arbeit an der Hand fast völlig. Lediglich in den Zentren der Reitkunst, der spanischen Hofreitschule in Wien, dem Cadre Noir in Frankreich oder der Real Escuela Andaluza del Arte Ecuestre in Spanien, wurde die Handarbeit weitergeführt und hat bis zum heutigen Zeitpunkt ihren festen Platz in der Pferdeausbildung.

Leistungsdruck und Konventionen lassen die Handarbeit heutzutage in einem schlechten Licht erscheinen. Sie wird als Sammelstelle derer abgetan, die nicht reiten können. Ein Pferd wird nur als solches erkannt, wenn es einen Sattel auf dem Rücken trägt. Fakt ist: Kein Pferd wird mit einem Reiter auf dem Rücken geboren, und kein Mensch kommt als perfekter Reiter zur Welt. Allein deshalb stellt die Handarbeit eine wertvolle Alternative und Ergänzung zum Reiten dar.

Das Repertoire der klassischen Reitkunst hält zwar viele Lektionen und Übungen bereit, doch diese sind für einen Großteil der Reiter meist gar nicht oder erst nach einigen Jahren zugänglich. Viele Pferde können außerdem wegen Krankheit oder aus Altersgründen nicht oder nur eingeschränkt geritten werden und sollen trotzdem schonend gearbeitet werden. Die konventionelle Longenarbeit gerät hierbei sehr schnell an ihre Grenzen, während man mit der Handarbeit gezielt einzelne Muskelgruppen kräftigen und so einen bedeutenden Beitrag zu einer schnelleren Genesung des Pferdes leisten kann.

Und noch etwas: Der Winter stellt Reiter in unseren Breiten hinsichtlich der Arbeit unter dem Sattel oft auf eine harte Probe. Die Böden sind schneebedeckt oder gefroren, und nicht immer steht eine Reithalle zur Verfügung. Doch auch bei guten äußeren Bedingungen verfallen manche Reiter bei der Arbeit mit dem Pferd in eine Monotonie, die irgendwann in unmotiviertes und freudloses Arbeiten oder Ausreiten mündet. Für all diese Probleme bietet sich mit der Handarbeit eine sinnvolle Lösung.

Unabhängig von seinen reiterlichen Fähigkeiten kann hierbei jeder sein Pferd sinnvoll gymnastizieren, es für schwierigere Lektionen

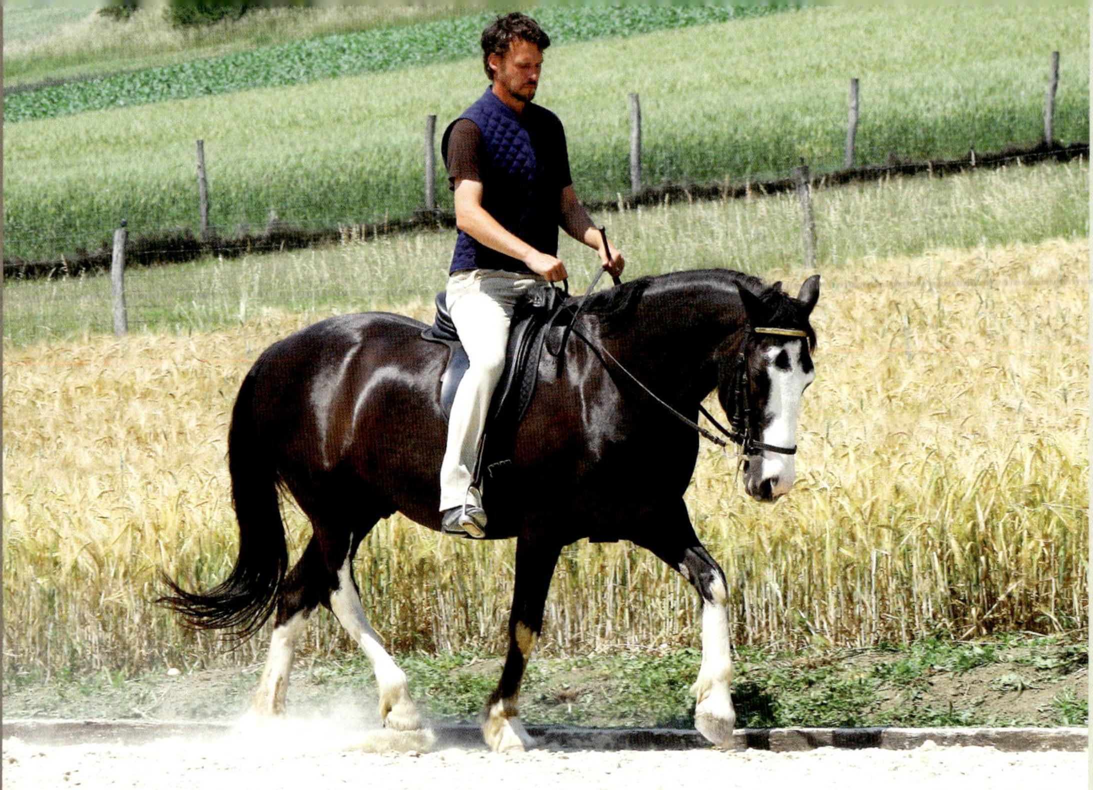

Das an der Hand vorbereitete Pferd wird auch beim Reiten geschmeidig sein.

vorbereiten und sich so selbst ein „Schulpferd" heranbilden. In der Handarbeit findet sich also nicht nur eine Alternative, sondern vor allem eine Ergänzung zum Reiten.

Die Verwandlung des eigenen Pferdes

Der Freizeitreiter hat meist ein einziges Pferd. Sein Pferd! Er investiert viel Zeit und Geld in dieses und ist vor allem emotional eng daran gebunden. Deshalb ist es sinnvoll, sich einige Gedanken zur Gesunderhaltung des Vierbeiners zu machen. Die Arbeit an der Hand kann hier einen vortrefflichen Beitrag leisten. Sehr häufig glaubt man sein Pferd zu kennen, mit all seinen Stärken, Schwächen und Eigenheiten – kurz: mit seinem individuellen Charakter, der das eigene Pferd so einzigartig macht.

Beginnt man nun, sein Pferd mithilfe der Handarbeit zu gymnastizieren, wird sich dieses jedoch sehr schnell weiterentwickeln – nicht nur physisch, sondern auch psychisch. Faule Pferde werden fleißig, hektische Pferde werden ruhig, bei allen wächst die Selbstsicherheit.

Der Mensch an der Seite des Pferdes wird diese Verwandlung mit Staunen beobachten können, denn sein Schützling wird mit der wachsenden Beweglichkeit immer mehr von sich selbst in die Arbeit einbringen. Man gibt dem Pferd die Chance, sich innerhalb eines großzügigen Rahmens zu entfalten. Selbst sehr rangniedere Pferde können aufblühen und enormen Stolz entwickeln.

Wenn man die Möglichkeit hat, die Lebensqualität seines Pferdes zu verbessern, sollte man diese nutzen. Die Handarbeit bietet hierzu die Chance.

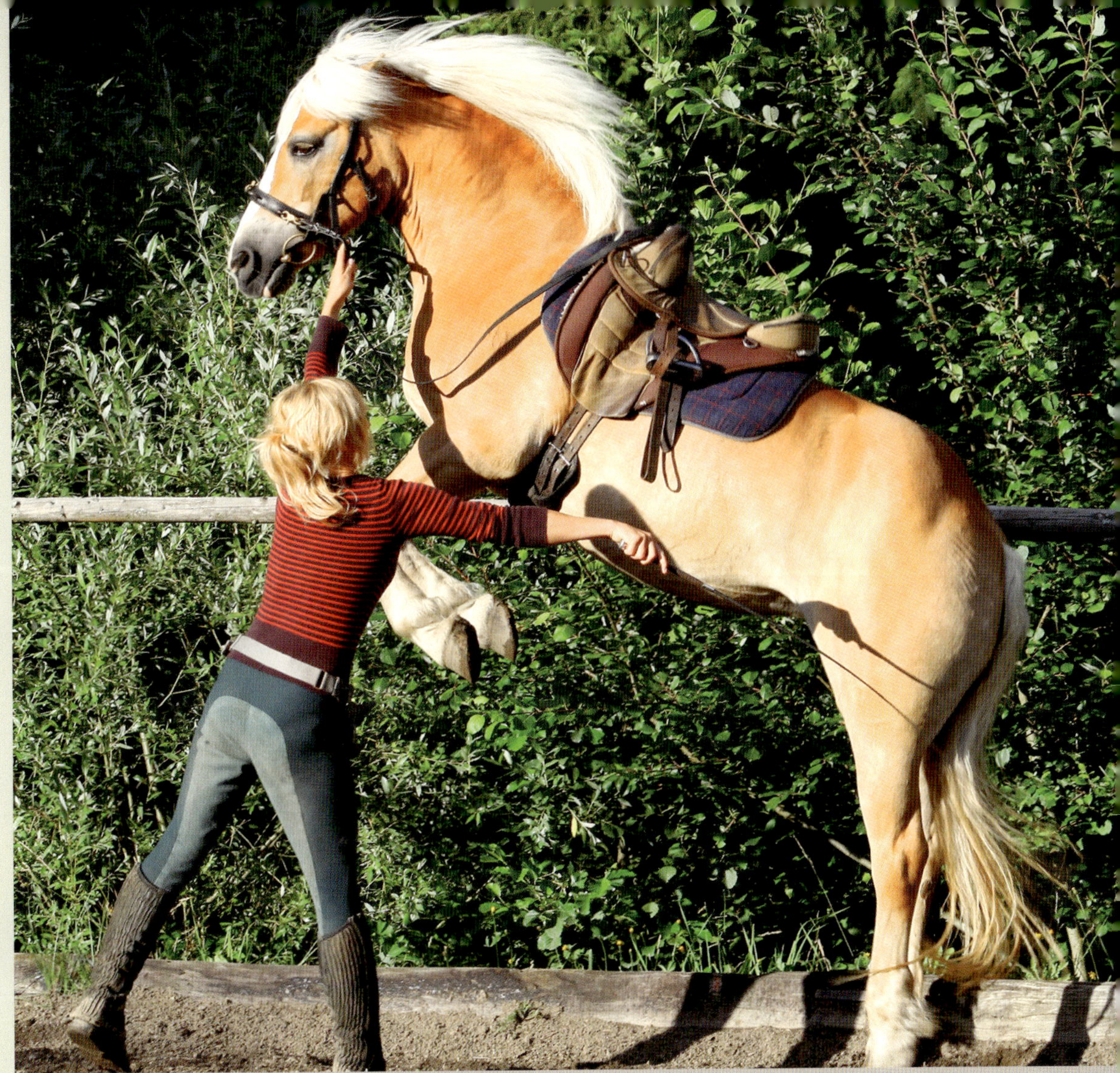

Selbst rangniedere Pferde können bei der Arbeit an der Hand oft ungeahnte Höhen erklimmen.

JEDES PFERD IST ANDERS

Kein Pferd bewegt sich wie das andere – so ist es müßig, anhand der in diesem Buch gezeigten Bilder zu versuchen, das eigene Pferd zu eben genau denselben Bewegungen zu bringen. Dieses Buch ist so aufgebaut, dass man jeden Schritt nachvollziehen kann und sein eigenes Pferd sehr schnell mit der Idealvorstellung deckungsgleich bringen kann.

Nichtsdestotrotz wird es Unterschiede geben. Prioritäten müssen neu gesetzt werden, ein kleiner Nebensatz kann für dieses eine Pferd unheimlich wichtig werden, für ein anderes nicht. Es ist eine besondere Aufgabe, diese Feinheiten herauszuspüren und für das eigene Pferd anzuwenden – der Erfolg wird dann umso deutlicher zutage treten.

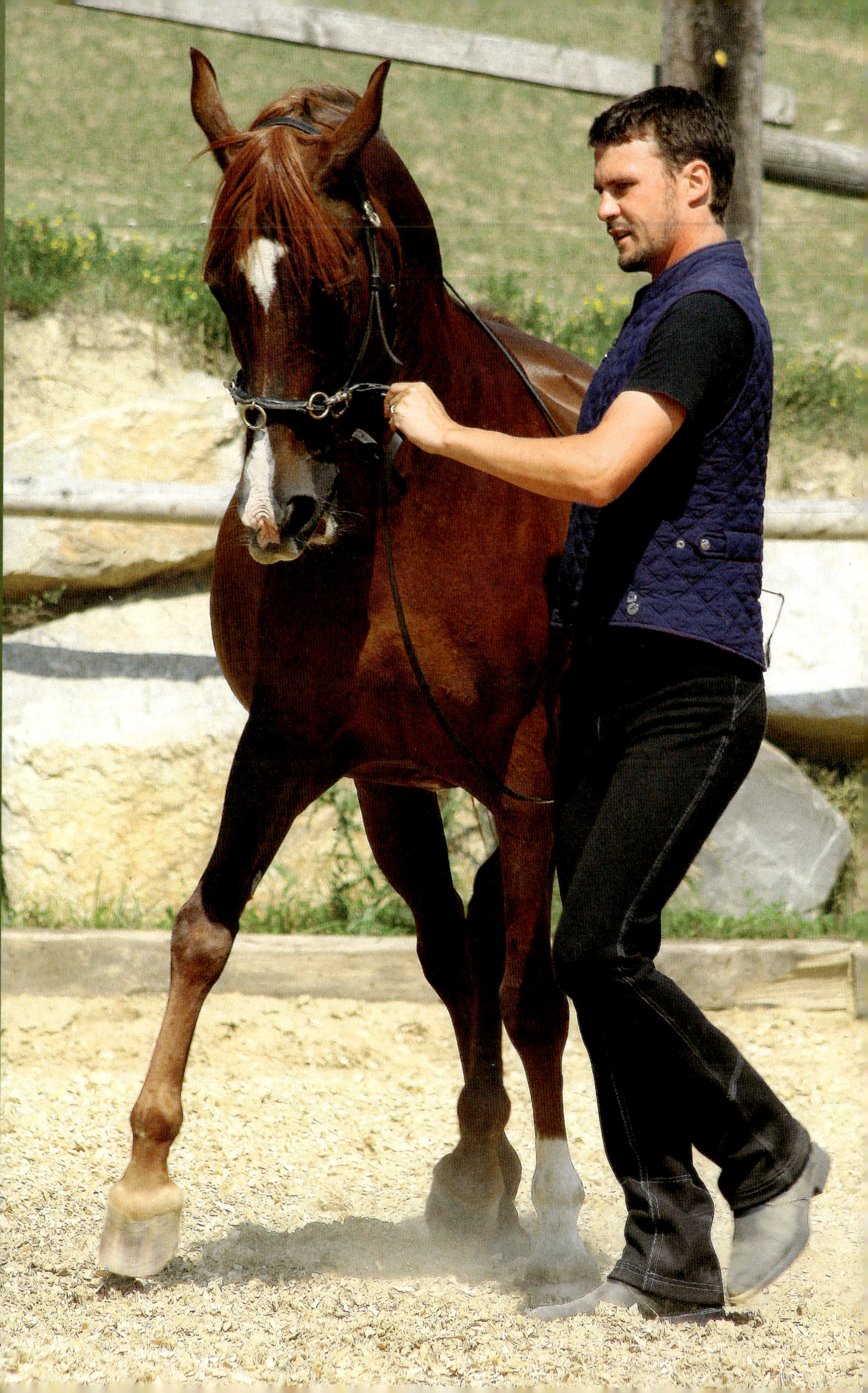

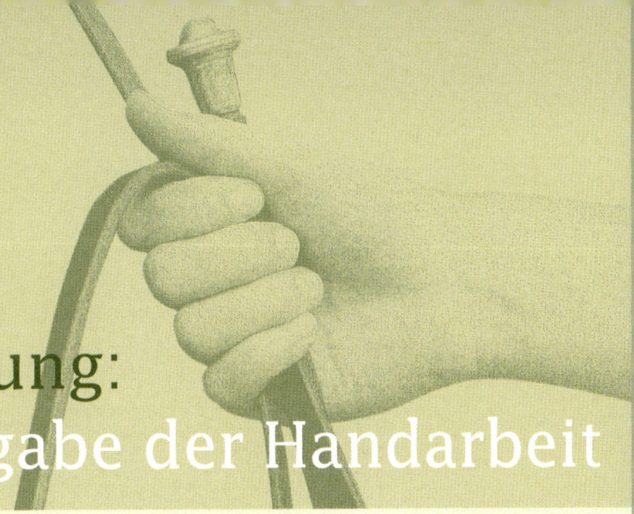

Gymnastizierung: Die Hauptaufgabe der Handarbeit

Das Spiel mit der Balance

Jeder, der sich mit Pferden beschäftigt, wird zwangsweise über den Begriff „Gymnastizierung“ stolpern. Aber was bedeutet es eigentlich, ein Pferd zu gymnastizieren?

In den letzten Jahren entwickelte sich glücklicherweise auch bei den „Freizeitreitern“ das Bewusstsein, dass jedes Pferd von der Gymnastizierung profitieren kann. Seitengänge sind schon längst kein Privileg der Dressurreiter mehr. Als Freizeitreiter ist man keinem Wettbewerb ausgesetzt, es existieren keine Regelwerke und Vorschriften. Die Regeln werden allein von den Pferden vorgegeben! Es liegt in der Verantwortung des Menschen, das Pferd so zu gymnastizieren, dass es möglichst bis ins hohe Alter ohne Schmerzen und Schäden am Bewegungsapparat in der Lage ist, einen Reiter auf seinem Rücken zu tragen.

Jede Änderung der Richtung, Geschwindigkeit oder Gangart des Pferdes ist eine Balanceverschiebung. Das heißt: Erst das Spiel mit dem Gleichgewicht ermöglicht es dem Pferd, gewisse Bewegungen auszuführen und dementsprechend zu reagieren.

Ein flüchtendes Pferd wird sein Gewicht in Richtung Schultern verschieben, ein in die Enge getriebenes Pferd setzt sich auf die Hinterhand, um sich blitzartig verteidigen zu können.

Beobachtet man Pferde beim Spiel auf der Weide, so wird man auch hier sehr gut sehen können, wie sie im Wechselspiel zwischen Angriff und Verteidigung ihre Balance verschieben. Mit Leichtigkeit und Lebensfreude trainieren sie Reflexe, Muskeln, Geschicklichkeit und den Gleichgewichtssinn. Im täglichen Spiel gymnastizieren sie sich selbst, um schließlich im (heute rein hypothetischen) Kampf ums Überleben den entscheidenden Vorteil gegenüber den Feinden zu haben oder als Hengst vielleicht doch einmal eine Herde für sich in Anspruch zu nehmen.

Es steckt also in der Natur des Pferdes, sich zu gymnastizieren – beste Voraussetzungen für uns Menschen, dies zu fördern und zu unterstützen.

Aus der Sicht des Pferdes kommt aber noch ein wichtiger Aspekt zum Tragen: Mit Verbesserung der Biegsamkeit, der Muskeltätigkeit

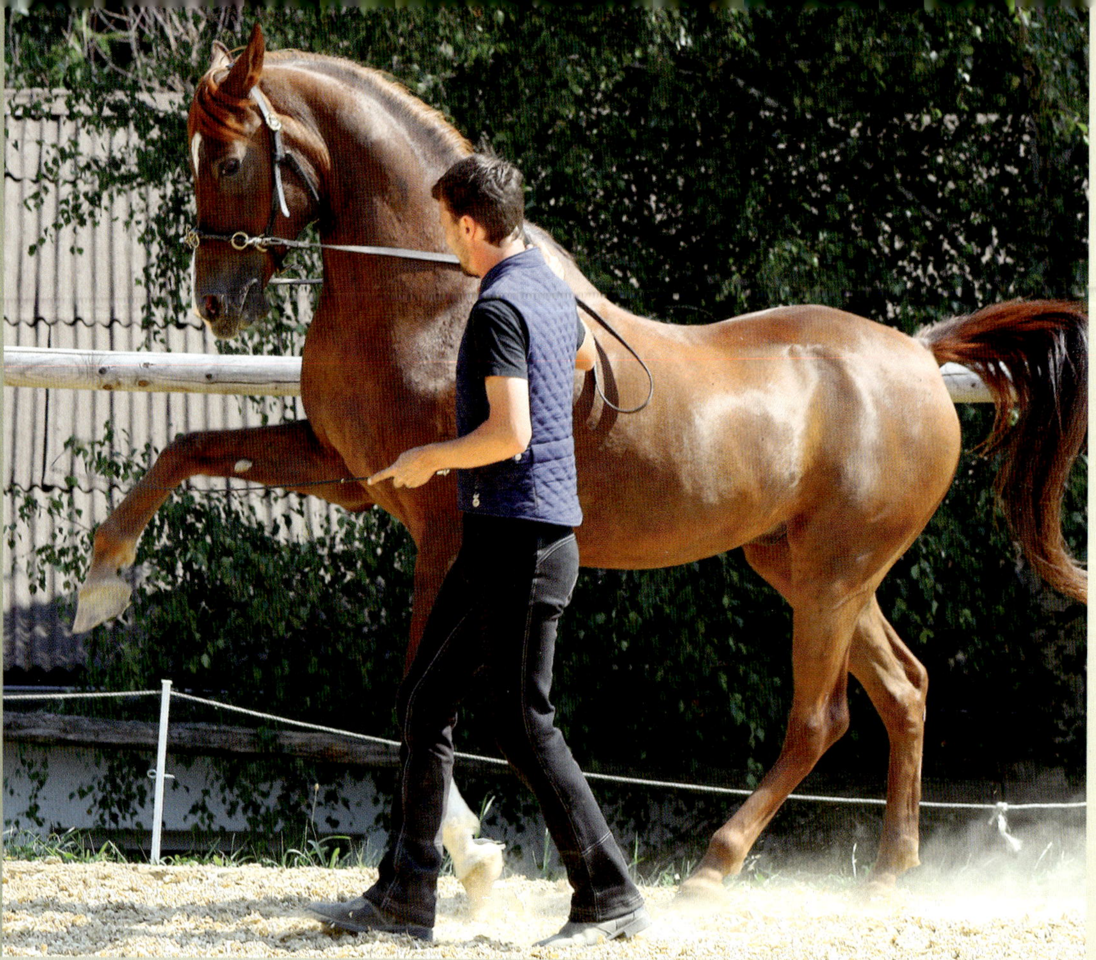

Das selbstbewusste Pferd – es wächst, innerlich wie äußerlich.

und der Tragkraft vollzieht sich beim Pferd auch eine psychische Veränderung. Es wird kräftiger, selbstbewusster und weiß dann auch seine neu gewonnenen Fähigkeiten einzusetzen.

Mit jeder Übung werden die Pferde geschmeidiger, das Vertrauen in den eigenen Körper wächst, die Balance wird verbessert und die Tragkraft geschult. Je mehr die Hinterhand gymnastiziert wird, desto mehr verlagert sich das Gleichgewicht in Richtung Hanken. Es findet eine Wechselwirkung zwischen körperlicher und seelischer Verfassung statt: Der Fluchtgedanke wird mehr und mehr in den Hintergrund gedrängt, weg von den Schultern, das Selbstbewusstsein des Pferdes wächst und wird so zum Schlüsselpunkt der Gymnastizierung aus der Sicht des Pferdes!

Die Dressur hat es sich zur Aufgabe gemacht, natürliche Bewegungen der Pferde zu kultivieren, zu verfeinern und zu entwickeln. So liegt jeder körperlichen Haltung auch eine Emotion zugrunde. Ein Pferd in versammelter Haltung ist in einem anderen psychischen Zustand als ein Pferd, das grasend auf der Weide steht. Der Ausgangspunkt ist also die emotionale Gemütslage des Pferdes, die in der körperlichen Haltung ihren Ausdruck findet.

Ziel und Absicht der Dressurreiter ist die höchste Vollendung der Ausbildung des Pferdes. Ein Sinn für das Pferd entsteht aber nur, wenn es sich durch Freude an der eigenen

Bewegung, durch Selbstvertrauen und durch Stolz so präsentieren kann, dass sich diese Bewegungen in Lektionen der Hohen Schule äußern.

Als Freizeitreiter sollte deshalb nicht unbedingt die Dressur, sondern die Gymnastizierung im Vordergrund stehen. Eine Gymnastizierung, die für das Pferd Sinn ergibt, die das Pferd begreift und es als Nebeneffekt dazu befähigt, den Reiter unbeschadet tragen zu können. Aus dieser Sicht heraus ist es ein ziemlich einfacher Weg, sein Pferd zu stärken und zu trainieren. Denn das Pferd „erfühlt" die Gymnastik, „erfühlt" das Wachsen seiner Fähigkeiten, beseelt diese Bewegungen mit Emotion, entwickelt den Willen, sich noch mehr zu kräftigen.

Der Mensch hat durch Erfahrung, Beobachtung und Wissenschaft schnell herausgefunden, wie ein Pferd gehen muss, damit es gymnastiziert wird: Biegen, Beugen, Schulterherein, Traversalen und Piaffen sind Begriffe, die der Mensch geschaffen hat, die der Dressurreiter als „Lektion" versteht. Der Reiter weiß, dass der Körper des Pferdes überhaupt nicht dafür geschaffen ist, eine Last auf seinem Rücken zu tragen: Eine waagerechte Wirbelsäule bietet nicht die beste Voraussetzung, um Last aufzunehmen. Also muss der Mensch einschreiten und dem Pferd helfen. Leider verkommen diese Hilfen oftmals zu mechanischen Zwängen, und der Sinn der Hilfengebung verkehrt sich in sein Gegenteil. Man behindert und stört das Pferd.

Was aber nun, wenn das Pferd die Regeln der Hilfen vorgibt? Da wären zuerst anatomische Voraussetzungen wie Alter, Exterieur, Fehlstellungen, Entwicklungsstand und Bemuskelung. Als Mensch muss man lernen zu sehen und zu entscheiden, was dem Pferd guttut und positiv auf den Körper, auf Muskeln, Gelenke und Sehnen wirkt. Was fällt ihm leicht, wo benötigt es Hilfe? Worauf muss man achten, damit man seinem Pferd nicht schadet?

Der zweite Punkt sind die psychischen Voraussetzungen: Charakter, Stimmung und Erfahrung – kurz: Interieur. Ist es zum Beispiel sinnvoll, ein ängstliches Pferd im Galopp durch das Viereck zu scheuchen?

Wenn das Pferd einen Sinn in der Gymnastizierung sieht, dann wird alles plötzlich ganz einfach! Schulterherein ist dann nicht mehr nur eine Lektion der Klasse M, sondern ein wirksames Mittel zur Stärkung der Hinterhand, zur Entwicklung der Muskulatur und nicht zuletzt ein weiterer Schritt zu einem stolzen, selbstbewussten und bis ins hohe Alter gesunden Pferd. Der Nebeneffekt für den Reiter ist, dass das Pferd so gekräftigt wird, dass es schließlich wirklich in der Lage ist, Gewicht auf seinem Rücken zu tragen: ohne Schmerzen, ohne Dauerschäden, ohne Fluchtgedanken. Freilich kann man dann diese Bewegung kultivieren, verfeinern und bis zur Vollendung entwickeln, aber sie wird niemals zu einer seelenlosen Übung verkommen. Dressurreiten auf der Basis pferdegerechter Gymnastik kann auch zu einem wunderschönen Erlebnis für das Pferd werden.

„Wenn man das Pferd in die Haltung bringt, die es selbst annimmt, wenn es sich das schönste Ansehen geben will, so erreicht man, dass das Pferd des Reitens froh und prächtig, stolz und sehenswert erscheint."

Dieser oft zitierte Satz stammt vom griechischen Reitmeister Xenophon aus seinem Werk „Über die Reitkunst". Beschreibt er nicht

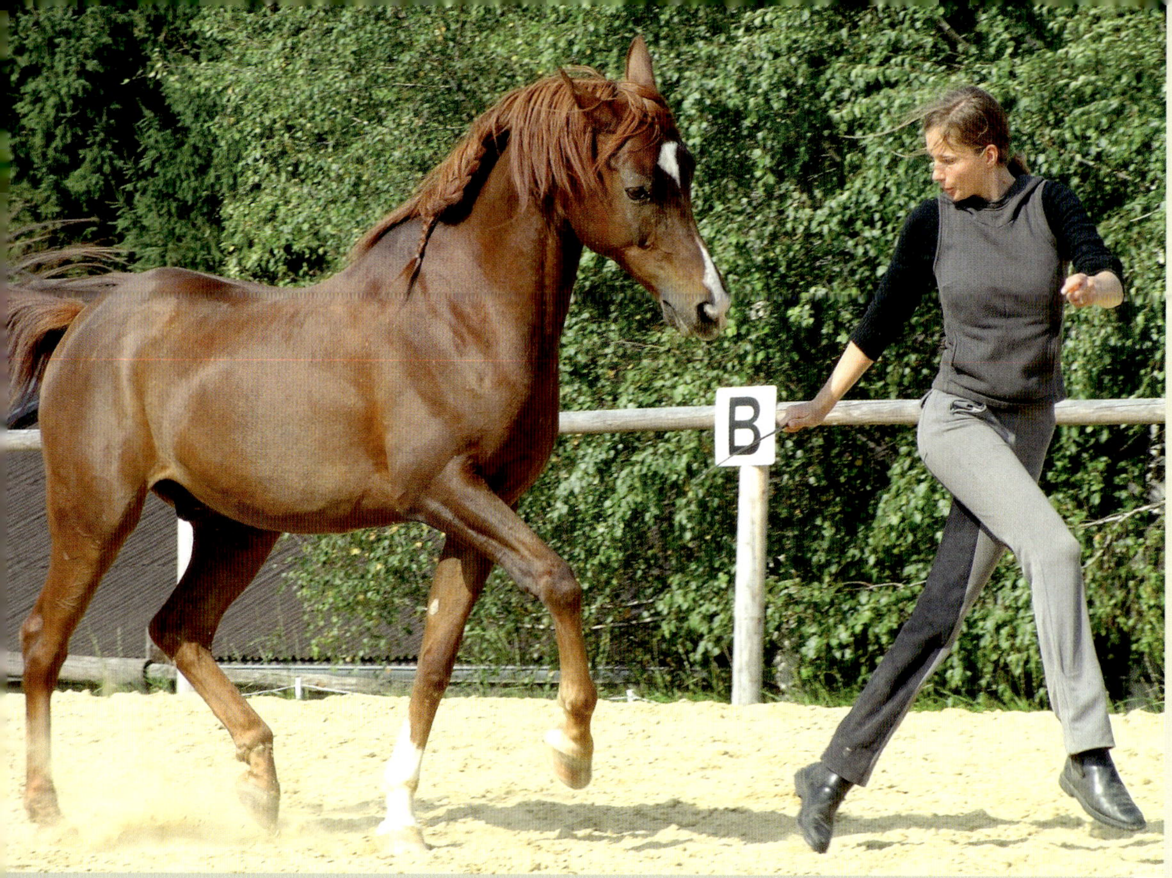

Im Spiel muss man sich die Losgelassenheit nicht erarbeiten – man bekommt sie geschenkt.

sehr eindrucksvoll das Wesen der Gymnastizierung? Der Mensch kann dem Pferd helfen, die schönste Haltung einzunehmen. Froh, prächtig und stolz – dahinter stehen Emotionen, die nicht erzwungen werden können. Dazu muss ein Fundament gebaut werden, von dem alles ausgeht. Eine solche Grundlage bietet die Arbeit an der Hand.

Und was bewirkt die Gymnastizierung im Detail? Nun, sie fördert:

- Losgelassenheit,
- Geschmeidigkeit,
- Muskelaufbau,
- Gleichgewicht,
- Körperbewusstsein,
- Selbstvertrauen.

Losgelassenheit

Ein großer Vorteil gegenüber dem Reiten ist, dass sich der Mensch bei der Handarbeit im Gesichtsfeld des Pferdes befindet. Allein diese Präsenz gibt dem Pferd schon ein gewisses Maß an Sicherheit und Führung.

Wer kennt nicht dieses Phänomen? Man sitzt auf dem Pferd, und dieses erschreckt sich vor irgendetwas: einem Rascheln, einem ungewöhnlichen Objekt oder in vielen Fällen einem dem Menschen unerklärlichen „Etwas“. Das Pferd weigert sich nun standhaft, weiterzugehen. Bestenfalls bleibt es einfach stehen, im schlechtesten Fall will es umdrehen und davonstürmen.

Versuche, das Pferd mit Stimme, Gerte oder Sporen am Objekt der Angst vorbeizutreiben, schlagen oft fehl. Sitzt man stattdessen ab und führt das Pferd an der Gefahrenquelle vorbei, so überwindet es meist sehr schnell seine Furcht.

Was geschieht in solchen Momenten? Wenn sich das Pferd erschreckt, spannt auch der Reiter unbewusst seine Muskeln an. Dies spürt das Pferd, fühlt sich in seiner Furcht bestätigt, und eine Reaktion zieht die nächste mit sich. Sobald beim Reiter der erste Schreck überwunden ist, setzt meist Ärger ein, die Reitermuskulatur kann sich wieder nicht entspannen, das Pferd beruhigt sich nicht.

Wenn der Mensch aber nun absteigt und ins Gesichtsfeld des Pferdes tritt, so ist bereits ein Grund zur Aufregung beseitigt: der Reiter im Sattel. Meist folgt das Pferd dem Reiter, den er als ranghöheres Herdenmitglied akzeptiert. Außerdem hat das Pferd nun einen „Schild" vor sich, der vor der vermeintlichen Gefahr schützt. Die Anspannung ist verschwunden, der Mensch strahlt endlich die Ruhe aus, die das Pferd in solchen Momenten braucht, und gibt seinem Partner sogleich eine Führung. So überwindet das Pferd seine Angst.

Über diese Sicherheit kann das Pferd viel schneller wieder zur Ruhe kommen. Die Muskelanspannung im Pferdekörper lässt nach und setzt das Pferd sogleich in ein ausgeglichenes Gleichgewicht – von der Anspannung zur Losgelassenheit.

Durch das Fehlen des Reiters auf dem Pferderücken erübrigt sich also eine mögliche Ursache von Verspannungen von ganz allein. Die Losgelassenheit ist Grundvoraussetzung für vernünftige und produktive Arbeit. Sie ist bei der Arbeit an der Hand sehr viel schneller zu erreichen als im Sattel. Geschmeidige Muskeln befähigen das Pferd, Bewegungen zu vollführen, die den gesamten Körper trainieren und gymnastizieren.

Muskelaufbau

Ein losgelassenes, geschmeidiges Pferd wird binnen kürzester Zeit genau diese Muskeln aufbauen, die es braucht, um seinen eigenen Körper und den des Reiters unbeschadet zu tragen. Ob im Dressurviereck oder im Gelände: Nur eine starke Muskulatur kann den Menschen dauerhaft verkraften und Knochen, Sehnen und Bänder des Pferdekörpers unterstützen.

Die Handarbeit bietet die Möglichkeit, das Pferd auf dieses Zusatzgewicht optimal vorzubereiten. Die Muskulatur kann sich entfalten, das Pferd wird sich in der richtigen Haltung wohler fühlen, denn mit zunehmender Kräftigung fällt es ihm auch immer leichter, sich selbst zu tragen. Jede Lektion wird souveräner ausgeführt werden, das Pferd findet sich in einem positiven Kreislauf, die zu einem glücklichen, zufriedenen und gesunden Leben führt.

Gleichgewicht

Jedes Pferd besitzt eine natürliche Schiefe – ebenso wie jeder Mensch Rechts- oder Linkshänder ist. Mit dieser Schiefe hat ein Dressurreiter ein Pferdeleben lang zu tun. Einem Freizeitreiter wird es vielleicht nicht so stark auffallen – die mit der Schiefe einhergehenden Balanceprobleme äußern sich eher in der Schwierigkeit, abzuwenden, richtig anzugaloppieren oder in einem Drängen zu einer Seite.

Ein links schiefes Pferd wird lieber links angaloppieren, eher auf der rechten Hand die Kurve abschneiden, und es wird ihm schwerfallen, sich um den rechten Schenkel zu biegen. Die Balance eines solchen Pferdes befindet sich auf der rechten Schulter – das Gleichgewicht ist nach rechts verschoben.

Bei der Arbeit an der Hand kann man das Pferd sehr schnell und effektiv in ein besseres Gleichgewicht setzen – sowohl physisch als auch psychisch. Im Sattel muss man gegen die Fliehkraft und auch noch gegen seine eigene Schiefe kämpfen. Steht man aber neben dem Pferd am Boden, so kann man sich voll und ganz auf die Schiefe des Pferdes konzentrieren.

Wie eingangs erwähnt, bedeutet jede Lektion eine Balanceverschiebung des Schwerpunkts: nach links, nach rechts, nach vorn, nach hinten. Mit der Handarbeit hat man auch hier die Möglichkeit, dies direkt zu steuern und zu beeinflussen – und bei der Arbeit unter dem Sattel direkt davon zu profitieren.

Wie wichtig diese geraderichtende Basisarbeit und die daraus gewonnene Balance ist, zeigt sich in der versammelten Arbeit. Wie talentiert auch immer ein Pferd für die Hohe Schule sein mag – übergeht man die Grundprinzipien des Geraderichtens und der dazu gehörenden Gymnastizierung, wird das Pferd im Laufe seines Lebens immer schiefer werden.

Körperbewusstsein

Die Schulung des Körperbewusstseins ist ein essenzieller Punkt, bei dem die Handarbeit ihre großen Vorteile in besonderer Weise ausspielen kann. Als Mensch kann man dem Pferd mit den nachfolgenden Übungen ganz genau zeigen, was es zu tun hat. Man gibt dem Vierbeiner die Möglichkeit, in sich hineinzuhören. Man gibt ihm die Möglichkeit, seine Hinterhand zu spüren und wirklich wahrzunehmen. Das Pferd merkt ganz genau, welcher Teil des Körpers trainiert wird. Es nimmt seinen Körper bewusst wahr, die Balance verschiebt sich, die Lektion ergibt Sinn.

Gerade sehr große Warmblüter mit langem Hals und langen Beinen verfügen zwar über ein enormes Maß an Beweglichkeit, haben aber aufgrund ihrer Bewegungsmechanik zu Beginn der Ausbildung oft Probleme mit der Koordination ihres Körpers und dem bewussten Einsatz der Hinterhand. Neigen sie dann noch zum passartigen Schritt, wirkt die Arbeit an der Hand und speziell die Arbeit in den Seitengängen wahre Wunder, um diesen Taktfehler zu korrigieren und die Gänge rein zu halten.

Selbstvertrauen

All diese Punkte führen geradewegs zu einem zentralen Element: Selbstvertrauen. Losgelassenheit stellt sich von Anfang an ein, Geschmeidigkeit, Muskelaufbau, ein verbessertes Gleichgewichtsgefühl und neues Körperbewusstsein formen eine neue Welt für das Pferd. Es wird sich in Leichtigkeit üben, mit Freude an der Bewegung im Viereck oder im Gelände – die Handarbeit schließt einen Kreis, um einen neuen zu beginnen: vielleicht mit dem Reiter im Sattel?

Die Anforderungen an den Menschen geben sich etwas bescheidener. Wenn man komplett

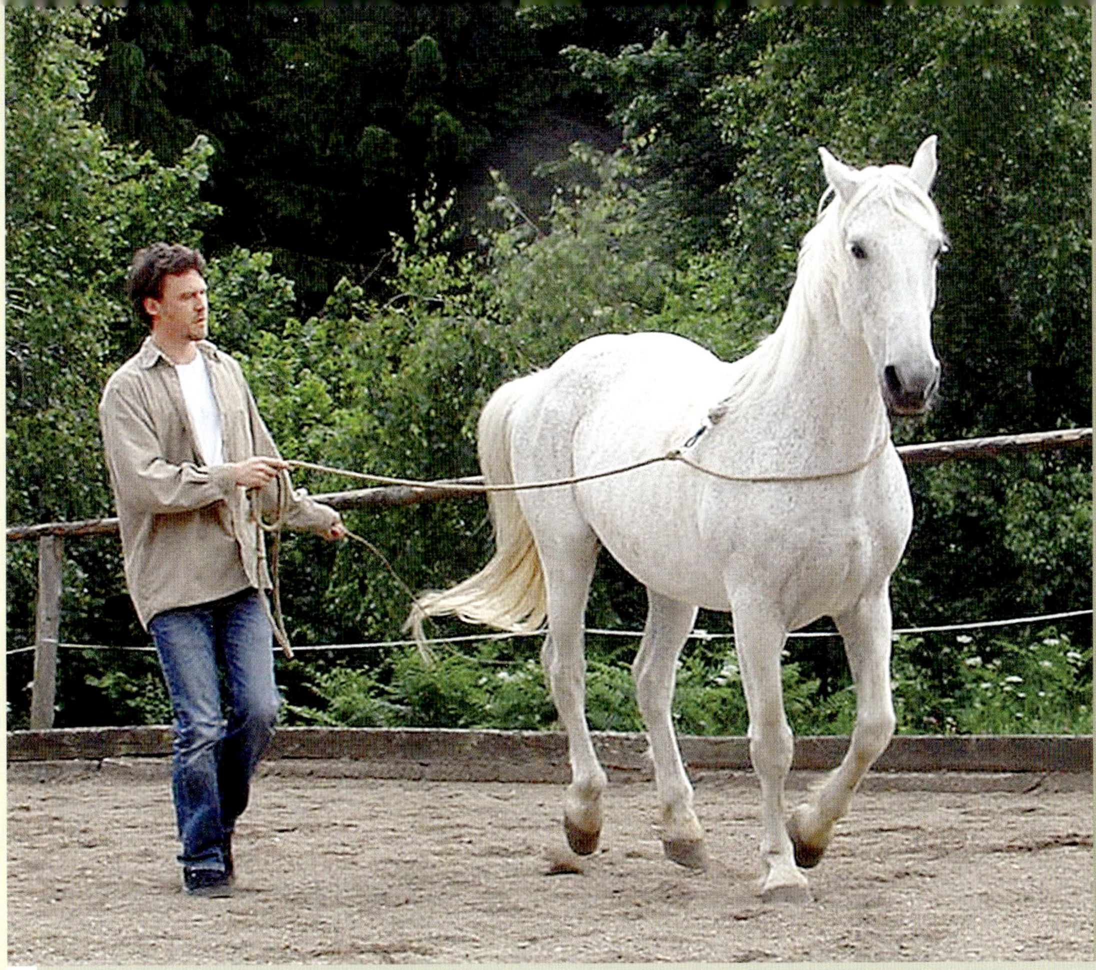

Auf dem Fundament gegenseitigen Respekts kann sich echte Partnerschaft entwickeln.

unbedarft an die Handarbeit mit dem Pferd herangeht, kann sehr viel schiefgehen. Plötzlich befindet man sich in unmittelbarer Reichweite des Kopfes, der Zähne, des Körpers und der Hufe. Eine Grundvoraussetzung für die produktive und möglichst gefahrlose Arbeit mit dem Pferd ist daher der gegenseitige Respekt, den man sich erst einmal verdienen muss.

Unter den Menschen gibt es viele ungeschriebene gesellschaftliche Regeln, die man zu respektieren hat, um sich nicht den Unmut seines Gegenübers zuzuziehen.

Ein Beispiel ist die „Distanzregel“: Bei einer Begegnung hält jeder Mensch eine bestimmte Entfernung zu seinem Gegenüber ein. Man respektiert den persönlichen Bereich des anderen, und nur besonderen Freunden oder Verwandten ist es vorbehalten, diese unsichtbare Grenze aufzuheben. Wenn ein Fremder diese Grenze durchbricht, dann fühlt man sich schnell unwohl, empfindet diese Nähe als aufdringlich oder aggressiv und zieht sich zurück.

Auch Pferde haben diesen Individualbereich, der nur bei besonderen Freundschaften durchbrochen wird. Ansonsten respektieren sie den Individualbereich ihrer Artgenossen, zu viel Nähe führt zu Unwohlsein, Rückzug oder auch Aggression.

Ein Mensch betrachtet es meist als selbstverständlich, diesen intimen Bereich des Pferdes sofort zu durchbrechen, was sehr unangenehm für das Pferd ist. Es wird deshalb positiv bemerken, wenn plötzlich die Individualgrenze beachtet und respektiert wird, und genau daraus erwächst dann „ehrlicher" Respekt. Aber natürlich gilt auch für das Pferd dieselbe Regel! Ich als Mensch habe auch meinen Individualbereich, der vom Pferd akzeptiert werden muss. Auch das Pferd darf nicht einfach diese Grenze in aggressiver und aufdringlicher Art und Weise überschreiten.

Wenn das Pferd bemerkt, dass der Mensch diese Regel beachtet, hegt und pflegt, dann spielt es im weiteren Zusammensein keine Rolle mehr, wer der Stärkere oder der Schwächere ist. Der gegenseitige Respekt ist dann so gewachsen, dass das Pferd niemals auf die Idee kommen würde, diese Grenze mit Gewalt zu durchbrechen.

Bei der Handarbeit wird sehr nahe am Pferd gearbeitet. Man tritt sofort in den Individualbereich des Pferdes. Die Distanz ist sehr gering, im Prinzip geschieht ein Übergriff auf den privaten Raum. Deshalb ist es so besonders wichtig, in diesem empfindlichen Bereich besonders sensibel zu agieren. Man muss darauf achten, dass man trotz der Nähe respektvoll, nicht hektisch, ruhig, aber dennoch bestimmt handelt.

Umgekehrt gibt man als Mensch auch seinen Raum auf und muss vom Pferd genau dieselbe Achtung erwarten, die man ihm entgegenbringt.

Klarheit und Präsenz sind die wesentlichen Voraussetzungen, die der Mensch bei der Arbeit an der Hand mitbringen muss. Dies geht nur, wenn man genau weiß, was man tut. Die Sicherheit im Handeln kommt mit dem Wissen, mit der Erfahrung und mit der Zeit.

Was lernt der Mensch?

Auch dem Reiter bietet die Arbeit an der Hand diverse Vorzüge. So entwickelt er:

- Verständnis,
- korrektes Sehen,
- Koordination,
- Kondition,
- Selbstbeherrschung.

Als Mensch muss man zuerst einmal lernen und verstehen, wie man dem Pferd helfen kann: Welche Bewegungen setzen das Pferd in dieses oder jenes Gleichgewicht? Welche Schwerpunktverlagerung vollzieht sich, wenn man diese oder jene Hilfe gibt? Wann tritt ein Pferd korrekt? Wann trainiert ein Pferd welche Muskelgruppe? Mit welcher Lektion beeinflusst man welches Hinterbein? Und, ganz wichtig: Wie koordiniert man Zügel, Gerte und den eigenen Körper so, dass eine korrekte Hilfengebung möglich wird?

Eine Grundvoraussetzung der Kommunikation mit dem Pferd ist das Verstehen. Die Handarbeit ist nicht Selbstzweck, sondern Mittel zum Zweck. Wenn der Ausbilder ganz genau weiß, was er warum tut, wird ihn das Pferd schnell verstehen und die Hilfen umsetzen können.

Die Handarbeit bietet hier einen immens großen Vorteil: Als Mensch neben dem Pferd hat man so gut wie immer alles im Auge. Man sieht die Auswirkungen der Hilfen, man sieht Kopf, Hals, Rücken und Hinterhand des Pferdes. So kann man hervorragend das eigene Auge schulen. Die vielen Bilder in diesem Buch werden genau dabei helfen. Und wer das Sehen vom Boden aus gelernt hat, kann von der dabei gewonnenen Erfahrung auch als Reiter sehr profitieren.

Schließlich: Nur wer erkennt, wann eine Lektion gut ausgeführt wurde, kann auch im richtigen Moment loben oder die Bewegung korrigieren. Über diese positive Verstärkung kann jedes intelligente Lebewesen zu absoluten Höchstleistungen gebracht werden.

„Das Pferd ist dein Spiegel.
Es schmeichelt dir nie.
Es spiegelt dein Temperament.
Es spiegelt auch seine Schwankungen.
Ärgere dich nie über dein Pferd;
du könntest dich ebenso über deinen
Spiegel ärgern."

Was Rudolf G. Binding in diesen Worten beschreibt, sollte sich jeder Reiter zu Herzen nehmen. Ungerechtfertigte Strafen stoßen bei jedem Lebewesen auf Unverständnis. Als Mensch sollte man seine negativen Emotionen beim Pferd unter Kontrolle haben. Selbstbeherrschung ist die Voraussetzung, um klar denken zu können.

Pferde haben ein feines Gespür für die Stimmungen des Menschen. Ein nicht ausgesprochenes Lob wird von den Pferden trotzdem als solches erkannt, wenn sich der Ausbilder innerlich freut. Im Gegensatz dazu erkennt aber auch jedes Pferd aufgestaute negative Energien. Diese Spannung bringt ein Pferd sehr schnell zur Verspannung, die Atmosphäre ist gestört, und produktives Arbeiten ist nur noch sehr schwer möglich.

An solchen Tagen ist es besser, mit der Handarbeit erst gar nicht anzufangen, denn das Pferd sollte niemals ein Ventil für den im Menschen aufgestauten Stress sein. Da ist es besser, sein Pferd für einen gemütlichen Ausritt zu satteln oder es einfach nur gründlich zu putzen.

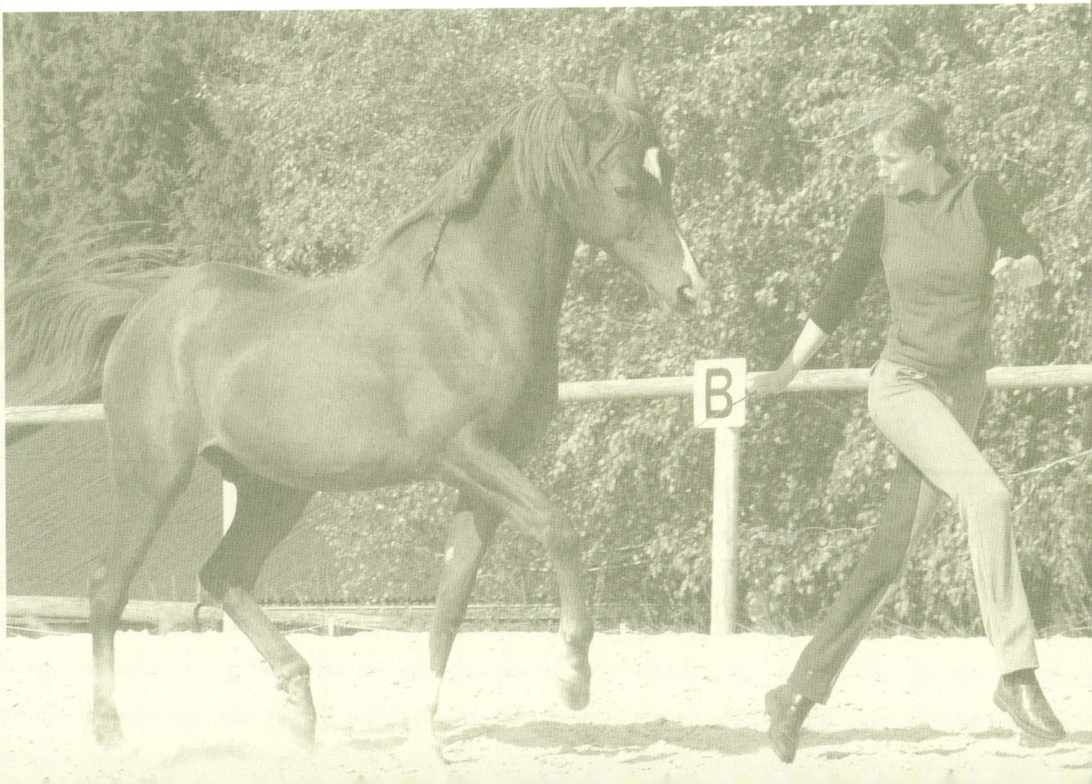

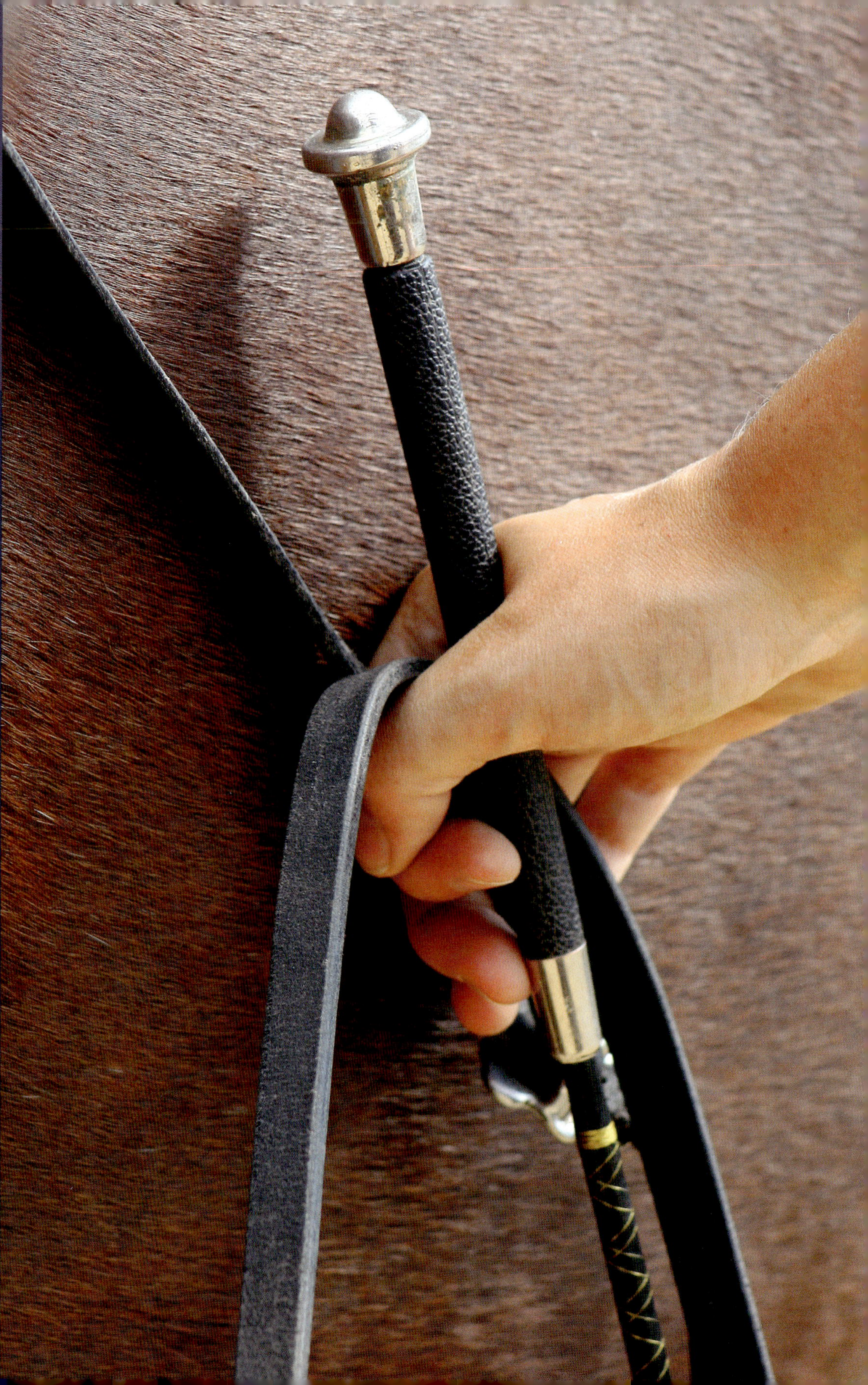

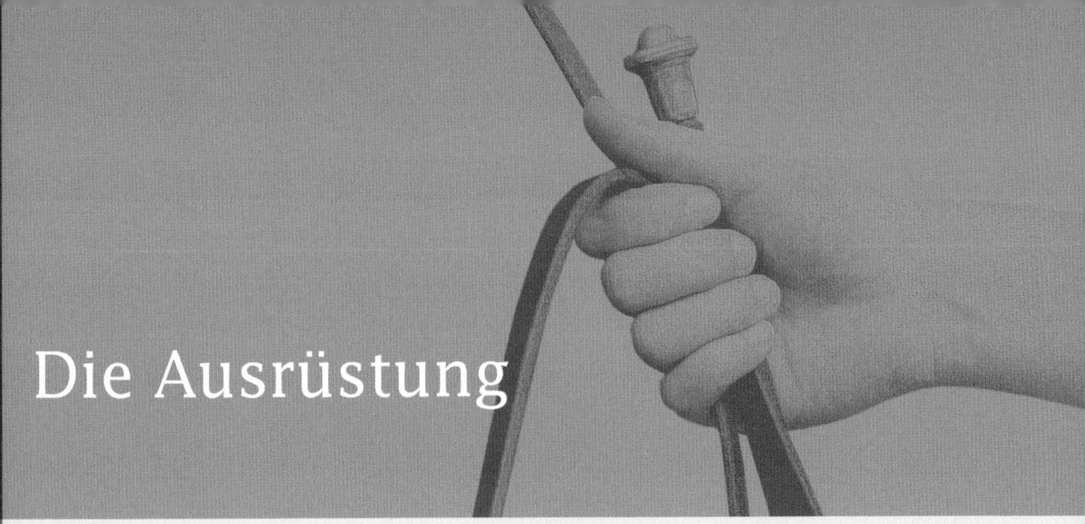

Die Ausrüstung

Der Kappzaum

Schonung für das Pferdemaul, Hilfsmittel beim Führen und Longieren eines Pferdes, Basisausrüstung bei der Bodenarbeit und unverzichtbar bei der Ausbildung einer Remonte – die Einsatzmöglichkeiten und Vorzüge des Kappzaums sind auch in der Freizeitreiterszene mittlerweile bekannt. Die Variationen reichen vom dick gepolsterten, schweren deutschen Kappzaum bis hin zum blanken gezackten Metallmodell der spanischen Serreta.

Der Kappzaum hat in Europa eine lange Tradition. Reitmeister wie Federigo Griso, Antoine de Pluvinel oder François Robichon de la Guérinière wussten die Vorzüge des Kappzaums zu schätzen und verwendeten diesen in der täglichen Arbeit mit ihren Pferden. Während im südlichen Europa durch die Arbeitsreitweise der Vaqueros und Guardians der Kappzaum bis in die heutige Zeit zur gebräuchlichen Ausrüstung gehört, entwickelte sich in Zentraleuropa eine Art „Sportreiterei“, in der dieser Zaum keinen Platz mehr fand. Einen nicht unerheblichen Anteil daran hat das hannoversche Reithalfter als eine Variation des Kappzaums, indem es die Einwirkung über Nasenriemen und Gebiss kombiniert.

Der dick gepolsterte deutsche Kappzaum zeichnet sich dadurch aus, dass er sehr weich auf der Pferdenase liegt. Die Wirkung wird auf diese Weise einerseits abgeschwächt, verzeiht andererseits aber dem Anfänger sehr viele Handfehler. Die Signale der Zügel treffen allerdings eher unpräzise auf die Nase des Pferdes.

Die dicke Polsterung wirkt als Puffer, Schwingungen werden nicht so schnell weitergeleitet, und unbeabsichtigte Paraden haben keine gravierend negativen Auswirkungen auf die Verständigung mit dem Pferd. Das Nasenbein wird geschont, und das Pferd kann nicht unter zu großen Druck gesetzt werden. Bei diesem wuchtigen Kappzaum wird sehr oft eingewendet, dass er dem „Erziehungs- und Ausbildungszweck“ nicht gerecht wird. Er wird oft als wirkungslos bezeichnet, da der Druck vom Polster verschluckt würde und ungestüme Pferde dadurch nur schwer zur Räson gebracht werden könnten. Im Prinzip ist dies richtig – doch ist man auf einen Kappzaum angewiesen, um sein Pferd zu „bändigen“, sollte man sich

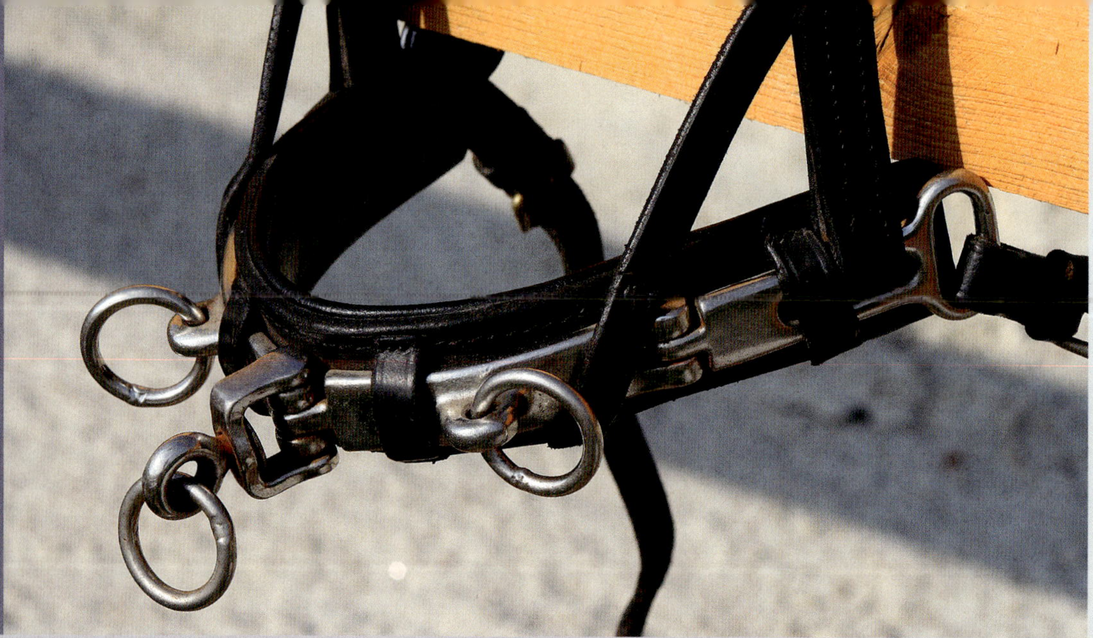

Der deutsche Kappzaum ist durch eine dickere Polsterung gekennzeichnet, was die Einwirkung allerdings unpräzise werden lässt.

Ein Kappzaum aus Leder mit integrierter Schlaufe für eine Trense.

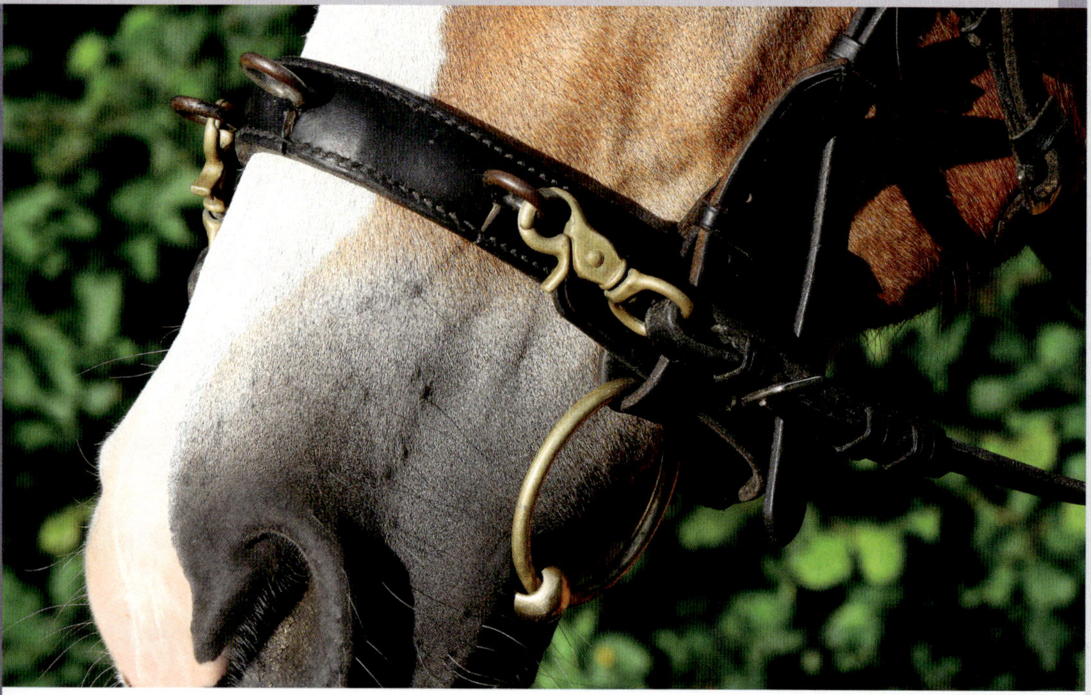

grundsätzliche Gedanken zur Beziehung zum Pferd machen. Ein wirklicher Nachteil, den der deutsche Kappzaum mit sich bringt, ist sein Gewicht, seine Wuchtigkeit. Er passt eher auf grobe Pferdeköpfe. Am Kopf eines Arabers zum Beispiel kann es schwierig werden, solch einen Zaum korrekt anzupassen. Außerdem fühlen sich die Pferde meist sehr unwohl und zeigen dies mit Kopfschlagen und anderen Unmutsäußerungen.

Kappzäume aus Frankreich sind gewichtsmäßig leichter. Die Modelle reichen vom einfachen

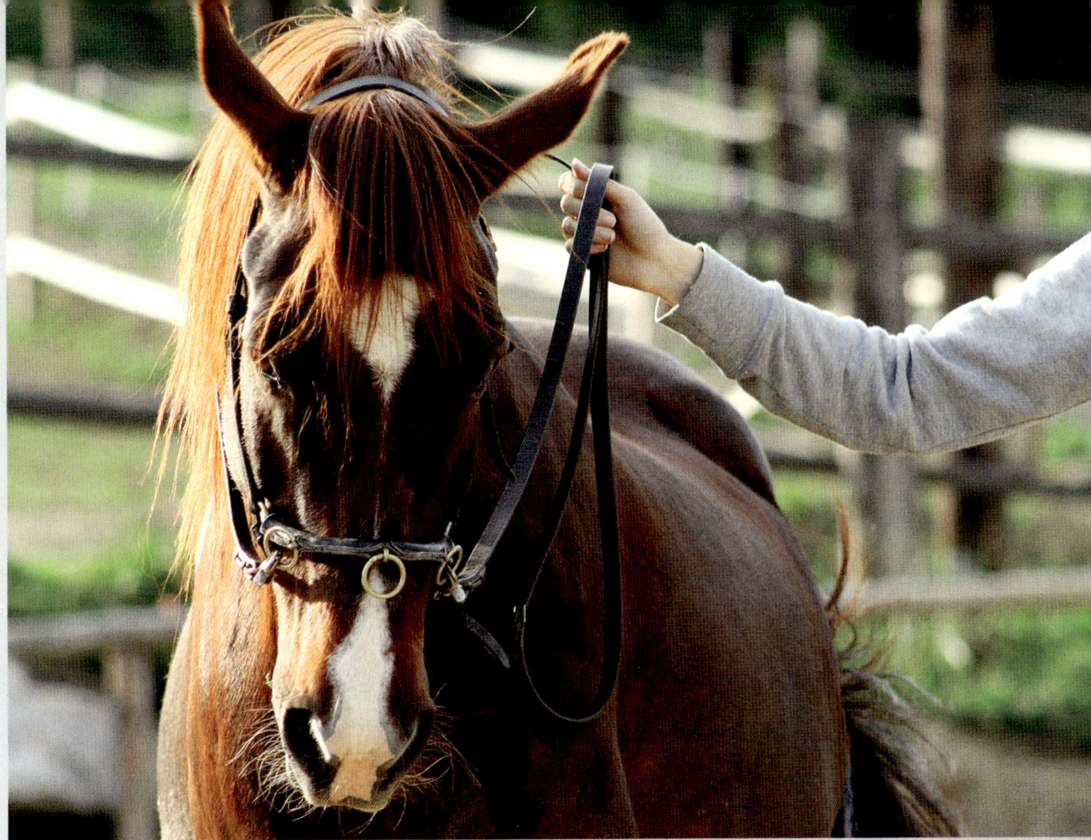

Gut geeignet für Einsteiger: ein leichter Kappzaum nach französischer Art.

Zaum aus Leder, der am Nasenriemen verstärkt ist, bis hin zum Caveçon mit mehrgliedrigem Metalleinsatz, was die Anpassung an die Nase erleichtert, aber auch die Schärfe der Einwirkung potenziert.

In Spanien hat sich die ursprüngliche Form des Kappzaums am ehesten erhalten: Dort besteht er aus einem halbrunden Metallstück, das an die Form der Nase angepasst wird. Die schärfste Form ist die Serreta, bei der das Metall mit Zacken versehen ist. Übersetzt heißt Serreta etwa „kleine Säge“, was die mögliche Wirkung dieses Zaums beschreibt. An der Serreta scheiden sich die Geister: geniales Ausbildungsmittel oder Tierquälerei? Blutige oder vernarbte Nasen als Indiz für schlechte Ausbilder, Sekundengehorsam und feinstes Reiten als Qualitätssiegel für gute Ausbilder? Fakt ist, dass die Serreta nicht in die Hände von Anfängern gehört; sie darf, wenn überhaupt, nur von erfahrenen Profis benutzt werden.

So verschieden die Ausformungen eines Kappzaums auch sind, ein Kriterium müssen sie alle erfüllen: Sie müssen der Pferdenase genau angepasst werden. Voraussetzung für eine gute Handhabung ist ein stabil sitzender, nicht rutschender, aber auch nicht die Atmung behindernder Kappzaum. Die Höhe der Verschnallung des Nasenriemens (mindestens zwei Fingerbreit oberhalb des Maulwinkels) sollte ebenso bedacht werden wie die Festigkeit, mit der dieser angezogen wird (es sollte immer ein Daumen zwischen Unterkieferknochen und Leder passen). Liegt ein Kappzaum zu hoch, drückt er gegen die Jochbeine, liegt er zu tief, behindert er die Atmung.

Idealerweise verfügt ein Kappzaum über einen Ganaschenriemen, damit das Backenstück

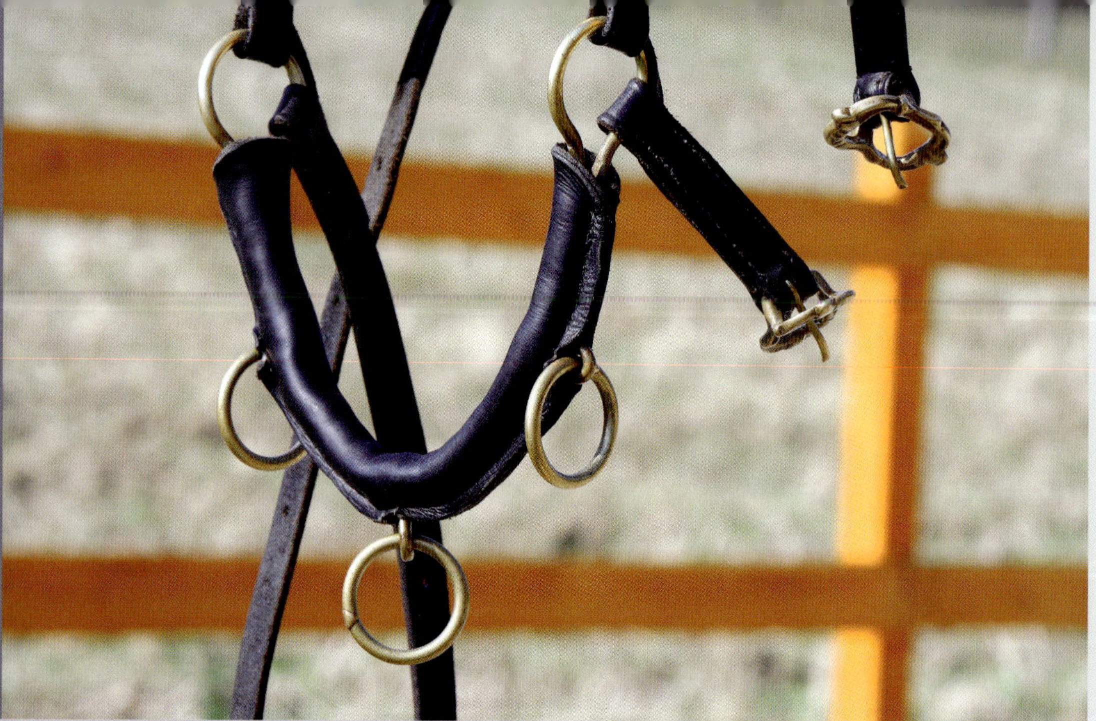

Gegliederte Metalleinlagen bei einem französischen Caveçon sorgen dafür, dass sich dieser Kappzaum sehr präzise anpassen lässt.

nicht in das Auge des Pferdes gezogen werden kann. Ein Kehlriemen ist eigentlich überflüssig, dient im besten Falle der Optik. Am Nasenriemen sind drei Ringe befestigt: Der mittlere Ring ist für den Führzügel gedacht (Longe), die seitlichen Ringe sind für den Reit- oder Hilfszügel vorgesehen.

Der Kappzaum lässt sich auch mit einem Gebiss kombinieren und bietet so eine vortreffliche Möglichkeit, das junge Pferd schonend an das Gebiss zu gewöhnen, ohne das empfindliche Maul mit (unbeabsichtigten) harten Paraden zu beleidigen oder gar zu verletzen.

Als optimales Ausbildungsmittel für den Anfänger mag man sicherlich zuerst an den deutschen Kappzaum denken. Fehler werden zum Teil kompensiert, ungeschickte Handhabung hat keine so großen Auswirkungen auf die empfindliche Pferdenase. Trotzdem überwiegen die Nachteile: eine etwas schwammige Hilfengebung bei zu viel Gewicht auf der Nase. Wesentlich bessere Modelle für Einsteiger findet man bei den französischen Kappzäumen. Ein schlichter, qualitativ hochwertiger Lederkappzaum ist wesentlich besser anzupassen und verzeiht auch Fehler, gewährt dem Menschen und dem Pferd aber trotzdem eine Einsicht in die Wirkungsweise dieses Zaums. Gegliederte Metalleinlagen haben den Vorteil, dass man den Kappzaum an sehr viele verschiedene Pferdenasen anpassen kann. Auch Pferde, die an der Nase sehr empfindlich sind, nehmen diesen Zaum oft sehr gut an.

Wenn man in der Handhabung des Kappzaumes schon versiert ist, kann man sicherlich auf die ursprüngliche Version mit einem glatten, eisernen Nasenbügel zurückkommen, in Leder eingenäht, ohne irgendwelche „Verschärfungen". Signale werden unmittelbar weitergegeben – präzise und eindeutig.

Kappzäume aus Kunststoff sind nicht empfehlenswert. Sie rutschen auf der Nase und sind qualitativ nicht mit hochwertigem Leder zu vergleichen.

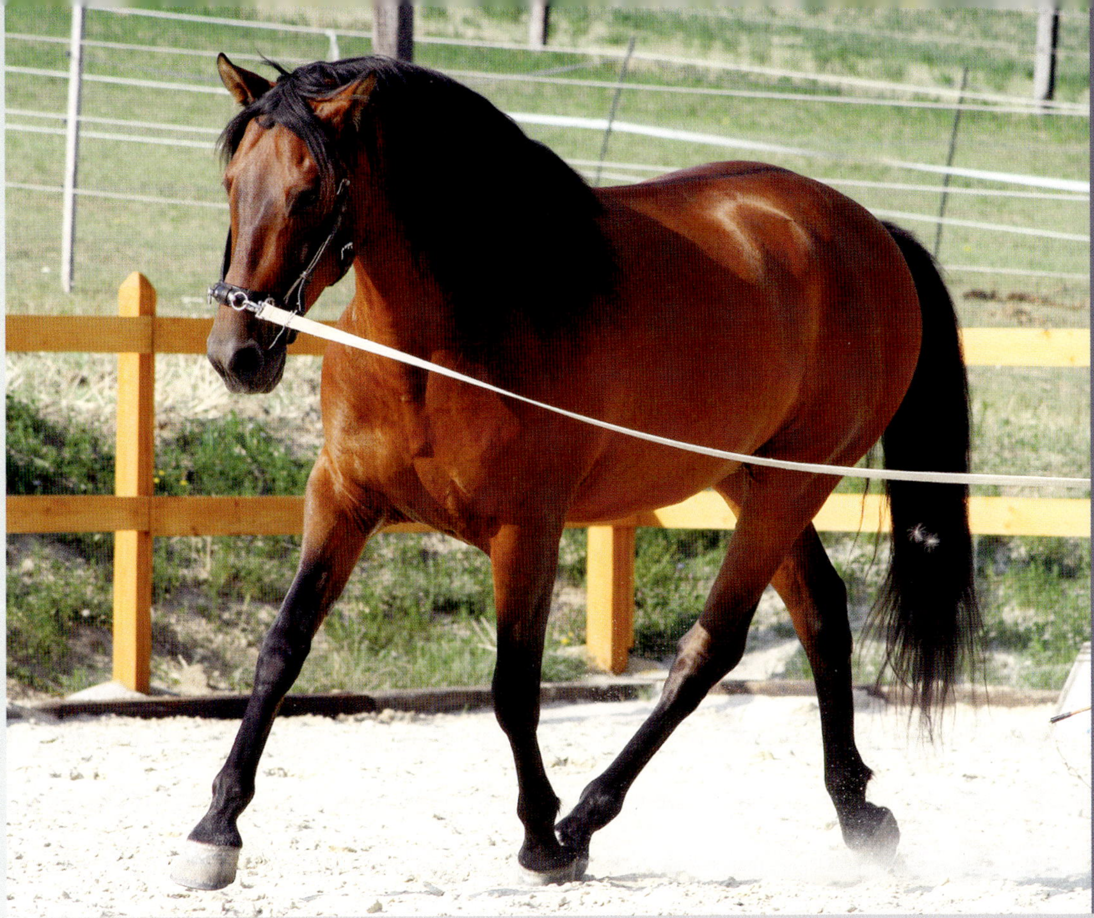

Auch an der Longe bewährt sich der Kappzaum.

GEMEINSAME ENTSCHEIDUNG

Die Entscheidung zwischen Kappzaum und Trense sollte man mit seinem Pferd gemeinsam treffen – es wird meist sehr schnell zeigen, welche Zäumung es bevorzugt. Für Pferde mit Zahn- oder Maulproblemen sowie die leider von Menschenhand verdorbenen, im Maul abgestumpften Pferde ist der gut angepasste Kappzaum eine exakt wirkende gebisslose Alternative. Er wirkt vielfach lösender als ein Mundstück und lässt Blockaden und Widerstände viel schneller verschwinden.

Allerdings gibt es auch Pferde, die den Druck auf der Nase nicht vertragen und sich durch einen Nasenriemen eingeengt fühlen. Dann sollte man sich ruhigen Gewissens für ein Gebiss entscheiden.

Wer bei der Arbeit mit dem Kappzaum nicht vollkommen auf ein Gebiss verzichten möchte, kann zu einer kombinierten Zäumung greifen. Bedarfsweise kann man das Pferd dann über den Kappzaum lösen und dann an der Trense führen.

Wenn bestimmte Lektionen auch nach einiger Übung nicht gelingen, sollte man sich vielleicht einmal für den alternativen Zaum entscheiden – oft ist damit das Problem fast schon gelöst.

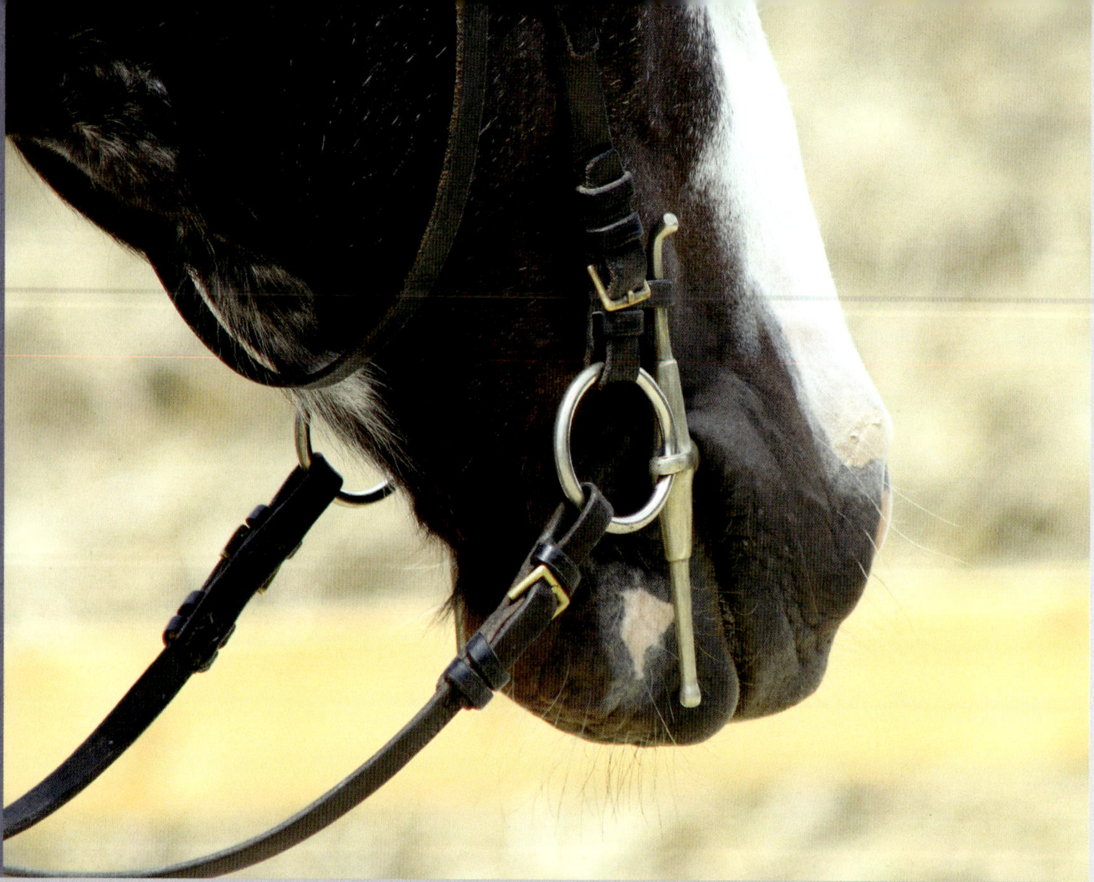

Die Schenkeltrense wirkt an der Außenseite des Mauls ähnlich einem Kappzaum und verhindert an der Innenseite das Durchziehen des Gebissstücks.

Die Trense

Ob Wassertrense oder Olivenkopftrense, D-Trense, Schenkeltrense, einfach oder doppelt gebrochen, dünn oder dick – die Auswahl ist groß, und der Fantasie sind kaum Grenzen gesetzt. Eines haben all diese Mundstücke gemeinsam: Sie sind Fremdkörper im Pferdemaul.

Gaumen, Laden und Zunge sind hochempfindliche Teile des Mauls, und ein Mundstück kann hier sehr große Schmerzen verursachen, wenn es unsachgemäß und zweckentfremdend eingesetzt wird. Leider ist das Wissen über Wirkungsweise und Verwendung von Gebissen heute häufig lückenhaft und führt so zu einem mehr oder weniger fragwürdigen Gebrauch dieses wertvollen Kommunikationsmittels.

Die Handarbeit hat auch hier große Vorteile gegenüber dem Reiten. Man kann das Pferd nicht über direkte Handeinwirkung beizäumen, das berüchtigte „Riegeln" ist technisch nur sehr schwer möglich. Als Ausbilder muss man auf die ursprüngliche Wirkungsweisen der Trense zurückgreifen: auf das Stellen, Biegen und Begrenzen.

Für welche Variante man sich auch immer entscheidet – richtig gehandhabt kann jede Trense zum Erfolg führen. In der Praxis hat sich die Schenkeltrense als optimales Gebiss für die Handarbeit erwiesen, da der Trensenring nicht durch das Maul gezogen werden kann, wenn Anfängern größere Fehler in der

Handhabung unterlaufen. Die Schenkel legen sich beim seitlichen Zügelanzug an die Außenseite des Pferdemauls und haben so einen ähnlichen Effekt wie ein Kappzaum. Die Maulwinkel des Pferdes können nicht eingeklemmt werden, und das Mundstück kann sich nicht auf der Zunge verdrehen.

Die Gerte

Ein weiteres Utensil bei der Handarbeit ist die Verlängerung des Arms, die Gerte. Auch diese gibt es in allen möglichen Längen, Stärken und Ausführungen. Idealerweise sollte man eine sehr leichte Gerte verwenden, da die Handhabung schon einiger Erfahrung bedarf. Je schwerer die Gerte, desto verkrampfter und anstrengender wird die Arbeit mit dem Pferd.

Die Länge der Gerte sollte sich nach den Anforderungen, der Zielsetzung und der Sensibilität des Pferdes richten. Wichtig ist, dass sie in Verlängerung des Arms zur Kruppe reicht. Sie muss außerdem gut in der Hand liegen und gezieltes Touchieren erlauben.

Das Lob

Es ist ungewöhnlich, das Lob zur Grundausrüstung bei der Handarbeit zu zählen – es ist aber ein sehr wichtiger Faktor, damit das Pferd sich entwickeln kann. Ein positives Feedback, wenn man etwas richtig gemacht hat, trägt zum Verständnis und zur Motivation bei – bei Menschen ebenso wie bei Tieren. Pferde sind für Lob sehr empfänglich. Das Clickertraining hat sich diese Tatsache schon zunutze gemacht und basiert auf dem Prinzip „Aufforderung – korrekte Antwort – Lob".

Dieses Lob sollte unmittelbar erfolgen, damit das Pferd es mit seiner richtigen Antwort in Verbindung bringen kann. Welche Belohnung man benutzt, ist sehr vom Pferd abhängig. Oftmals genügt ein Wort wie „brav" oder „gut", ein Streicheln über den Pferdekörper oder ein Stück Karotte.

Noch wichtiger ist allerdings die Authentizität dieser Belohnung. Wenn man sich nicht wirklich freut und dem Pferd ein kurzes „Gut" zukommen lässt, dann wird dies nicht so große Auswirkungen haben wie eine ehrliche Freude, die von innen kommt. Eine lieblos in das Maul des Pferdes gestopfte Karotte ist keine wirkliche Belohnung, sondern eher eine Bezahlung. Das Pferd erkennt die wahre Freude und wird auf Leidenschaft mit eben jener reagieren.

WIE MAN IN DEN WALD RUFT …

… so schallt es heraus. Emotionsloses Arbeiten, ohne Gefühl und nur auf die Technik versessen, wird ein ebenso agierendes Pferd hervorbringen. Durch ehrliche, authentische und motivierte Arbeit wird das Pferd lebendig mitarbeiten.

Bei dieser Betrachtung ist die Gabe von Leckerbissen kein Tabu, vorausgesetzt, das Pferd ist diszipliniert, akzeptiert vollkommen die Individualdistanz des Menschen und schnappt dementsprechend nicht dauernd nach einem weiteren Leckerbissen.

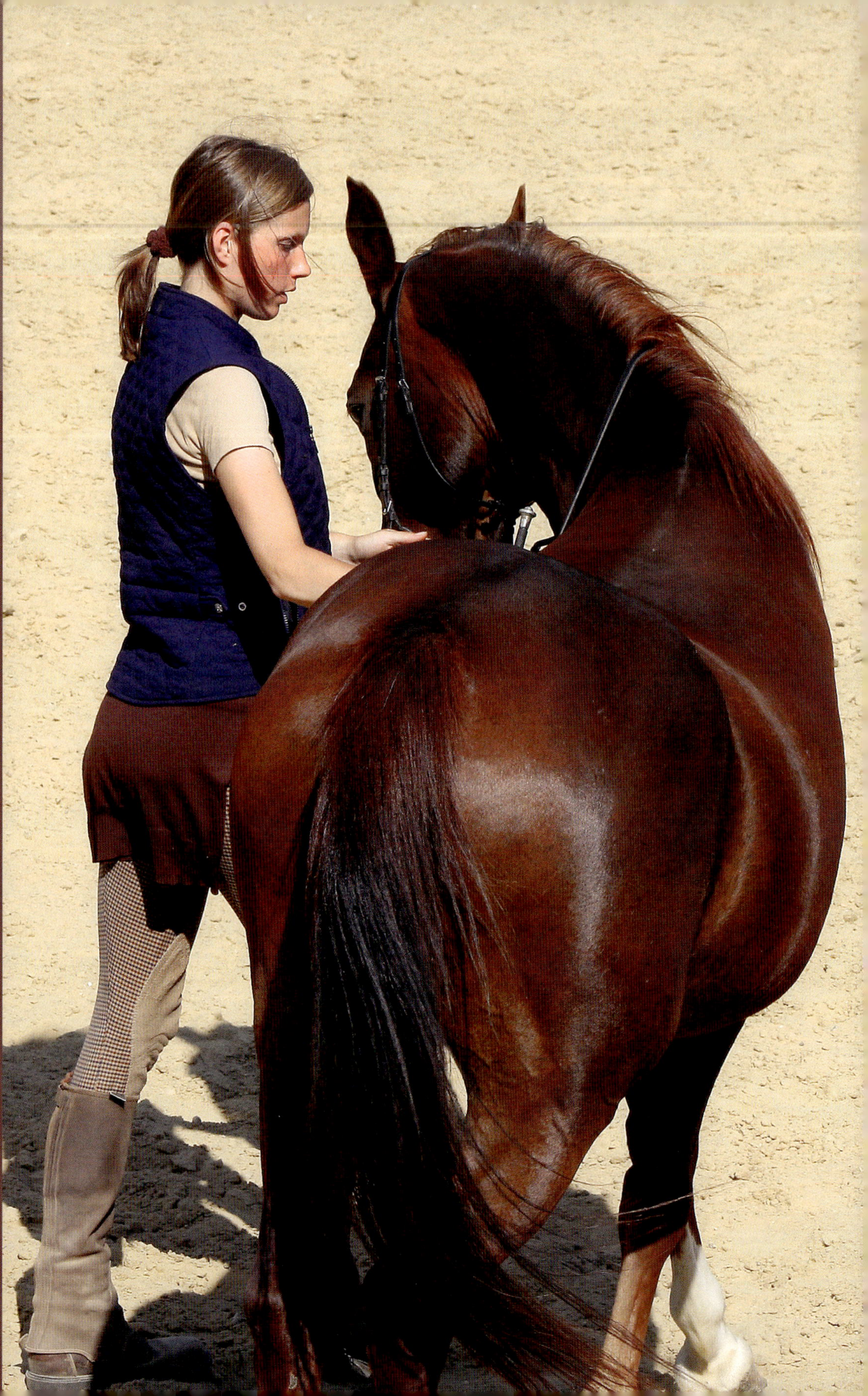

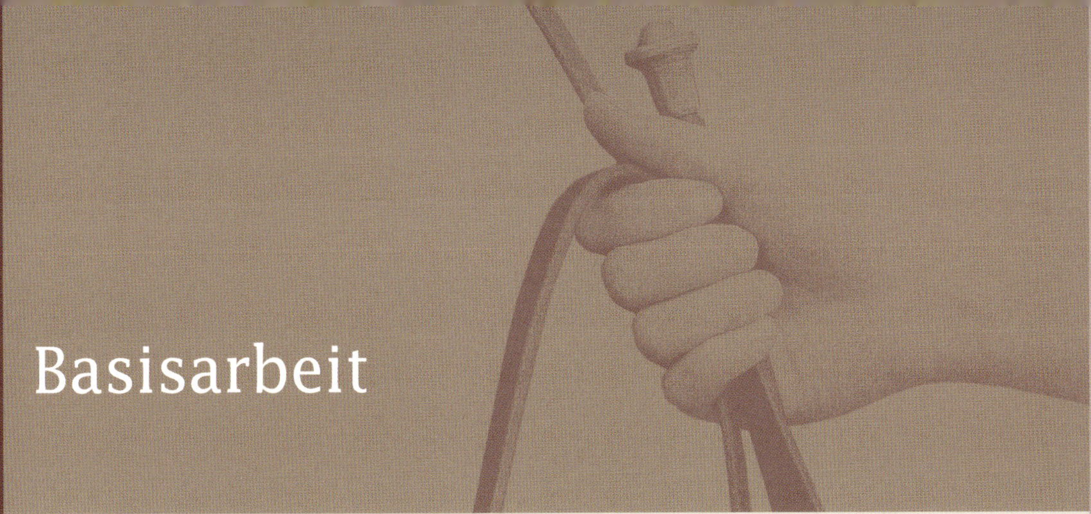

Basisarbeit

Die Grundposition

Für die ersten Schritte der Handarbeit befindet man sich auf einem Viereck oder in einer Reithalle. Die Viereckbegrenzung ist anfangs eine sehr wertvolle Hilfe und wird in der Basisarbeit sehr häufig gebraucht. Die im Bild gezeigte Grundposition stellt den Dreh- und Angelpunkt der Basisarbeit dar. Das Pferd befindet sich auf dem ersten, der Ausbilder auf dem zweiten Hufschlag. Die Bande begrenzt nach außen, der Mensch nach innen. Das Pferd wird durch die Hilfen eingerahmt.

Grundposition zur Handarbeit an der linken Seite des Pferdes:
Der Mensch befindet sich auf Höhe der Pferdeschulter, der Körper ist frontal zum Pferd gerichtet. Die linke Hand fasst den linken Zügel, der rechte Zügel wird über den Widerrist des Pferdes geführt und mit der rechten Hand gefasst, die auch die Gerte hält.

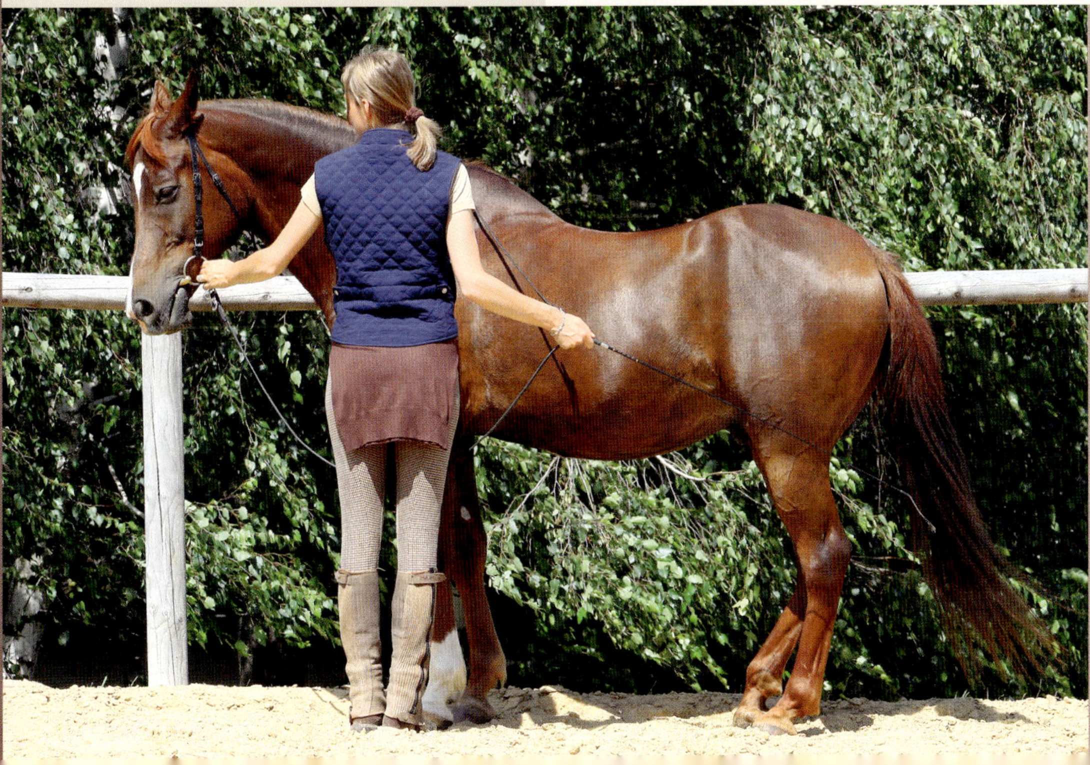

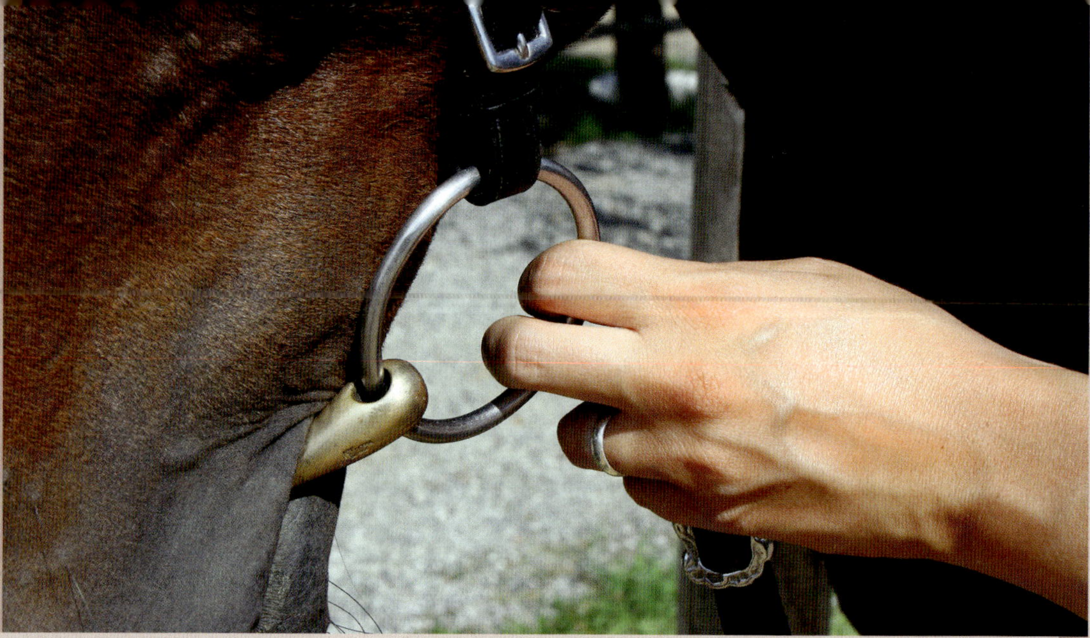

Möglichkeit 1: der Griff in die Trense.

Möglichkeit 2: Die Hand greift den Zügel ein paar Zentimeter hinter der Trense.

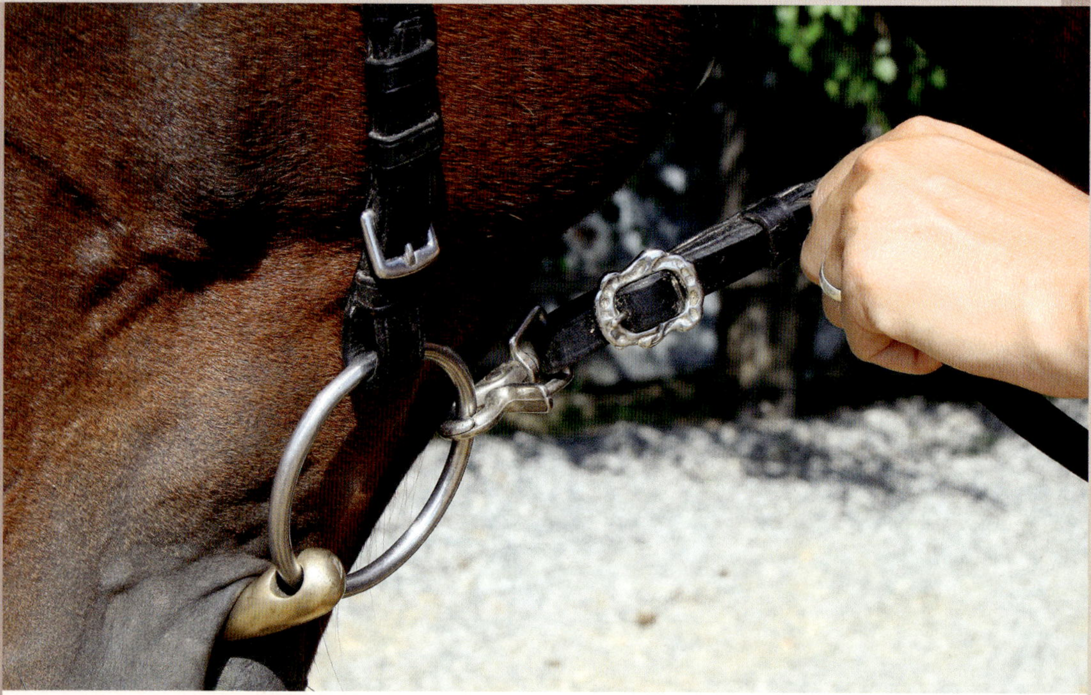

Die Trensenführung

Für die Basisarbeit greift die Hand in die Trense – die direkte Verbindung zum Maul ist hergestellt. Sie schließt sich zu einer lockeren Faust, mit der man jetzt alle Möglichkeiten der Hilfengebung hat und die Reaktionen des Pferdemauls unmittelbar fühlt. Außerdem kommt die Hilfe direkt und unverfälscht beim Pferd an. Die Anlehnung ist ruhig, und man

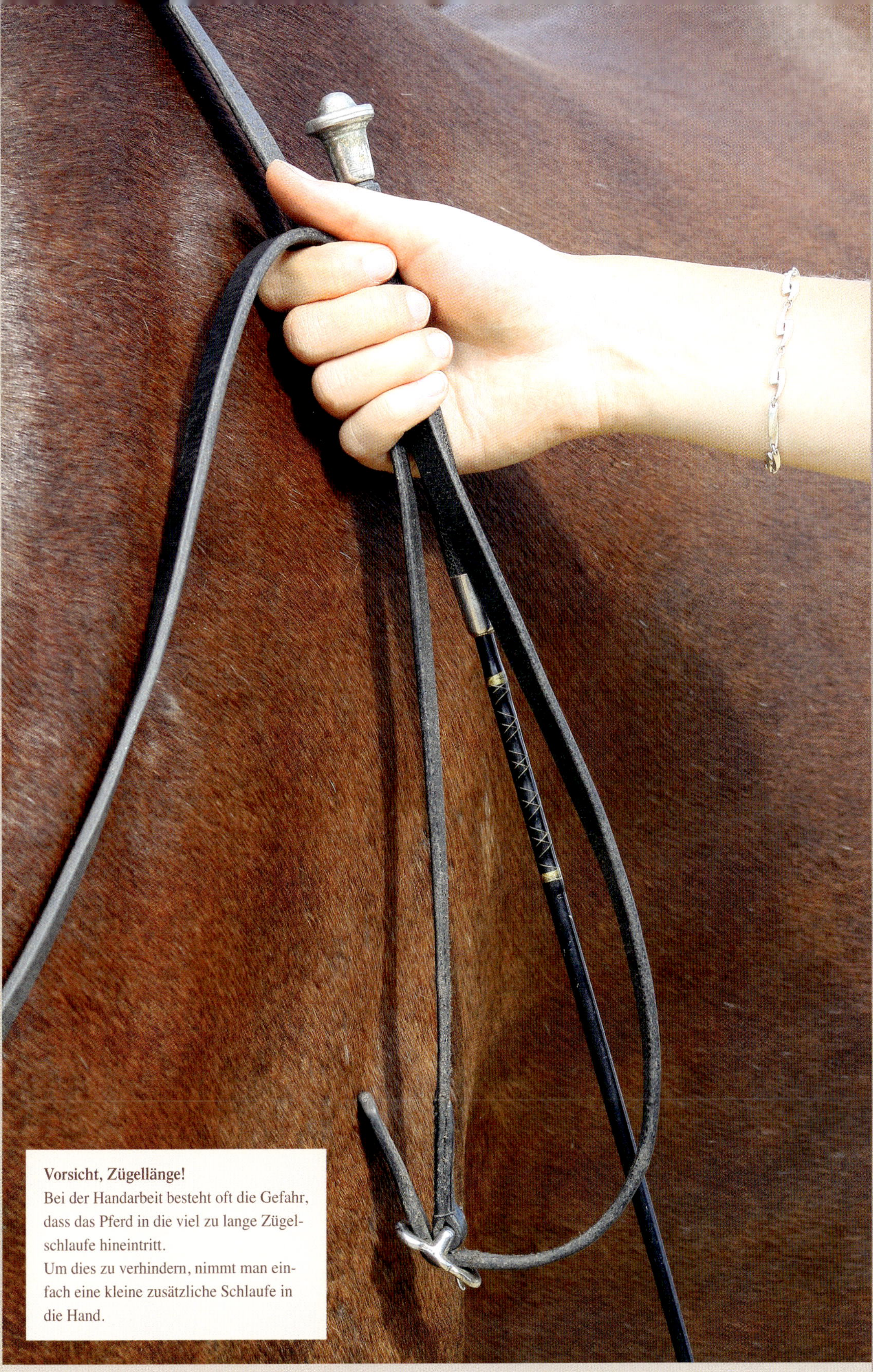

Vorsicht, Zügellänge!
Bei der Handarbeit besteht oft die Gefahr, dass das Pferd in die viel zu lange Zügelschlaufe hineintritt.
Um dies zu verhindern, nimmt man einfach eine kleine zusätzliche Schlaufe in die Hand.

kann das Pferd sehr gut mit seinen Händen begleiten und flexibel führen. Wenn ein Pferd dazu neigt, nach den Fingern des Menschen zu schnappen, verhindert diese Zügelführung dies automatisch.

Alternativ kann man auch den Zügel fassen und so Kontakt zum Pferdemaul herstellen. Diese zweite Möglichkeit sollte das Mittel der Wahl sein, wenn man das Pferd auf Kappzaum gezäumt hat oder wenn es einen sehr langen Hals hat und deshalb die Armlänge des Menschen nicht ausreicht, um die Grundposition an der Schulter des Pferdes aufrechtzuerhalten. Die Hand kontrolliert dann über den Zügel den inneren Trensenring. Man darf nicht vergessen, dass sich dieser längere Weg auf die

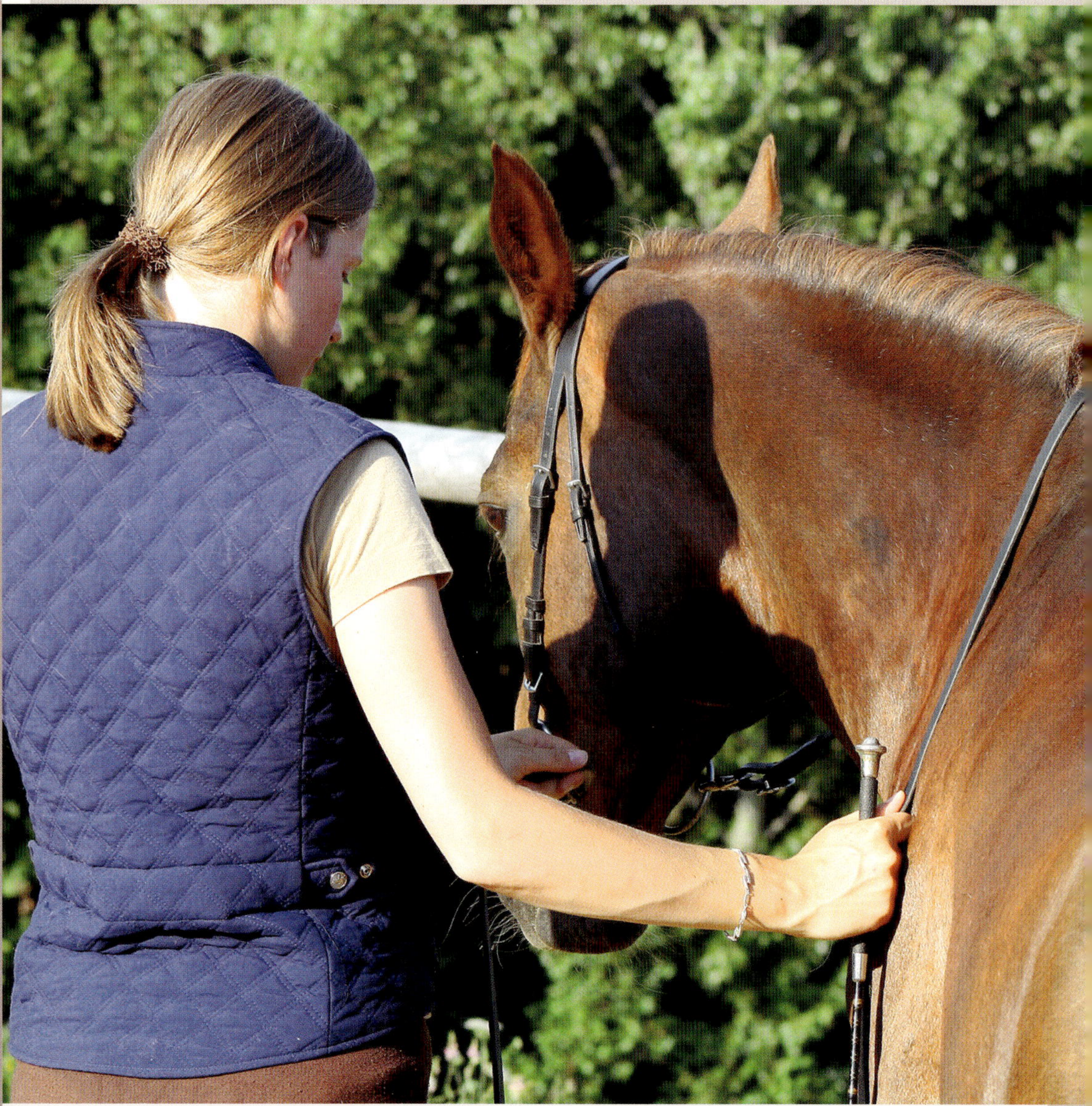

Präzision und Feinheit der Führung auswirkt. Je größer die Distanz zwischen Maul und Hand ist, desto unruhiger kann die Verbindung werden.

Bei der Führung am Kappzaum stellt dies kein großes Problem dar, doch bei der Trensenzäumung haben vor allem sensible Pferde Schwierigkeiten mit einer unruhigen Zügelhand.

Die Gertenhaltung

Grundsätzlich gibt es zwei Varianten, wie man die Gerte in seine Hand nehmen kann. Am einfachsten ist es, die Gerte einfach mit dem Zügel in die Hand zu nehmen und senkrecht gegen den Boden weisen zu lassen. Für die Basisarbeit empfiehlt sich diese Gertenhaltung,

Diese Gertenhaltung ist für den Einstieg in die Handarbeit geeignet.

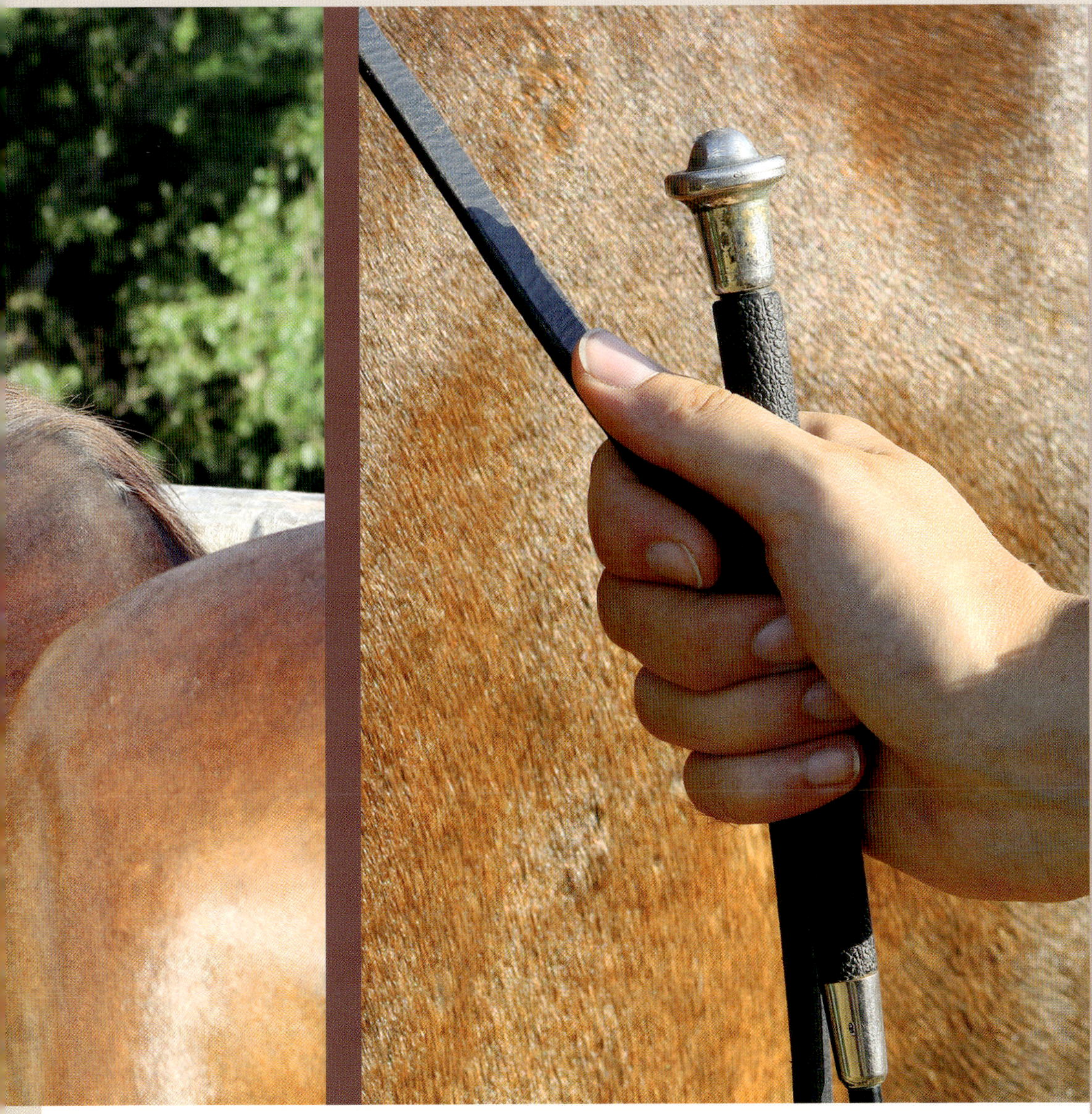

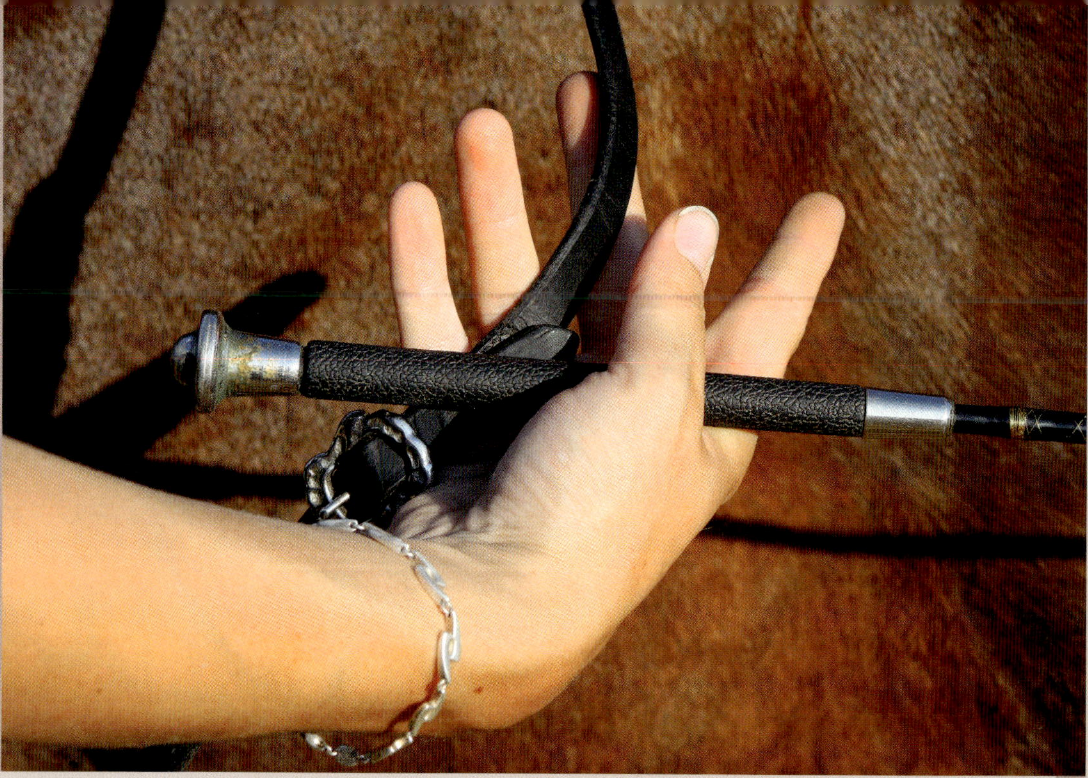

Man öffnet die Hand und lässt den äußeren Zügel von oben in die Finger laufen. Die Gerte liegt unter dem Daumen.

Dann schließt man die Finger zur Faust und hat Gerte und Zügel in einer Hand unter Kontrolle.

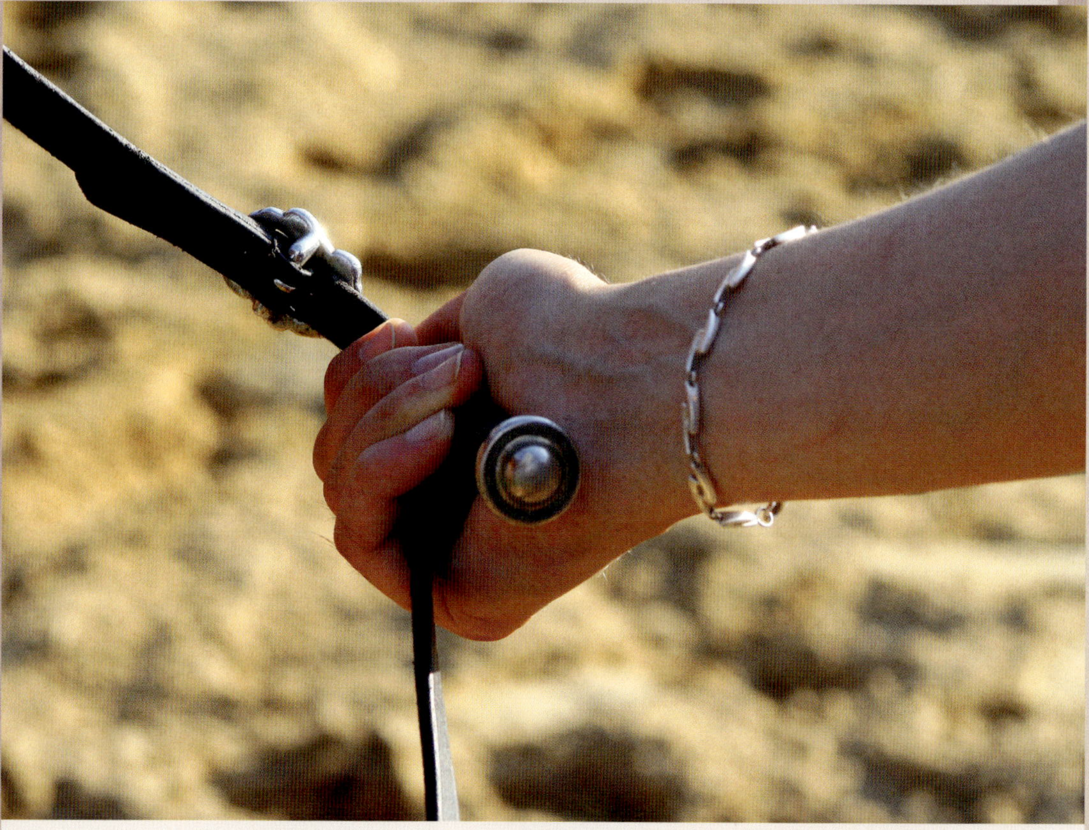

für die fortgeschrittene Arbeit in den Seitengängen sollte aber zur zweiten Möglichkeit (siehe Abbildungen) gegriffen werden.

Gerade bei der Handarbeit ist es sehr wichtig, den eigenen Körper zu kontrollieren. Die Gerte muss gezielt und bewusst eingesetzt werden, um Missverständnisse in der Kommunikation mit dem Pferd möglichst auszuschließen. Gerade bei der Handarbeit kann der Mensch dem Partner Pferd die Hilfen verständlich und präzise vermitteln, und deshalb sollte man am Beginn auf eine möglichst einfache Handhabung der Hilfsmittel achten. Ein Pferd ist sehr schnell überfordert, ein Mensch aber ebenso.

Wichtig ist auch, die Individualdistanz des Pferdes zu beachten. Man darf nicht am Pferdekörper kleben – ein angemessener Abstand zwischen sich und dem Pferd ist enorm wichtig. Das Gefahrenpotenzial steigt, wenn man sein Pferd zu sehr bedrängt und es sich dann erschreckt oder stolpert.

Ein sehr häufig zu beobachtender Anfängerfehler ist, dass man sich viel zu weit vorn am Kopf des Pferdes befindet. Bei einer Position vor der Schulter des Pferdes blockiert man den Vorwärtsdrang, das Sichtfeld ist eingeschränkt, und der Raum vor dem Pferd wird viel zu eng. Das Pferd wird dann meistens hinter der treibenden Hilfe sein, der Mensch hat es nicht „vor" sich. Bei der Handarbeit soll sich der Mensch nicht in einer führenden, sondern in einer treibenden Rolle befinden.

Die Gerte weist in Richtung Hinterhand und kann sehr gezielt eingesetzt werden.

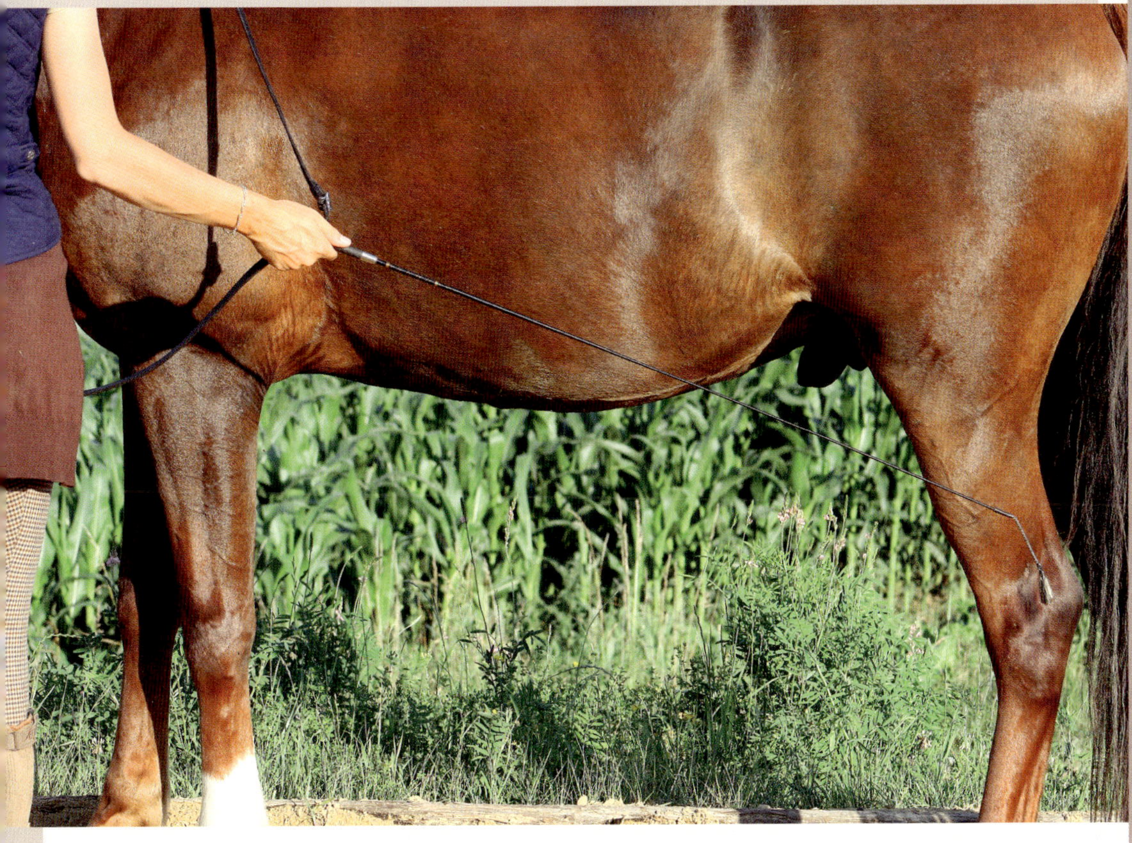

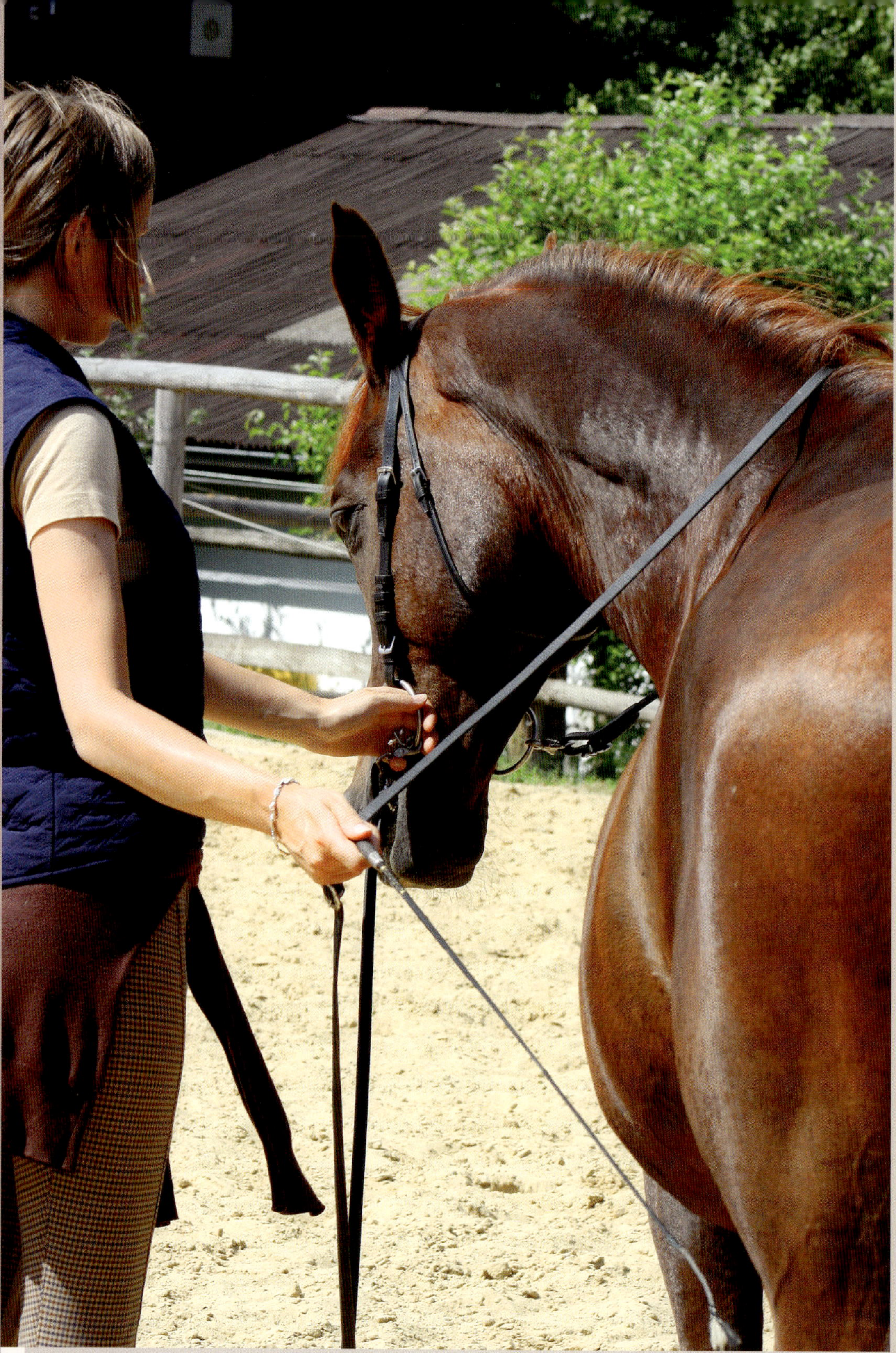

Abstand halten! Aus Sicherheitsgründen und für den Freiraum des Pferdes darf man nicht zu nah am Pferd stehen.

Zudem wird es nur auf Höhe der Schultern gelingen, das Pferd zu biegen, was in der gesamten Arbeit sehr wichtig ist. Es wird wahrscheinlich einige Zeit dauern, bis man sich an die korrekte Position gewöhnt hat, doch der Weg zu den Seitengängen ist im wahrsten Sinne des Wortes versperrt, wenn man anfangs nicht immer wieder selbst die richtige Position zum Pferd überprüft.

Gerade bei einem faulen Pferd wird man sich nach ein paar Schritten schnell zu weit vorn wiederfinden – doch gerade hier ist es wichtig, nicht vor die Schulter des Pferdes zu geraten, um ihm verständlich machen zu können, dass es fleißig vorwärtsgehen und nicht hinter dem Menschen hertrotten soll.

Die Hilfengebung

Die Einwirkung mit der Hand ist die wichtigste Hilfe bei der Arbeit vom Boden aus. Die Handarbeit bietet dem Reiter die Möglichkeit, dem Pferd die Zügelhilfen Schritt für Schritt verständlich zu erklären und beizubringen. Ein großer Vorteil besteht darin, dass man nicht im Sattel sitzt und eigene Verspannungen auf das Pferd überträgt, die entsprechende Reaktionen des Pferdes zur Folge haben.

Es können keine Schenkelhilfen gegeben werden, man muss die Einwirkung der Hand von der des Schenkels trennen: eines nach dem anderen, Hand ohne Bein. Dem Pferd fällt diese Art des Lernens viel leichter, und man wird sehr schnell erkennen, wie feinfühlig das Pferd reagieren kann, wenn der Störfaktor Mensch auf seinem Rücken verschwunden ist. Wenn man die Aufgaben der Hand im Einzelnen betrachtet, ist es enorm wichtig, zu verstehen, was man tut. Wenn man sich seiner Hilfen nicht bewusst ist oder gar nicht weiß, welche Aufgabe das Gebiss und die Zügel haben, dann wird es auch unmöglich, seine Ziele dem Pferd zu vermitteln.

Erste Basisübungen auf Trense

Die Trense kann im Maul des Pferdes auf die Zunge, den Gaumen und die Laden wirken. Diese drei Punkte sind unumstritten sehr schmerzempfindliche Punkte im Pferdemaul. Nimmt man beide Trensenzügel an, dann richtet sich eine einfach gebrochene Trense im Inneren des Mauls auf, quetscht die Zunge und bohrt sich in den Gaumen. Leider haben die meisten Pferde schon genau diese Erfahrung mit der Trense gemacht, sei es in Ausnahmesituationen („Bleib doch bitte endlich stehen!") oder leider auch in der täglichen Dressurarbeit („Der Kopf muss runter!"). Doppelt gebrochene oder besonders gedrehte Mundstücke schalten diesen Nussknackereffekt am Gaumen weitgehend aus, doch die Zunge wird weiterhin in Mitleidenschaft gezogen.

Als Grundsatz sollte deshalb gelten: Beide Zügel sollten nicht gleichzeitig angenommen werden. Außerdem dient die Trense als Hilfengeber, nicht als Zwangs- oder Strafmittel – diese Forderung hat für das Reiten natürlich ebenso Bestand wie für die Arbeit an der Hand.

Besonders aber bei der Handarbeit sollte man erst gar nicht in die Situation kommen, grob am Zügel einwirken zu müssen. Von Anfang an gibt man zielgerichtete und feine Gebisshilfen, in der Intensität abgestimmt auf die

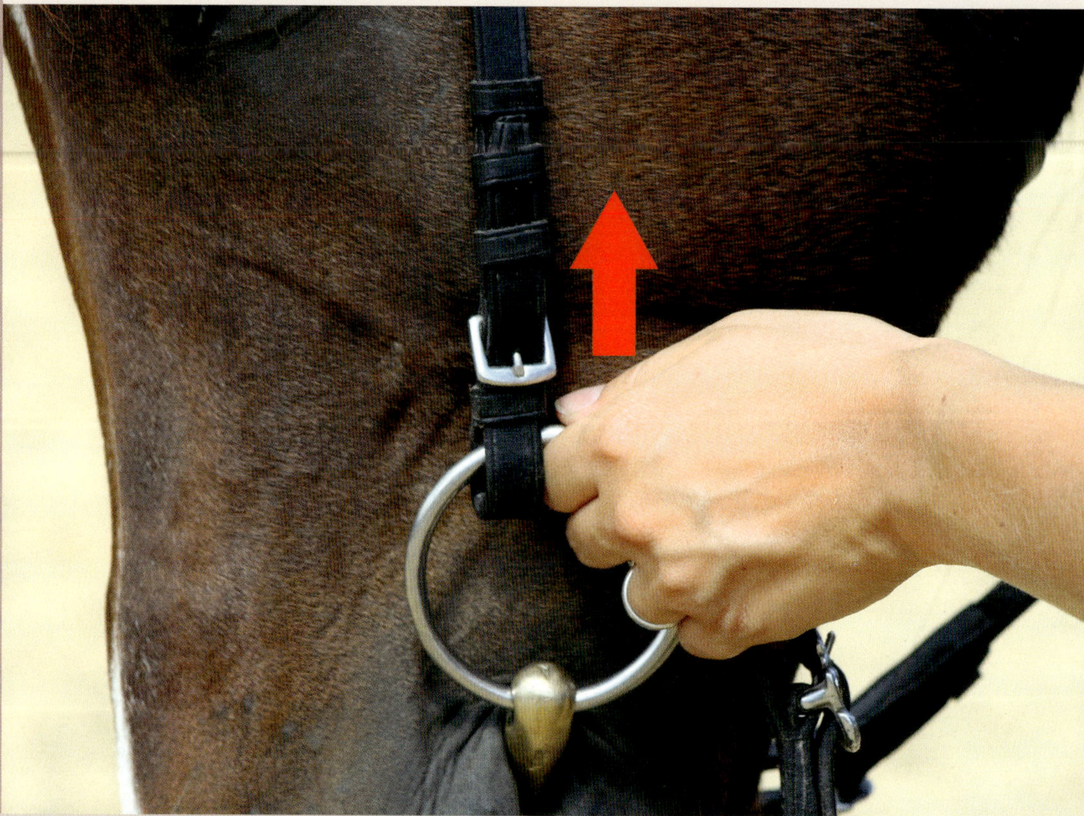

Die Hand bewegt sich in Richtung Maulwinkel, Gaumen und Laden werden geschont und die Zunge wird nicht gequetscht.

Sensibilität des Pferdes: „So wenig wie möglich, so viel wie nötig." Die Reaktion des Pferdes bestimmt die weitere Hilfengebung. Konkret kann die Hand aufrichtend, biegend und senkend wirken.

Aufrichtende Wirkung

Eine Bewegung in Richtung Maulwinkel des Pferdes lässt das Pferd den Kopf heben, die gesamte Vorhand kann so, von der Handeinwirkung unterstützt, aufgerichtet werden. Das Genick kann jederzeit geöffnet und die Höhe des Pferdekopfes genau bestimmt werden. Wenn man als Ausbilder weiß, was man will, hat man alle Möglichkeiten, das Pferd an der Hand in beliebige Balancesituationen zu versetzen.

Senkende Wirkung

Die abwärts führende Zügelhand ist eine Besonderheit der Handarbeit: Beim Reiten kann kein Zügel in direkter Weise vorwärts-abwärts wirken – man bräuchte Eisenstangen anstatt weicher, flexibler Zügel. Wenn man aber direkt in die Trense fasst, dann kann man das Gebiss in Richtung Boden führen und erzeugt so einen Druck im Genick des Pferdes (ähnlich einer Kandarenwirkung), dem das Pferd vorwärts-abwärts nachgeben wird.

Immer wieder trifft man in der Reiterei auf fanatische Menschen, die eigentlich nur eines vom Pferd wollen: Es soll durch das Genick am Zügel gehen. Der restliche Bewegungsablauf und die Balance scheinen egal zu sein,

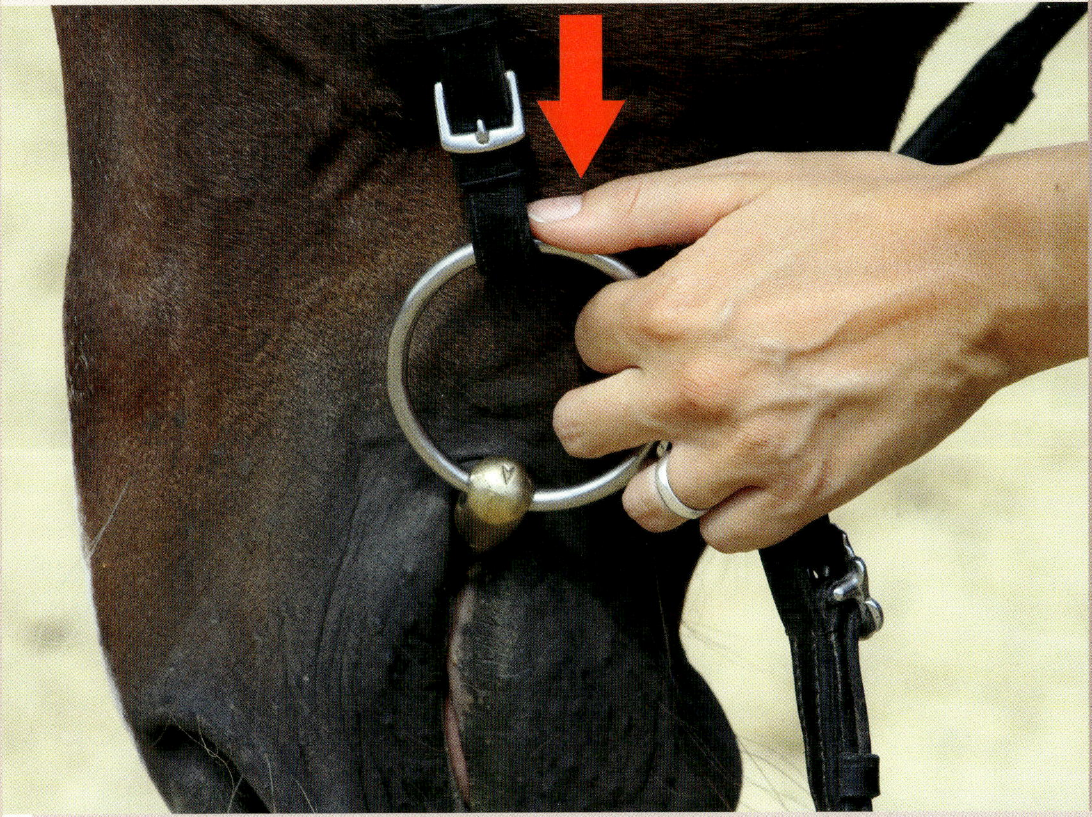

Die Hand bewegt sich nach unten, das Pferd weicht dem Druck im Genick und senkt den Kopf.

Hauptsache, das Pferd „gibt den Kopf her". Viele Pferde aber haben unheimliche Schwierigkeiten mit diesem Umstand. Wenn dann auch noch riegelnde Reiterhände versuchen, das Pferd mit roher Gewalt beizuzäumen, wundert es nicht, dass das Pferd sauer wird und die Arbeit als negatives Erlebnis abspeichert.

Um dem Umstand mit dem Nachgeben im Genick gerecht zu werden, ohne heftig das Maul zu manipulieren, muss man das Pferd nur in die Tiefe führen. Dort unten ist es für das Pferd ein Leichtes, im Genick nachzugeben, denn die dann erforderliche Beizäumung ist so gering, dass sie jedes Pferd hergeben wird.

Demgegenüber muss man bei Pferden mit einem langen, leichten Hals sehr vorsichtig beim Abwärtsführen des Kopfes sein. Das Pferd sollte mit der Stirn-Nasen-Linie nicht hinter die Senkrechte kommen, eine übermäßige Genickbeugung sollte man verhindern und stattdessen konsequent darauf achten, diese Pferde immer wieder in die Grundposition zurückzuführen.

Pferde mit langem Hals neigen dazu, sich einzurollen und so ein Nachgeben im Genick vorzutäuschen. Gerade unter dem Sattel bringt dies große Schwierigkeiten mit sich, denn das Pferd steht dann nicht mehr reell an den Hilfen und dehnt sich nicht mehr an das Gebiss heran. Die Handarbeit kann auch hier wertvolle Dienste leisten und dem Pferd die korrekte Haltung zeigen.

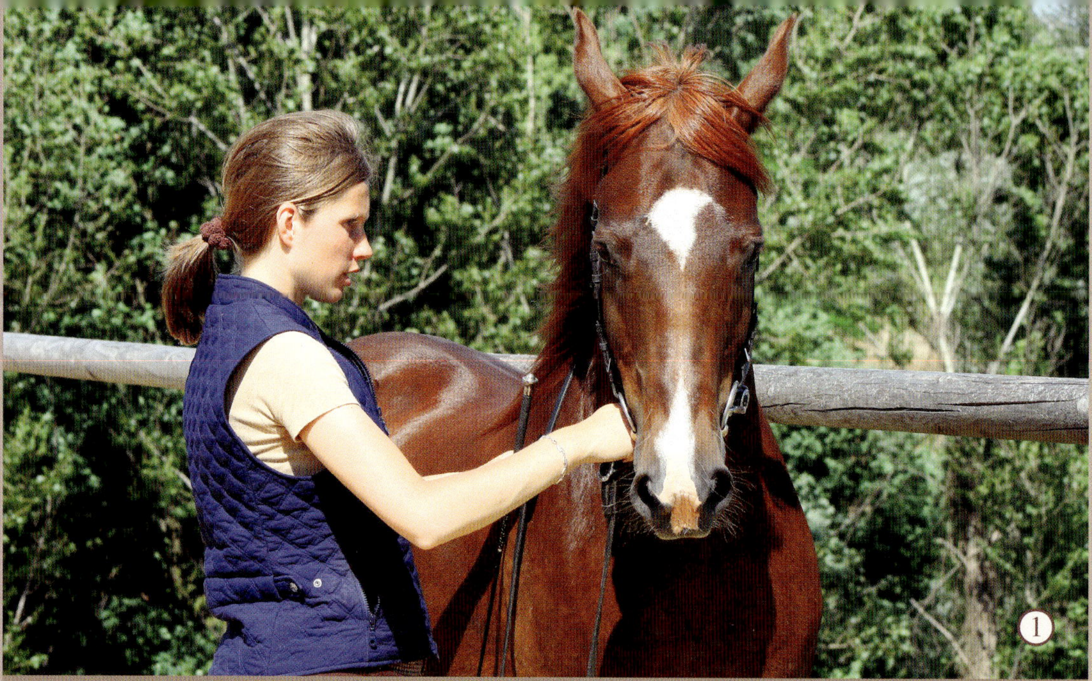

DEHNUNG FÜR HALS UND OBERLINIE

Das geschulte Pferd folgt aus der Aufrichtung (Bild 1) dem abwärts führenden Zügel immer weiter in die Tiefe, die Anlehnung bleibt immer gleich leicht, aber stetig. Der Außenzügel gibt nach, ohne die Verbindung zu unterbrechen. Die Körpersprache des Menschen unterstützt das Pferd in seiner Bewegung, und das Pferd lernt, immer der Richtung des Zügels zu folgen, was sich dann im Sattel fortsetzen soll.

In Bild 2 kann man die Abwärtstendenz des Pferdekopfes schon sehr schön erkennen. Das Pferd beginnt, mehr Gewicht nach vorn zu bringen. Kopf und Hals haben ein beträchtliches Gewicht und verschieben den Schwerpunkt in Richtung Schultern. Die Unterhalsmuskulatur spannt sich ab, die gesamte Oberlinie des Pferdes dehnt sich.

Durch das Senken des Kopfes wird sich auch eine Entspannung des Pferdes einstellen. Pferde, die sich aufregen, werden nicht den Kopf tief nehmen. Durch den abwärts führenden Zügel hat man somit ein Werkzeug, mit dessen Hilfe das Pferd in ein ausgeglichenes seelisches Gleichgewicht kommen kann.

Im dritten Bild befindet sich die Oberlinie des Pferdes in der Waagerechten – für die Gymnastizierung und die Dehnung der Muskulatur tief genug. Anfangs kann man das Pferd ruhig noch tiefer stellen, ohne dass die Stirnlinie des Pferdes hinter die Senkrechte kommt. Eingerollte Pferde führen die korrekte Gymnastizierung ad absurdum. Gerade bei der Arbeit an der Hand kann man das sehr schnell erkennen und korrigieren. Befindet sich der Kopf nun in einer tiefen Position, kann man das Pferd biegen und so die Hilfengebung des Gebisses komplettieren – vom Aufwärts über das Abwärts ins Seitwärts (Bild 4). Je tiefer der Kopf des Pferdes, umso leichter fällt die Biegung. Aber auch hier gilt: Die Ohren des Pferdes müssen auf gleicher Höhe bleiben. Tun sie es nicht, muss der Ausbilder unbedingt seine eigene Hilfengebung und vor allem die gleichmäßige Anlehnung an beiden Zügeln überprüfen.

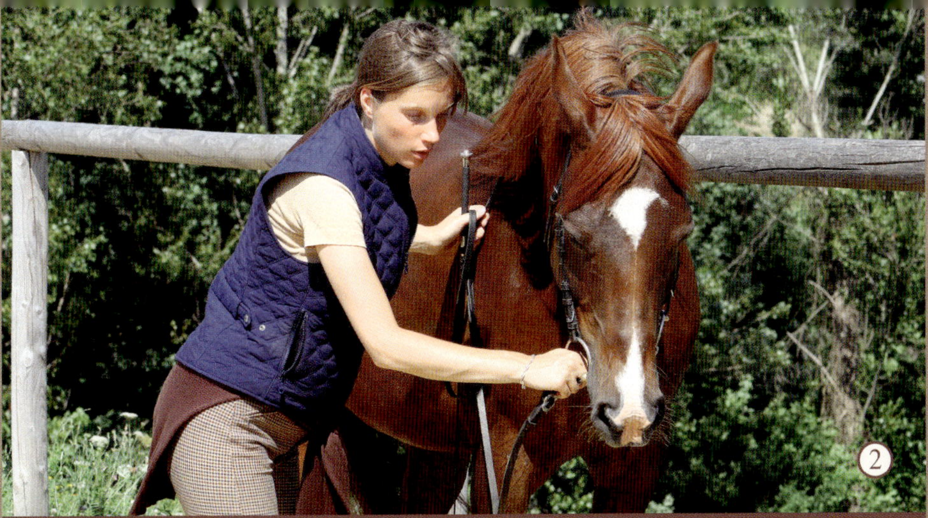
2

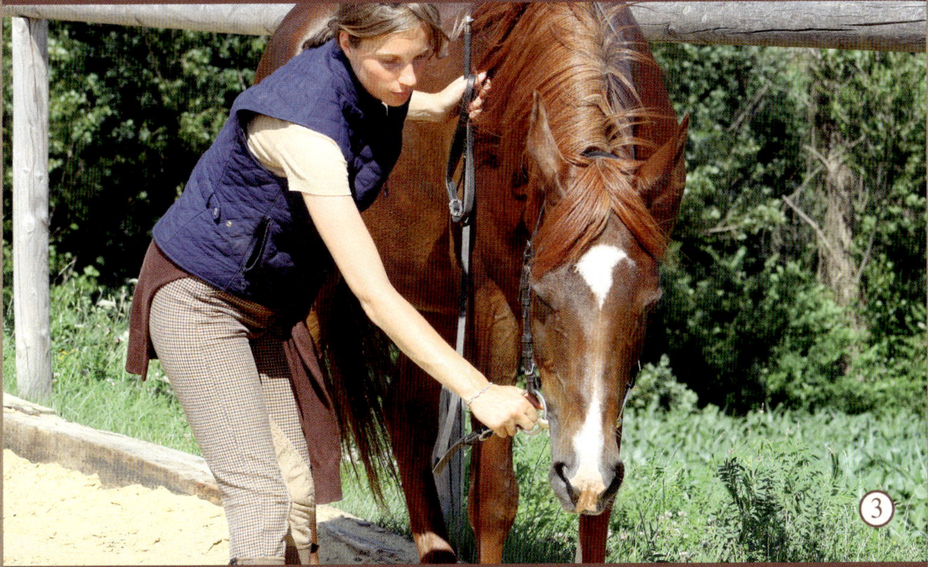
3

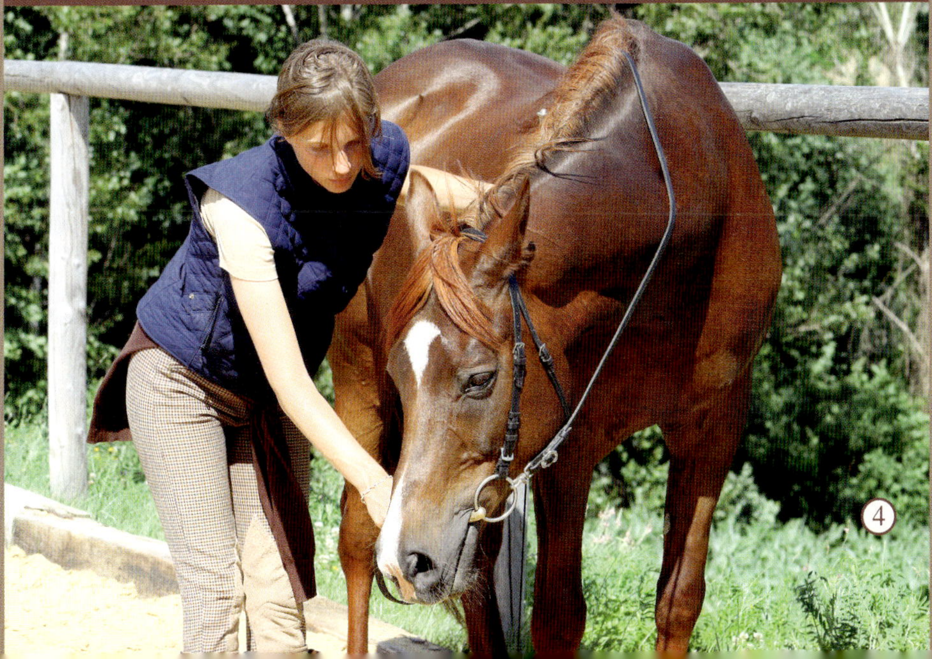
4

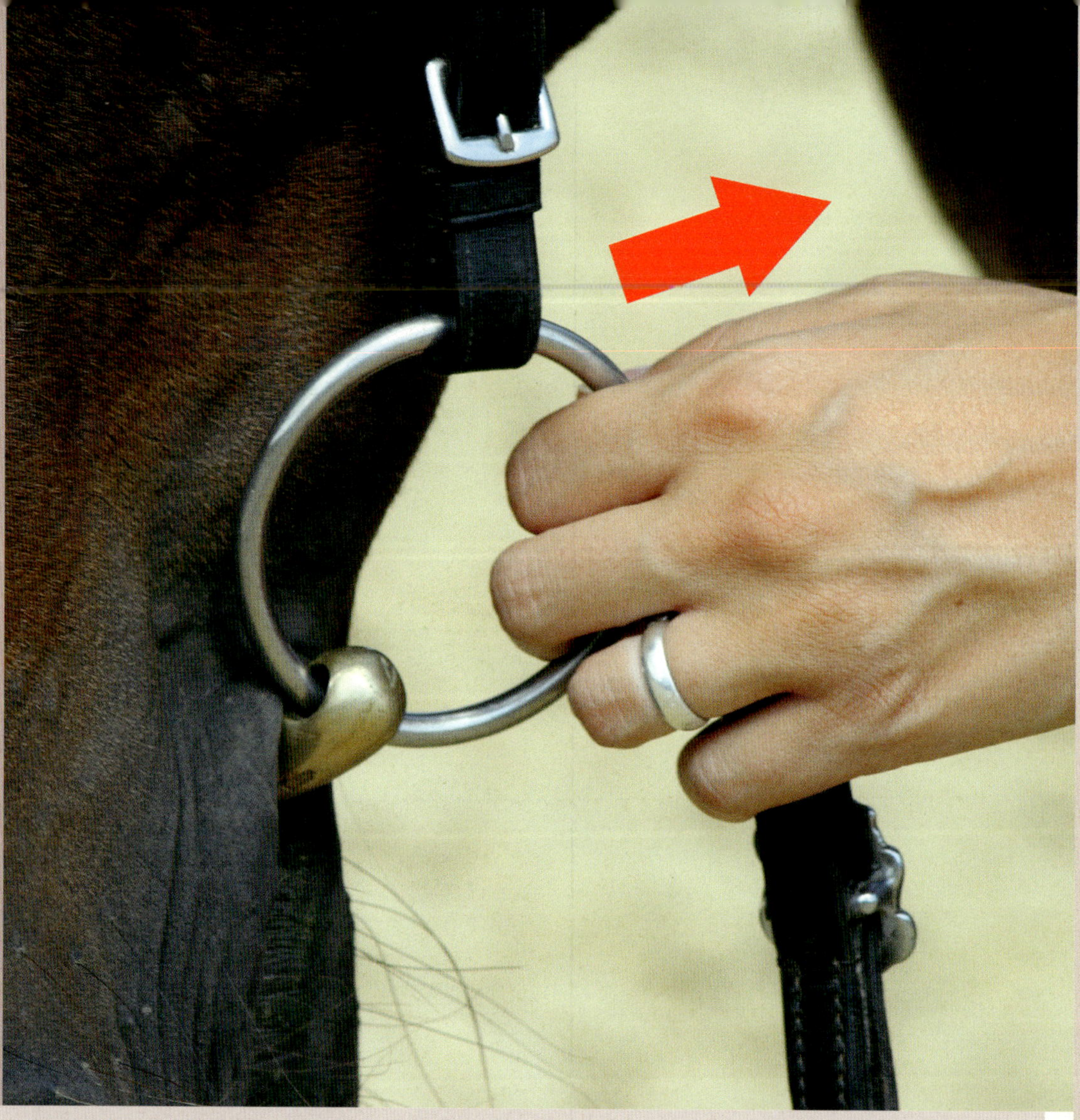

Die Hand bewegt sich seitwärts, um das Pferd in die Biegung zu geleiten.

Biegende Wirkung

Die dritte Wirkungsmöglichkeit ist die stellende und biegende Hilfe. Der Ausbilder kann dem Pferd am Boden durch den inneren Zügel ganz einfach den Weg in die Biegung beibringen und zeigen. Auch bei der Handarbeit ist sehr wichtig, dass bei allen Einwirkungen und speziell bei der Biegung immer beide Zügel in Anlehnung sind. Der Außenzügel soll das Pferd stets begleiten und die innere Hand unterstützen. Wenn man den Außenzügel vergisst, was anfangs relativ leicht passiert, da die eigene Bewegung nicht an die des Pferdes gekoppelt ist, zieht man dem Pferd höchstens das Gebiss durch das Maul, bringt es so dazu, sich zu verwerfen und „sauer" auf die Trense zu werden. Eine weiche Anlehnung bedingt wie beim Reiten einen gleichmäßigen Kontakt beider Zügel. Der über den Widerrist laufende Außenzügel muss deshalb von der gertenführenden Hand des Menschen immer in Fühlung bleiben. Die Hand des Menschen soll auch die äußere Seite des Pferdes spüren.

BIEGUNG NACH INNEN

Zur Biegung nach innen, hier nach links, vollführt die innere, linke Hand eine leichte Aufwärtsbewegung Richtung Maulwinkel und wird dann gleichzeitig nach links geführt. Im ersten Bild kann man die Bewegung am etwas vom Pferdekopf weggenommenen Trensenring erkennen.

Der äußere, rechte Zügel bleibt in einer Anlehnung, die die Biegung nicht blockiert. Man soll den äußeren Zügel „spüren“, also im Kontakt mit dem Pferdemaul bleiben. Eine ganz sanfte Abwärtsbewegung der rechten Hand gewährleistet dies.

Der Mensch bleibt ruhig an seinem Platz stehen und kann sehr gut erkennen, inwieweit das Pferd der Aufforderung nachkommt. Im ersten Bild hat das Pferd eine Linksstellung, im zweiten Bild kommt eine sehr schöne Längsbiegung dazu, die im dritten Bild vervollkommnet wird.

Die Ohren des Pferdes bleiben auf gleicher Höhe – das Pferd verwirft sich also nicht im Genick. Die Ohrenstellung verrät dem Menschen, dass das Pferd sehr aufmerksam und konzentriert ist. Im dritten Bild kann man außerdem schön erkennen, wie der äußere Zügel sich an die gebogene Halsseite anschmiegt und die Biegung nicht behindert.

Die Anlehnung an eine Bande verhindert ein Ausweichen des Pferdekörpers und erleichtert anfangs die Hilfengebung.

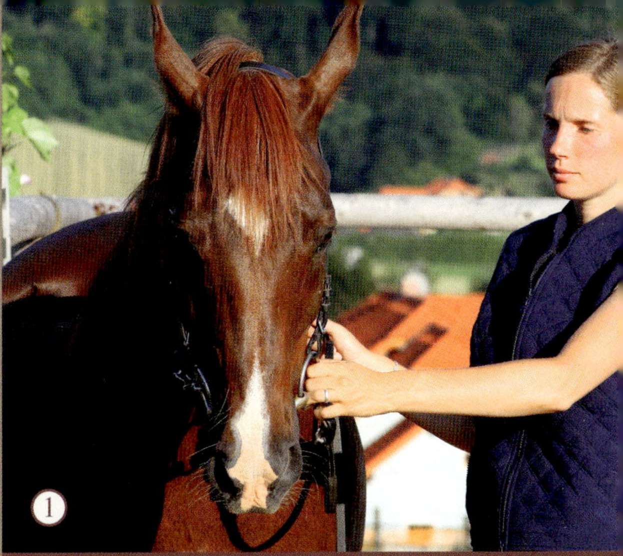

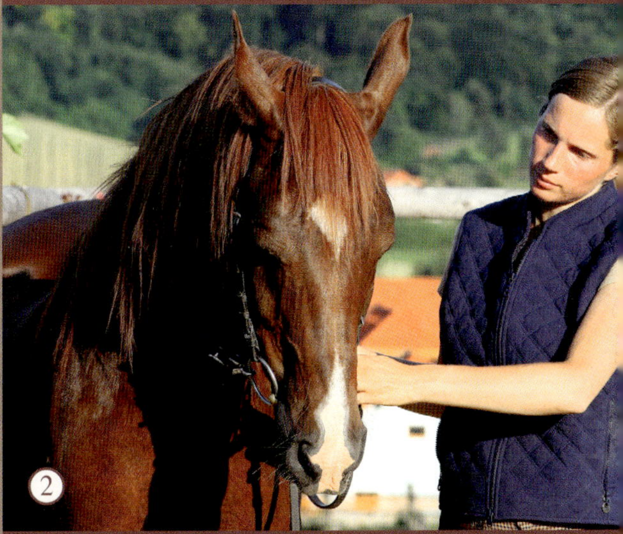

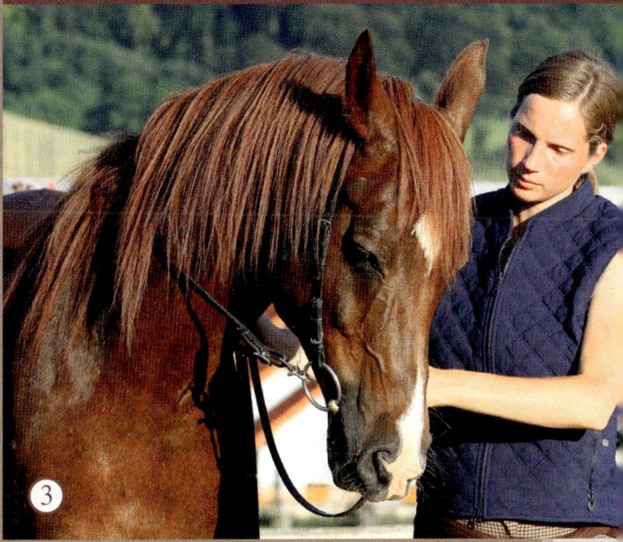

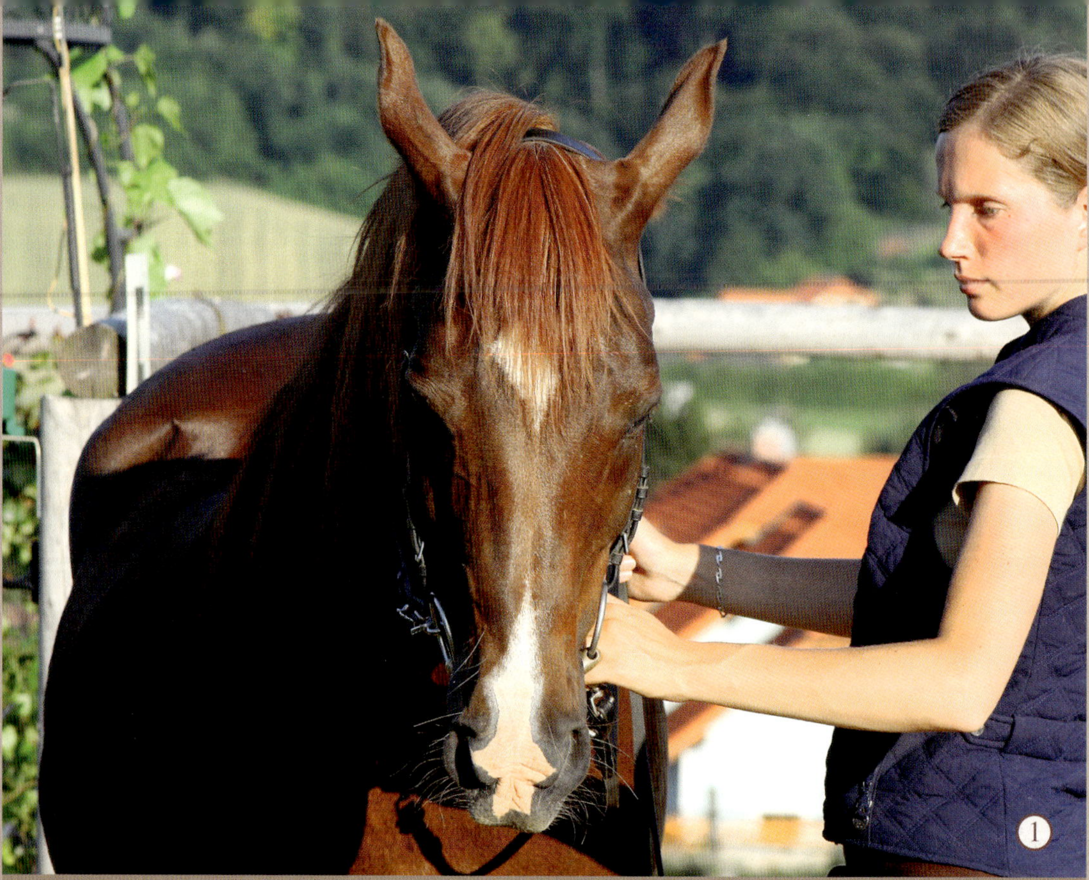

BIEGUNG NACH AUSSEN

Bei der Biegung nach außen, hier nach rechts, übernimmt der linke Zügel die Rolle des äußeren, der rechte die des inneren Zügels. Indem man die rechte Hand Richtung Boden nimmt, wird der rechte Zügel gespannt; die linke Hand hilft mit, indem sie etwas gegen den Pferdekopf drückt.

Im ersten Bild kann man sehr schön die Konterstellung erkennen, die im zweiten Bild zu einer Konterbiegung wird.

Je größer die Außenbiegung, desto gestreckter wird der linke Arm des Ausbilders, der seinen Platz nicht verlässt, um nicht zu weit vor das Pferd zu kommen. Der rechte Zügel biegt und stellt das Pferd weiterhin, die Unterstützung durch den linken Zügel darf aber keineswegs vernachlässigt werden.

Im dritten Bild ist eine maximale Biegung erreicht, das Pferd ist auch in dieser Sequenz aufmerksam und bleibt losgelassen und ruhig.

Diese Übungen bereiten das Pferd darauf vor, sich später auch in der Bewegung weg vom Menschen zu biegen, mit den Schultern zu weichen und Wendungen mit kleinerem Radius als der Ausbilder zu gehen.

Wenn man die Körperposition des Menschen auf den Bildern betrachtet, kann man sehr schön erkennen, dass sich die linke Schulter immer weiter zum Pferd dreht, es dadurch aber nicht in Bedrängnis bringt, da das Pferd seine Blickrichtung ändert und nach rechts schaut.

Die gesamte linke Halsmuskulatur des Pferdes wird gedehnt, die rechte wird verkürzt – das ist Gymnastizierung schon im Stand.

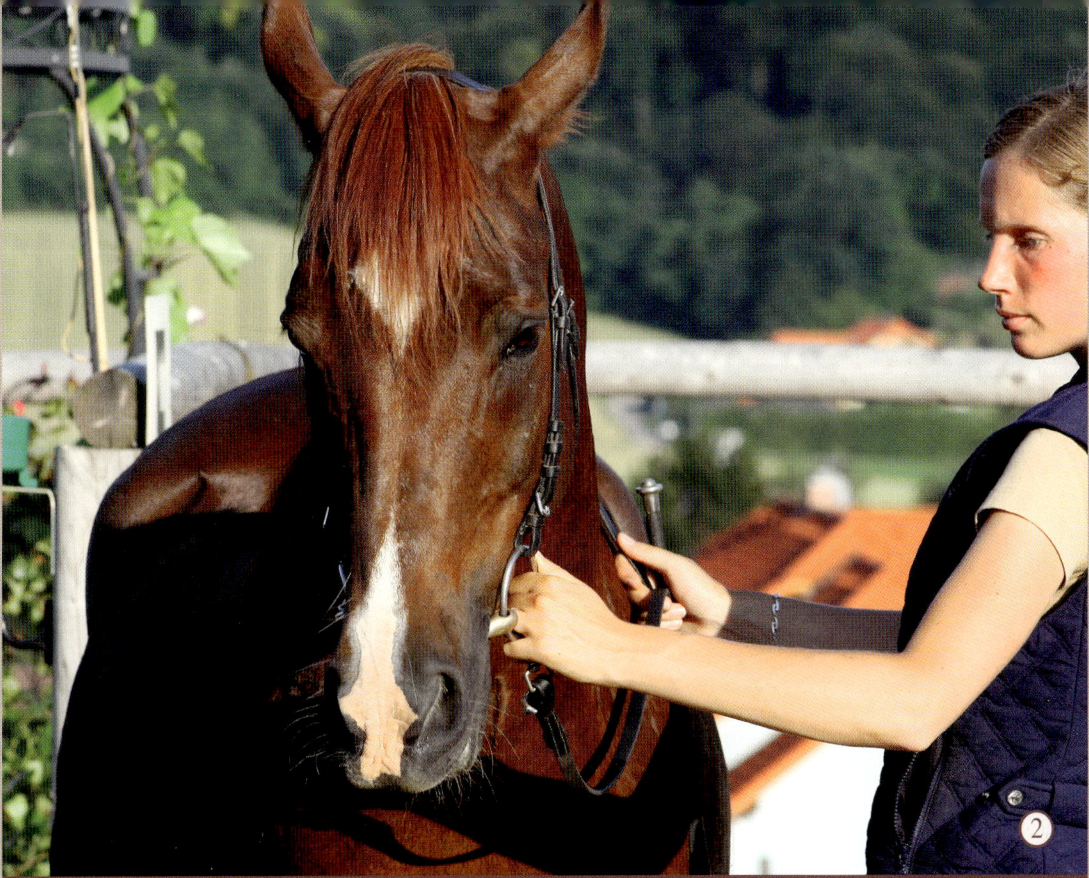
2

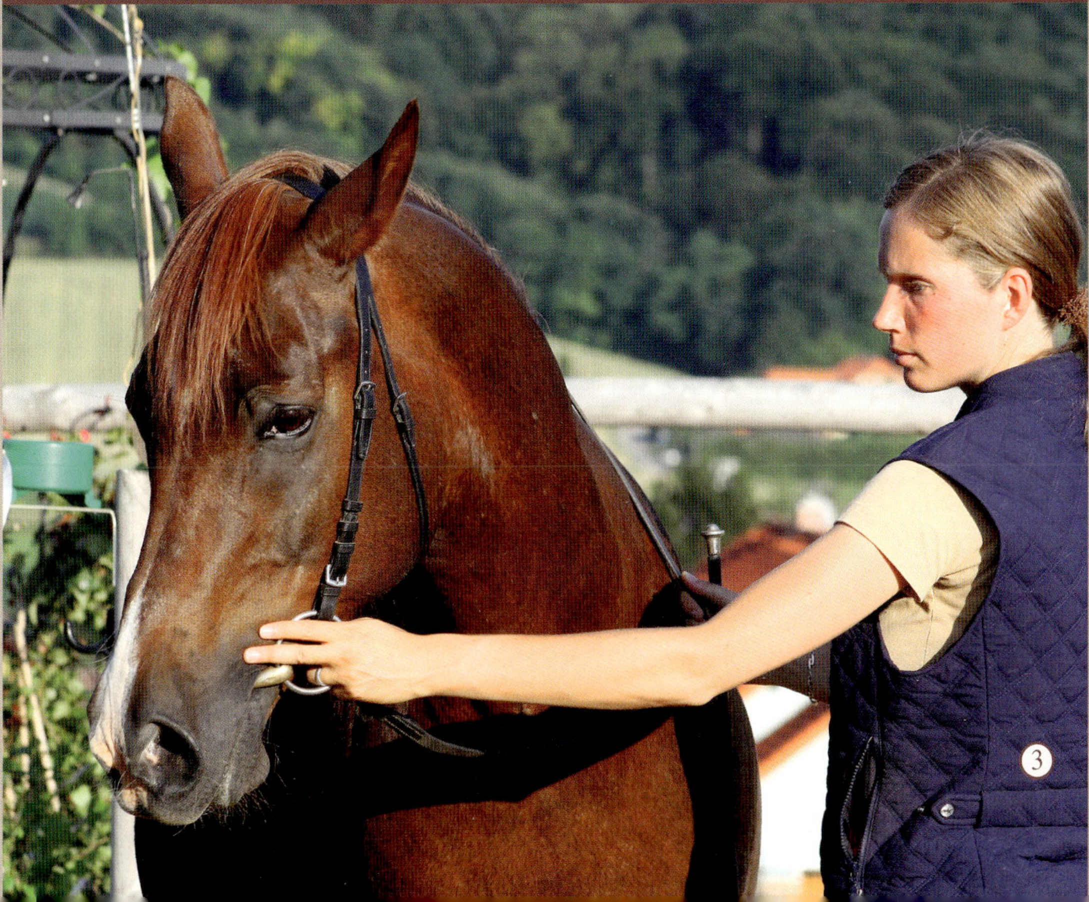
3

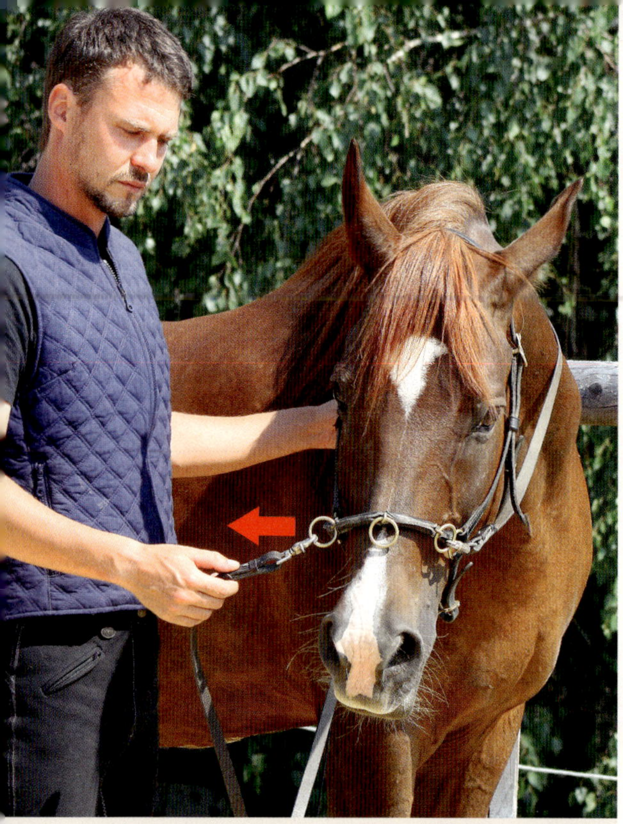

Grundelemente des Biegens mit dem Kappzaum: Der Zügelanzug (roter Pfeil) erzeugt an der Außenseite des Kopfes einen Druck, dem das Pferd nachgibt. Diese Zügelhilfe ist für jedes Pferd verständlich. Die rechte Hand befindet sich am Hals, um dort etwaige Blockaden zu beseitigen.

Erste Basisübungen am Kappzaum

Die Basisarbeit am Kappzaum unterscheidet sich nur in wenigen Details von der Arbeit auf Trense. Stellen und Biegen sind auch hier die Hauptelemente in der Arbeit. Der Kappzaum ist für diese Aufgaben ein ideales Werkzeug, das für alle in diesem Buch gezeigten Übungen geeignet ist. Sein großer Vorteil ist, dass er Anfängerfehler des Menschen viel eher verzeiht als ein Gebiss. So muss das Pferd nie unter der mangelnden Erfahrung und Fertigkeit des Menschen leiden.

Grundsätzlich gilt wie bei der Trensenarbeit auch, dass die Paraden am Kappzaum sich in einem Annehmen und Nachgeben äußern müssen. Man darf das Pferd für eine Biegung nicht einfach nur nach innen ziehen, sondern muss diese Stück für Stück fordern. Das Pferd muss sich selbst in der Biegung halten.

Die extreme Biegung entspannt den Hals, dehnt die Muskulatur der Außenseite und löst kleinere Blockaden im Wirbelsäulenbereich.

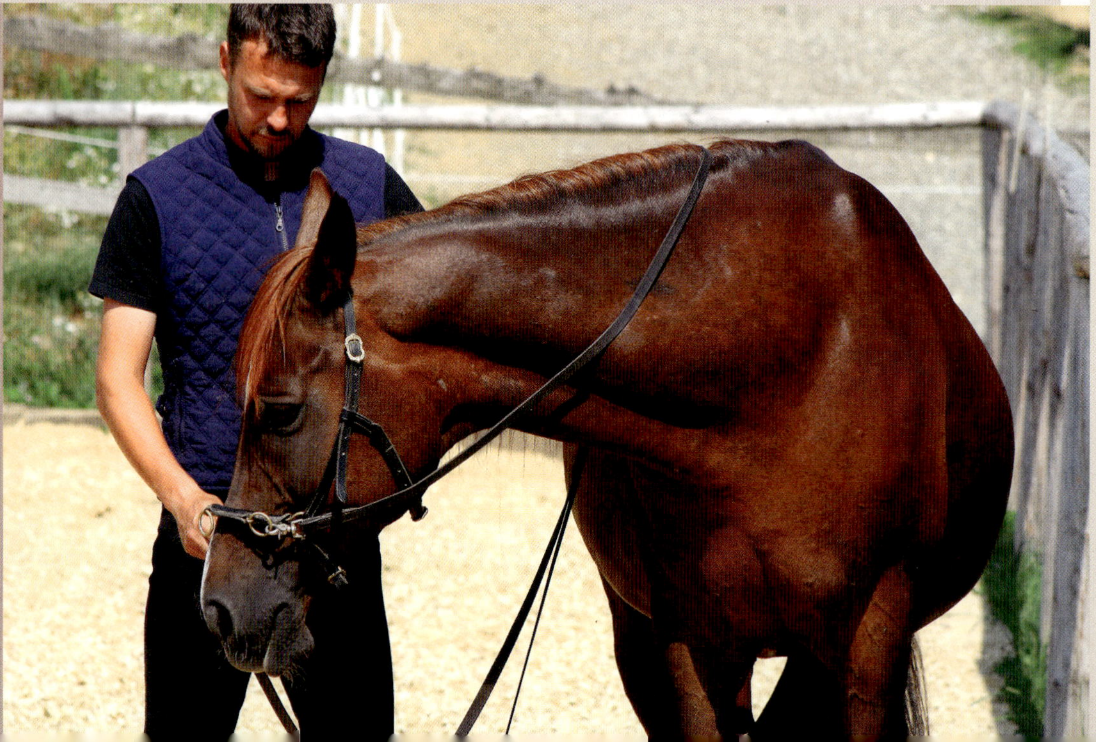

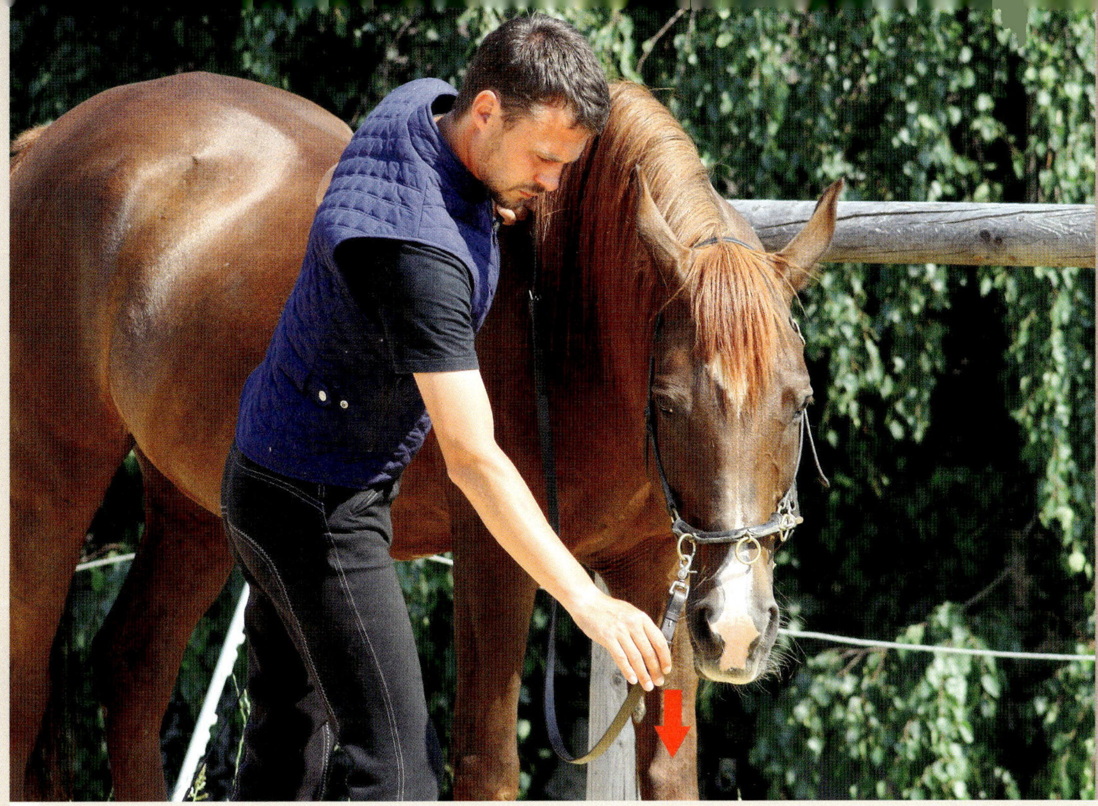

Der Weg nach unten:
Auch bei der Arbeit am Kappzaum muss sich das Pferd schon im Stehen vorwärts-abwärts dehnen, der Zügel gibt die Richtung vor, der Körper des Menschen begleitet sie.

Biegung nach außen:
Um die Winkelung und dadurch die Wirkung des Zügels zum Kappzaum zu verbessern, kann man die Hand etwas anheben (blauer Pfeil) und daraus die Umstellung erwirken.

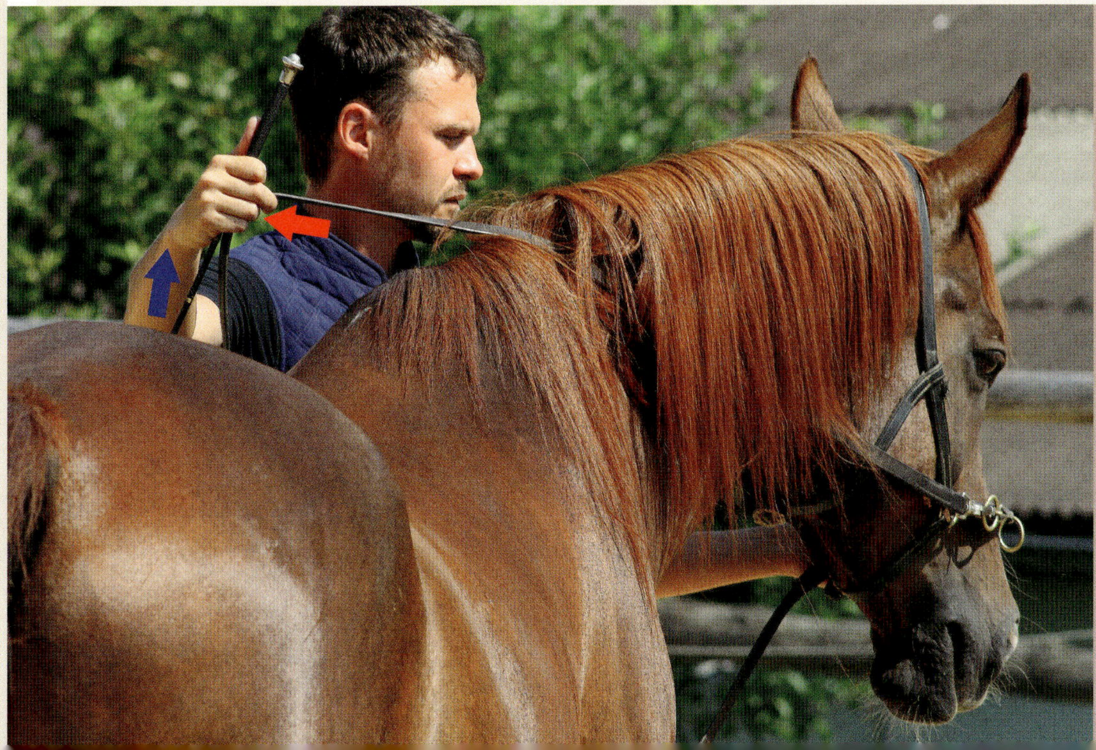

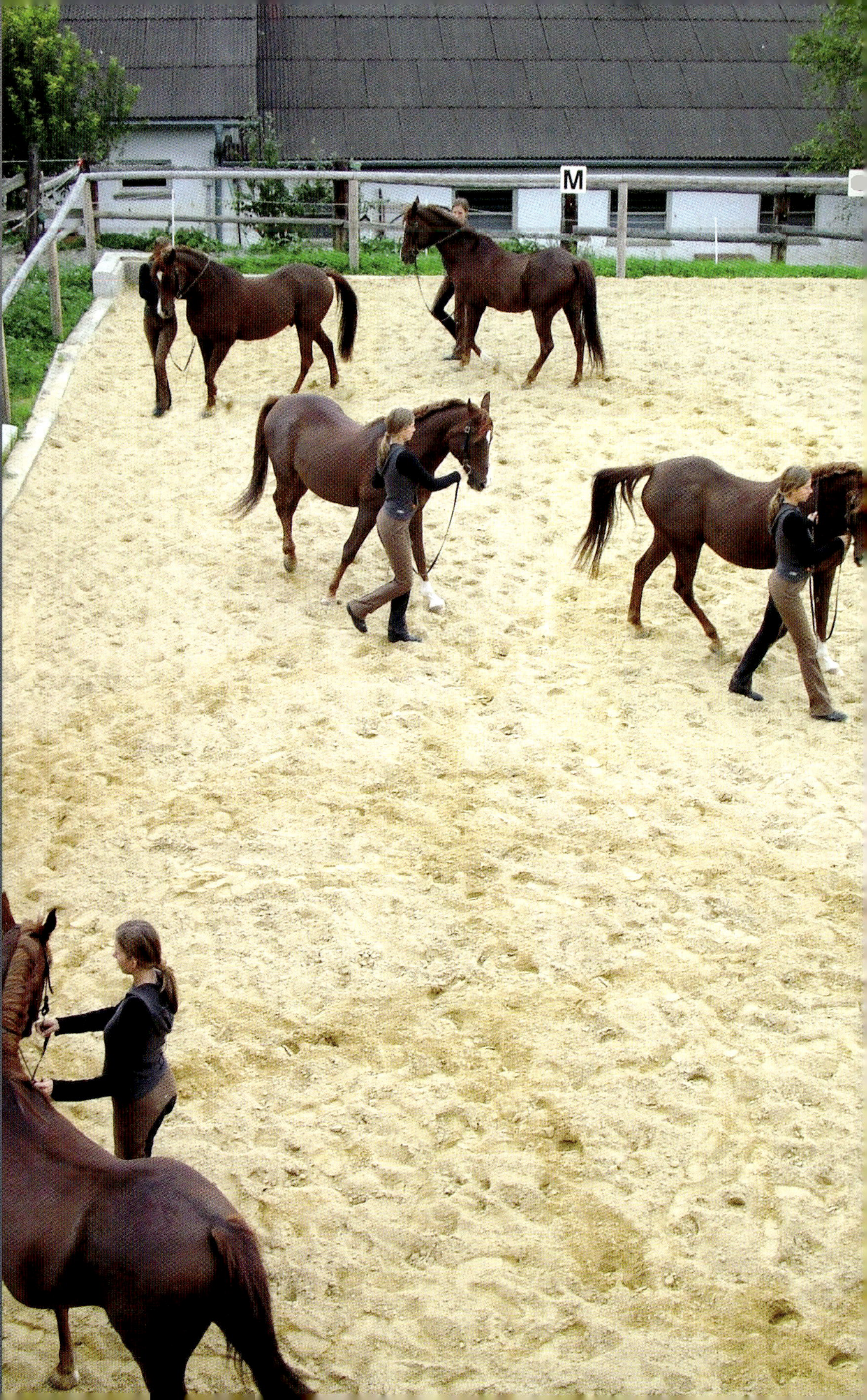
M

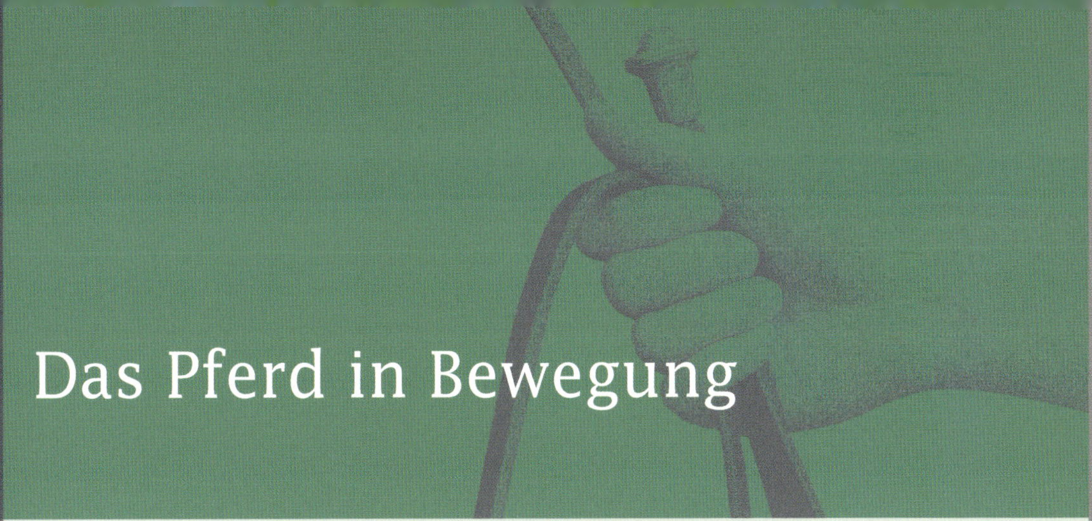

Das Pferd in Bewegung

Die bevorzugte Seite

Bei der Basisarbeit im Stand wurde eine gemeinsame Sprache gefunden, das Pferd ist mit den Zügelhilfen vertraut gemacht worden und hat gelernt, sich durch die seitliche Dehnung und tiefe Streckung des Halses zu entspannen. Außerdem bekommt man bei diesen Basisübungen sehr schnell ein Gefühl dafür, auf welcher Seite sich das Pferd schwerer biegen lässt. Auch als Mensch hat man eine „natürliche Schiefe", eine bevorzugte Seite, auf der man sich koordinativ leichter tut. Im Laufe der Ausbildung wird man immer wieder an diese Schiefe unangenehm erinnert werden. Nichtsdestotrotz ist es eine der wichtigsten Aufgaben, beide Seiten des Pferdes gleichmäßig zu arbeiten. Nach und nach wird man selbst erfahrener und geschickter beim Umgang mit der Trense und der Gerte, und wenn man sich an die höheren Lektionen heranwagt, sollten sich keine allzu großen Schwierigkeiten mehr ergeben.

Bei den ersten Übungen im Schritt wird diese Händigkeit aber sehr große Herausforderungen mit sich bringen. Man ist es gewohnt, das Pferd von links zu führen, links zu satteln, links aufzusteigen. Bei der Handarbeit aber muss man sich nun auch auf die rechte Seite des Pferdes begeben. Dies ist nicht nur für den Menschen ungewohnt, sondern auch das Pferd empfindet es oft als befremdend – die Anspannung wird größer sein als auf der vertrauten rechten Seite.

Nach ein paar Übungseinheiten und der dadurch gewonnenen Routine wird sich aber die Verspannung zunehmend lösen, und das Begleiten des Pferdes auf beiden Händen wird keine Schwierigkeiten mehr machen.

Weniger ist mehr

Die Handarbeit ist kein Ersatz für eine einfache Bewegungstherapie. Alle Übungen sind spezielle Gymnastizierungslektionen, die das Pferd oftmals schnell an seine physischen Grenzen bringen.

„Jede Reise beginnt mit dem ersten Schritt", heißt es in einem Sprichwort. Dieser erste Schritt ist mit der Basisübung im Stand getan. Alle folgenden Lektionen müssen genauso sorgfältig und behutsam erarbeitet werden.

Man darf auch die Konzentrationsfähigkeit des Pferdes nicht überschätzen. Gezieltes Lernen erfordert sehr viel Aufmerksamkeit und ist „Kopfarbeit". Das Pferd muss mitdenken und aktiv am Geschehen teilnehmen. Wird das Pferd psychisch müde und lässt sich dadurch immer mehr ablenken, benötigt es eine Pause. In dieser Ruhephase kann der Lerninhalt vom Gehirn verarbeitet werden. Handarbeit ist also nicht nur körperliche, sondern auch geistige Arbeit.

Ganz wichtig ist außerdem: Nur ein klarer Rahmen und eine klare Hilfengebung lassen ein Pferd sich wohlfühlen. Durch das Verständnis, das von ihnen verlangt wird, entwickeln die meisten Pferde echte Freude an der Arbeit. Das entsprechende Lob vom Menschen an der richtigen Stelle hebt die Motivation und den Ehrgeiz des Pferdes enorm, und alle Bewegungen werden noch leichter. Mit der Zeit wird das Pferd immer feiner auf die Körpersprache des Menschen reagieren, weil es gelernt hat, darauf zu achten. Auf dieser Grundlage kann es dann auch schwierigeren Übungen gelassen begegnen und sie wesentlich schneller erfassen.

Klare Regeln beim Führen und Treiben

Die meisten Probleme entstehen schon beim korrekten Führen und Treiben des Pferdes. Im natürlichen Herdenverband übernimmt die Leitstute die Führung. Sie geht der Gruppe voran, und der Rest der Herde folgt ihr. Der Leithengst treibt die Herde an und kontrolliert sie, indem er hinter die Pferde tritt und sie so dazu auffordert, loszugehen oder das Tempo zu erhöhen.

Bei der Handarbeit befindet sich der Mensch auf der Höhe der Pferdeschulter – im Prinzip also zu weit hinter dem Pferdekopf, um es korrekt führen zu können, und zu weit vor der Kruppe, um es antreiben zu können. Diese Position haben in einer natürlichen Herde die Fohlen an der Seite ihrer Mütter oder enge Freunde, die miteinander umherziehen. Als Mensch hingegen will man das Pferd aus dieser Position führen, lenken und vorantreiben. Deshalb ist es enorm wichtig, dass das Pferd dies versteht und die Individualdistanz, die bei der Handarbeit sowieso minimal ist, akzeptiert und respektiert.

Die Körpersprache des Menschen muss prägnant und eindeutig sein, sonst kommt es sehr schnell zu bitteren Missverständnissen. Nicht nur, aber ganz speziell für die Arbeit an der Hand müssen zwischen Mensch und Pferd klare Regeln abgesteckt werden. Wenn man neben dem Pferd steht, befindet man sich auch in Reichweite des gesamten Pferdekörpers. Davonlaufen, drängeln oder gar beißen gibt es nicht – da sind einerseits Durchsetzungsvermögen und Konsequenz des Ausbilders und andererseits die Disziplin des Pferdes gefragt. Nicht zu vergessen ist der gegenseitige Respekt.

Schon im täglichen Umgang mit dem Pferd, beim Putzen, Satteln und Führen, muss das Pferd genau wissen, was es darf und was nicht. Genauso ist es bei der Handarbeit: Klare Regeln erleichtern den Fortschritt und lassen das Pferd sehr schnell verstehen. In diesem Fall muss das Pferd verstehen, dass man auf der Höhe der Pferdeschulter kein Fohlen ist und auch kein Spielgefährte, den man beißen und bedrängen darf.

Der Schritt als Basisgangart

Die komfortabelste Gangart bei der hier beschriebenen Arbeit ist der Schritt. Er ist von allen Gangarten die langsamste und deshalb zu Beginn am besten geeignet, da der Mensch bei Weitem nicht über die Kondition und Fitness eines Pferdes verfügt und kaum auf Dauer im raumgreifenden Trab mit dem Pferd mithalten kann.

Trotzdem wird sich kaum ein Pferd langweilen – die Übungen sind mannigfaltig und regen Pferde immer wieder zum Nachdenken an. Mit fortlaufendem Training wird nicht nur die Leistungsfähigkeit des Pferdes erhöht, sondern auch die Kondition des Menschen. Die Handarbeit ist also nicht nur für Vierbeiner eine Bereicherung, sondern hat auch für die Gesundheit und Fitness des Ausbilders große Vorteile.

Sehr schnell werden sich auch die Tragfähigkeit und Balance des Pferdes verbessern und es so befähigen, sich mehr und mehr zu versammeln. Dann steht auch einer Arbeit im Trab nichts mehr im Wege.

Alle korrekt ausgeführten Seitengänge bringen das Pferd ein gutes Stück näher zur Tragfähigkeit der Hanken, zur Lastaufnahme der Hinterhand und so auch zu mehr Körperbewusstsein und Beweglichkeit.

Das Antreten

Die treibenden Hilfen setzen sich in der Handarbeit wie folgt zusammen:

- Körperspannung,
- Körperposition,
- Stimme,
- Gerte.

Den ersten beiden Punkten kommt dabei die größte Bedeutung zu. Aus der Grundposition wird zunächst eine positive Grundspannung

So nicht: Der Mensch befindet sich hier viel zu weit vorn und blockiert so optisch das Pferd.

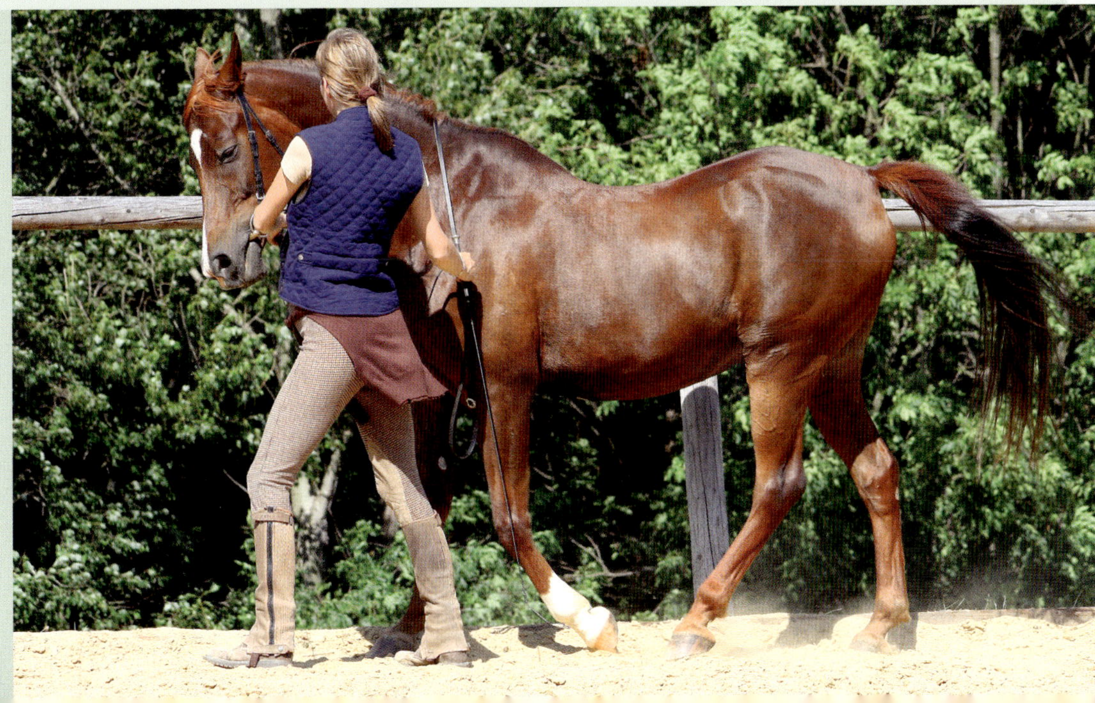

aufgebaut und der eigene Körper auf diese Weise in eine natürliche Aufrichtung gebracht, bevor der Oberkörper in Bewegungsrichtung gedreht wird. Dann neigt man sich beim Ansatz zum ersten Schritt leicht nach vorn. Reagiert das Pferd noch nicht, setzt man ein aufmunterndes Stimmkommando (zum Beispiel „Marsch!") ein. Erst wenn das Pferd noch immer nicht antritt, greift man neben der Stimme auf ein Touchieren mit der Gerte zurück – zuerst an der Gurtlage, dann seitlich an der Kruppe. Jedes Pferd reagiert anders auf den Einsatz der Gerte, deshalb muss man für sein Pferd die richtige Intensität der Gertenhilfe abwägen und ausprobieren.

Man darf die Gertenhilfe nur so lange einsetzen, bis das Pferd reagiert. Ein faules Pferd muss energischer „aufgeweckt" werden als ein ängstliches. Ein Zischen mit der Gerte in der Luft ruft oft mehr Reaktion hervor als ein einfaches „Draufklopfen". Wie auch immer man es macht: Sobald die Reaktion beim Pferd einsetzt – in diesem Falle das Antreten zum Schritt – muss die vorwärts treibende Gertenhilfe wieder aussetzen. Nur so wird ein Pferd mit der Zeit immer leichter auf die Hilfengebung reagieren und nicht abstumpfen. Das Ziel darf nie aus den Augen verloren werden: ein Vorwärts allein auf die Körperhilfen.

Ein häufiger Grund, warum ein Pferd nicht mit antritt, liegt darin, dass der Weg nach vorn blockiert ist. Oftmals kommt man, ohne es zu merken, zu weit vor das Pferd. Der Körper des Ausbilders soll sich auch beim ersten Schritt aus dem Halt noch neben den Pferdeschultern befinden. Setzt man treibende Hilfen ein und steht gleichzeitig dem Pferd im Weg, wird die Hilfengebung uneindeutig, und das Pferd gerät in Stress.

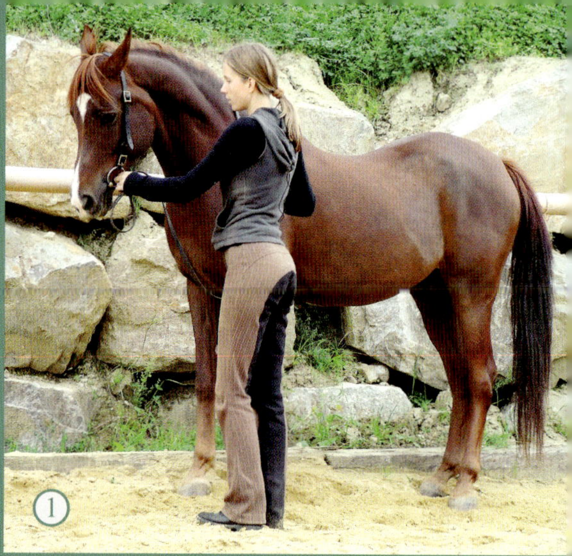

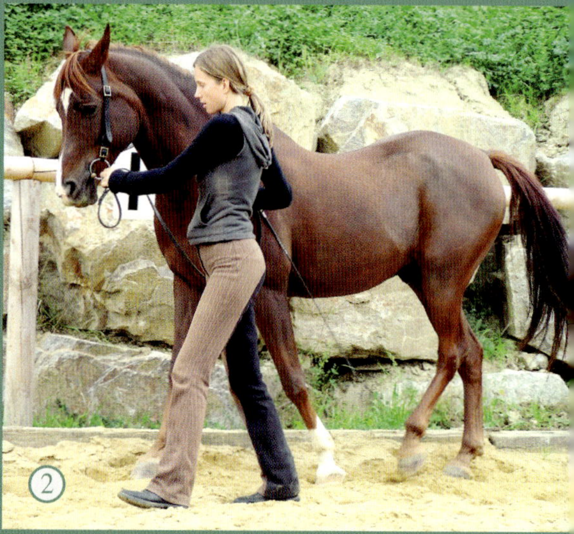

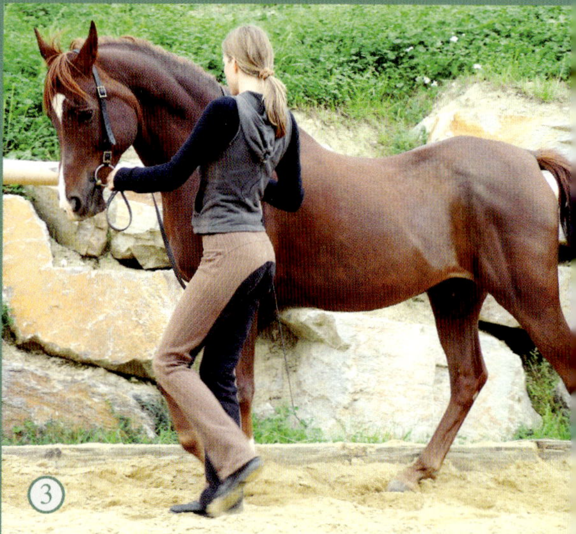

GANZ WICHTIG: DIE KÖRPERHALTUNG

Auf den Bildern ist genau zu erkennen, wie wichtig die Körperhaltung des Menschen ist. Kurz vor dem Antreten dreht sich der Mensch aus der Grundposition im Halten schon etwas in Bewegungsrichtung (Bild 1).

Nun kommt der erste Schritt: Das rechte Handgelenk mit der Gerte dreht sich, und die Gerte kommt in eine leicht treibende Position. Wenn das Pferd nicht mitkommt, kann man es eventuell an der Gurtlage touchieren. Besondere Beachtung muss man auch hier wieder der korrekten Position schenken. Das Pferd soll unmittelbar mit dem Ausbilder antreten und nicht hinterherlaufen. Der Kopf des Pferdes muss weiter vor dem Körper des Menschen bleiben. Die linke Schulter des Ausbilders dreht sich weg vom Pferd und macht so den Hufschlag frei.

Auf dem dritten Bild erkennt man schon die Vorbereitung zum Anhalten: Der Mensch nimmt den Oberkörper leicht zurück, dreht sich wieder zum Pferd und bleibt stehen.

Der Zügel wird im Normalfall nicht angenommen, im Gegenteil: Im Anfangsstadium geben innerer und äußerer Zügel etwas nach. Das Pferd muss auf die Körperdrehung und auf das Anhalten des Menschen reagieren und nicht auf einen rückwärts wirkenden Zügelanzug.

In Bild 4 kann man erkennen, dass das Pferd sein Genick etwas öffnet und leicht vor die Senkrechte kommt.

Als Grundregel gilt: Bewegt sich der Mensch, soll sich auch das Pferd bewegen. Steht der Mensch, steht auch das Pferd.

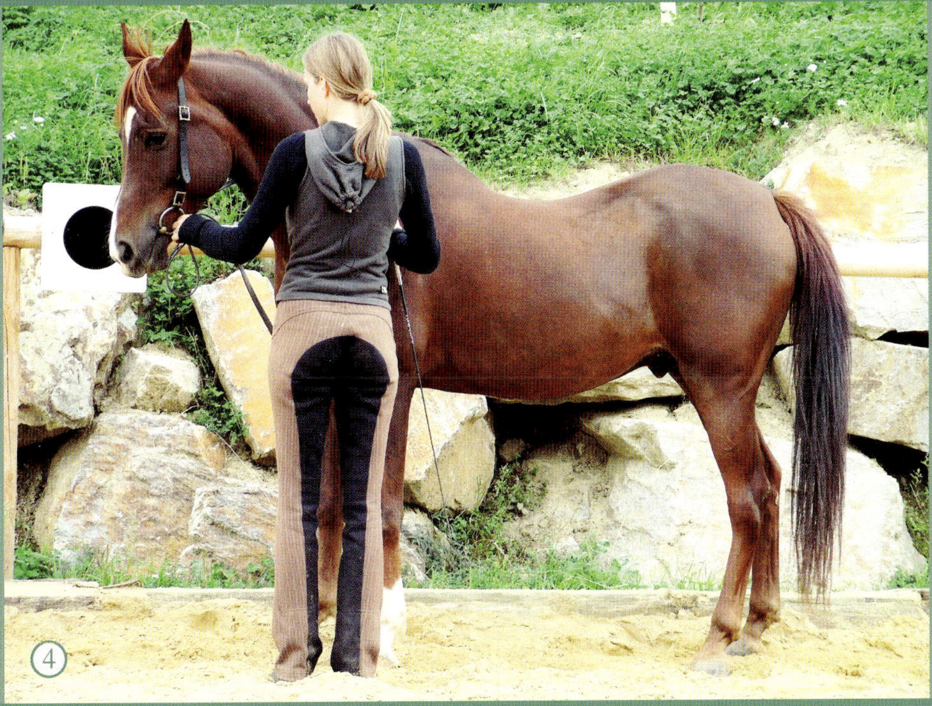
4

Die Haltparade

Das Anhalten – eine einfache Sache, oder? Eigentlich sollte das konsequente Stoppen eines Pferdes kein Problem sein. Man hält sein Pferd vom Boden aus doch jeden Tag an: vor dem Koppelgatter, am Putzplatz, zum Satteln … Trotzdem sieht man allzu oft Menschen, die von ihren Pferden am Halfter durch die Gegend gezogen werden. Viele Reiter müssen auf ein Gebiss zurückgreifen, um ihr Pferd zumindest teilweise unter Kontrolle zu halten.

Bei der Handarbeit nimmt die Haltparade aber einen großen Stellenwert ein. Wenn man auf dem Pferd sitzt und dieses nicht prompt stehen bleibt, dann kommt man ein paar Meter weiter zum Halten. Wenn man aber das Pferd am Boden begleitet, dann ist dies schon nicht mehr so einfach. Pferde sind von Natur aus stärker und schneller, und ein paar Meter später anhalten kann in diesem Falle bedeuten, dass man sich den Arm ausrenkt, die Schulter auskugelt oder stolpernd hinter dem Pferd herläuft. Aus diesem Grund ist das konsequente Anhalten so immens wichtig, und man sollte das gesamte Potenzial der Hilfen ausschöpfen.

Deshalb setzt man zum Anhalten anfangs auch die Stimme ein. Ob „Halt“ oder „Steh“: Wichtig ist, dass das akustische Signal zum Anhalten immer gleich gewählt wird und unmittelbar nach einer positiven Reaktion des Pferdes ein Lob erfolgt. Gerade zu Beginn ist es gut, wenn die Bandbreite der Hilfen möglichst groß ist – umso leichter kann man das Gewünschte durchsetzen. Wenn die Stimme, unterstützt durch den eigenen Körper, zum Anhalten ausreicht, braucht man keine weitere Hilfe zu geben. Es ist dies der bekannte Grundsatz der gesamten Pferdausbildung: So viel wie nötig, so wenig wie möglich!

Der größte Vorteil bei der Handarbeit liegt darin, dass man nicht auf dem Pferderücken sitzt. Sitzt man im Sattel und das Pferd entschließt sich, weiterzugehen, bewegt sich der Mensch zwangsweise mit. Bei der Handarbeit kann der Ausbilder unabhängig vom Pferd stehen bleiben. Das ist eine immens wichtige Hilfe, die dem Pferd sehr gut zu verstehen gibt, was von ihm verlangt wird.

Hilfengebung auf Kappzaum

Die Haltparade am Kappzaum unterscheidet sich von der auf Trense nur in Details. Das gleichzeitige Ziehen an beiden Zügeln ist ebenso wie bei der Trense tabu. Der so entstehende rückwärts wirkende Druck lädt die Pferde zu strengem Gegenzug ein. Deshalb ist es besonders wichtig, bei der Haltparade auf seine Körpersprache zu achten. Paraden am Kappzaum müssen so gegeben werden, als wolle man mit dem Zügel „klingeln“ – als schneller Wechsel zwischen Annehmen und Nachgeben.

Problem:
Das Pferd bleibt nicht stehen

Die häufigste Ursache dafür, dass das Pferd auf das Signal zum Anhalten nicht stehen bleibt, ist Stress. Unbeherrschter Zügelanzug bereitet Schmerzen im Maul, die Gerte bleibt meist unbeachtet in treibender Position, und dem Pferd wird der Weg versperrt. Dies alles sind Auslöser von Verspannungen, die das Pferd daran hindern, in Ruhe und Gelassenheit zum Stehen zu kommen.

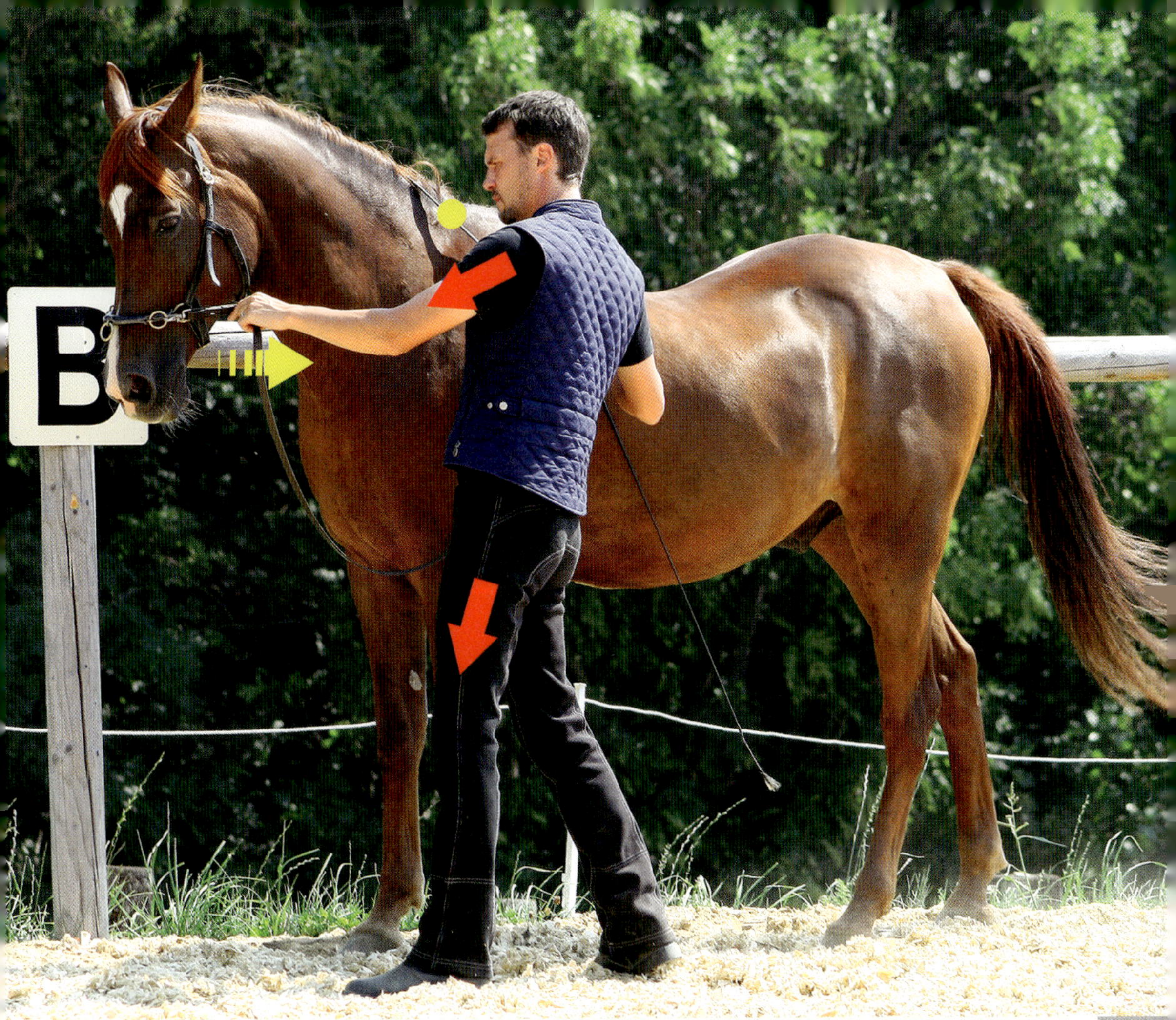

Die Hilfen zum Anhalten mit Kappzaum im Detail:
Die roten Pfeile markieren die Körperhilfe: Die äußere Schulter dreht sich zum Pferd, die Hüfte kippt etwas nach hinten ab und lässt dadurch das Bein und damit den Oberschenkel zum Halten „einrasten". Der Oberkörper kommt etwas hinter die Senkrechte, um dem Pferd die verhaltende Körperhilfe zu verdeutlichen. Die Gerte ist passiv nach unten gerichtet, der innere Zügel darf anfangs wenn nötig noch Paraden geben (gelber Pfeil), wobei der äußere Zügel nicht nachgibt (gelber Punkt), damit das Pferd nicht unbeabsichtigt in eine Biegung kommt.

Die verhaltenden Hilfen sind:

- Körperspannung,
- Stimme,
- Körperposition,
- Zügeleinwirkung.

In der Haltparade gilt es, auszuatmen, um die Spannung aus dem Körper zu nehmen, ein ruhiges Stimmkommando zu geben, den Oberkörper zum Pferd zu drehen und die Zügel nachzugeben. Die Gerte muss gesenkt werden und locker in der Hand liegen. Das Lob beim Erreichen des Zieles darf nicht vergessen werden.

Eine andere mögliche Ursache besteht darin, dass das Pferd den Menschen ignoriert und aus Eigeninitiative beschlossen hat, einfach weiterzugehen.

In diesem Fall ist es notwendig, neben dem Einsatz der Stimme seinen eigenen Körper etwas vor das Pferd zu bringen. Das vierte

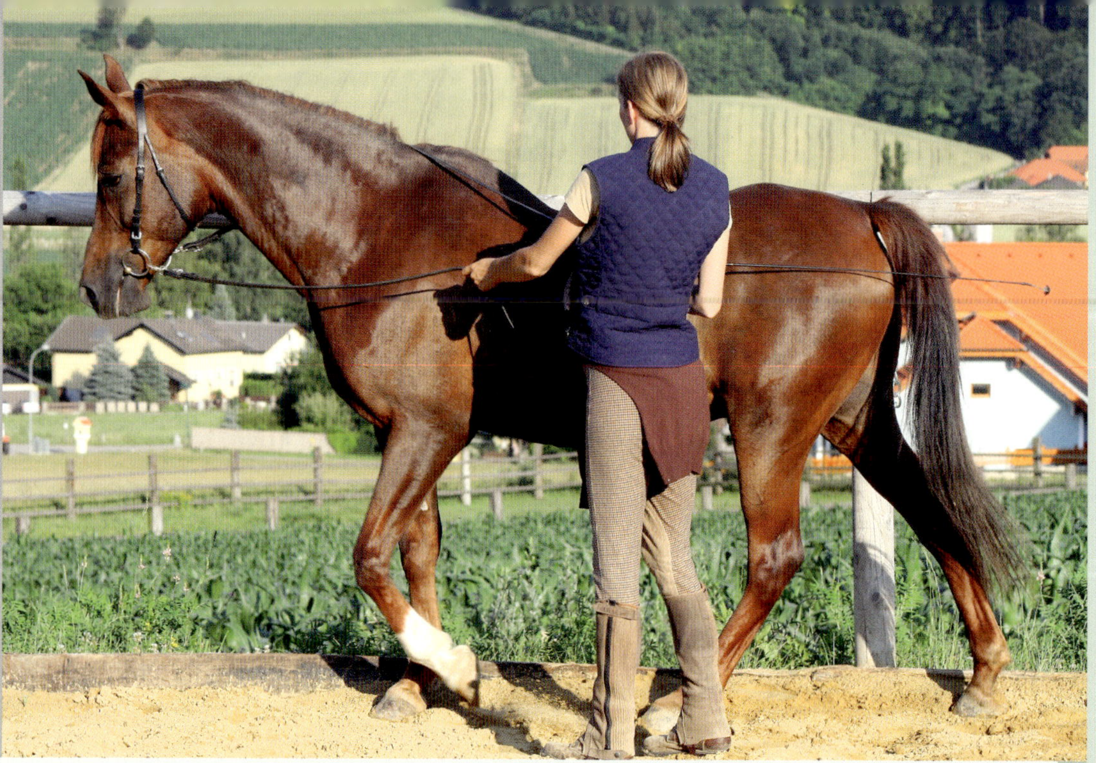

Die Gerte befindet sich hier noch in treibender Position. Das Pferd reagiert darauf und bleibt nicht sofort stehen.

Weigert sich ein Pferd konsequent, stehen zu bleiben, hilft als letztes Mittel nur der Griff in die Trense. Eine Aufwärtsparade lässt selbst sehr sture Pferde reagieren. Sie sollte aber sehr sparsam angewendet werden. Bei der nächsten Haltparade sollten möglichst die zuvor eingesetzten Hilfsmittel ausreichen.

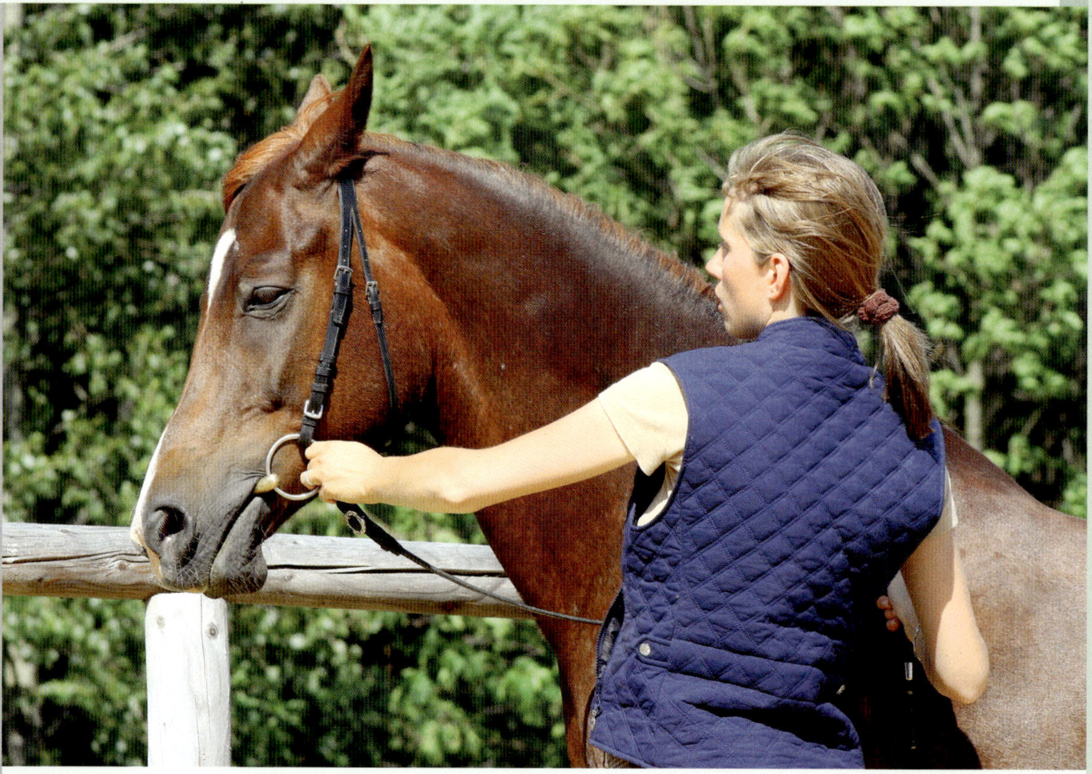

Element der verhaltenden Hilfen darf nun eingesetzt werden, und zwar durch aufwärts führende Gebisshilfen (siehe Bild Seite 42). So richtet man das Pferd kurzzeitig auf und verschiebt dessen Körperschwerpunkt nach hinten. Das Pferd bleibt aufgrund seiner neuen Balance stehen.

Auf keinen Fall darf man die Zügelhand tief und rückwärts einwirken lassen. Dadurch ermuntert man das Pferd nur, sich auf ein Ziehduell mit dem Menschen einzulassen. Ein so angehaltenes Pferd kommt meist hinter die Senkrechte und wird dazu erzogen, gegen das Gebiss zu gehen, was für die komplette Ausbildung kontraproduktiv ist.

Vorsicht ist auch geboten, wenn man seine Körperposition an der Schulter des Pferdes aufgibt und sich weiter vorn positioniert. Wichtig ist der seitliche Sicherheitsabstand, damit das Pferd den Menschen nicht umrennen kann.

Das Anhalten spielt in der gesamten Pferdeausbildung eine enorm große Rolle. Ohne die Haltparade kann es kein Reiten geben. Leider wird immer weniger Wert auf ein korrektes und konsequentes Anhalten gelegt, was meistens dazu führt, dass immer und immer wieder im Maul gezogen wird. Die Handarbeit ist hier ein vorzügliches Mittel, um dem Pferd von Anfang an ein ruhiges, stressfreies und konsequentes Halten beizubringen.

IN DER RUHE LIEGT DIE KRAFT

Pferde können stundenlang bewegungslos auf der Koppel stehen. Der Stressfaktor im Umgang mit dem Menschen lässt dieses natürliche Verhalten oft vollkommen verschwinden. Am Putzplatz zappelt das Pferd herum, bei kurzen Wegen zwischen Weide und Stall ist an konsequentes Halten oftmals nicht zu denken, und beim Reiten kann ein Pferd häufig nicht einmal ein paar Sekunden ruhig stehen.

Woran liegt das? In erster Linie ist der Mensch dafür verantwortlich. In einer Welt, die von Hektik und engem Zeitmanagement geprägt ist, scheint ein ruhiges Verharren nur Nachteile zu bringen. Für konsequentes Anhalten bedarf es daher vor allem der Ruhe und Geduld. Kein Blick auf die Uhr, kein Stress wegen den nachfolgenden Verpflichtungen in Beruf und Privatleben darf den Augenblick stören. Nur dann kann man sich selbst und sein Pferd im Stehen auch psychisch im Gleichgewicht halten.

Auch eine harte Zügeleinwirkung wirkt äußerst kontraproduktiv im Hinblick auf ein ruhiges Stillstehen. Schmerz im Maul verursacht Stress, und Stress ruft den Fluchtinstinkt auf den Plan. Es gibt Pferde, die durchzugehen versuchen, und andere, die sich quasi der Gefahr stellen und sie durch Steigen abwehren wollen. Jeder kennt diese Bilder von miteinander kämpfenden Reitern und Pferden, ohne dass sich die Situation auch nur minimal verbessern würde. Schade – kann man doch die Grundlagen des Anhaltens bei der Handarbeit wunderbar erarbeiten und verfeinern.

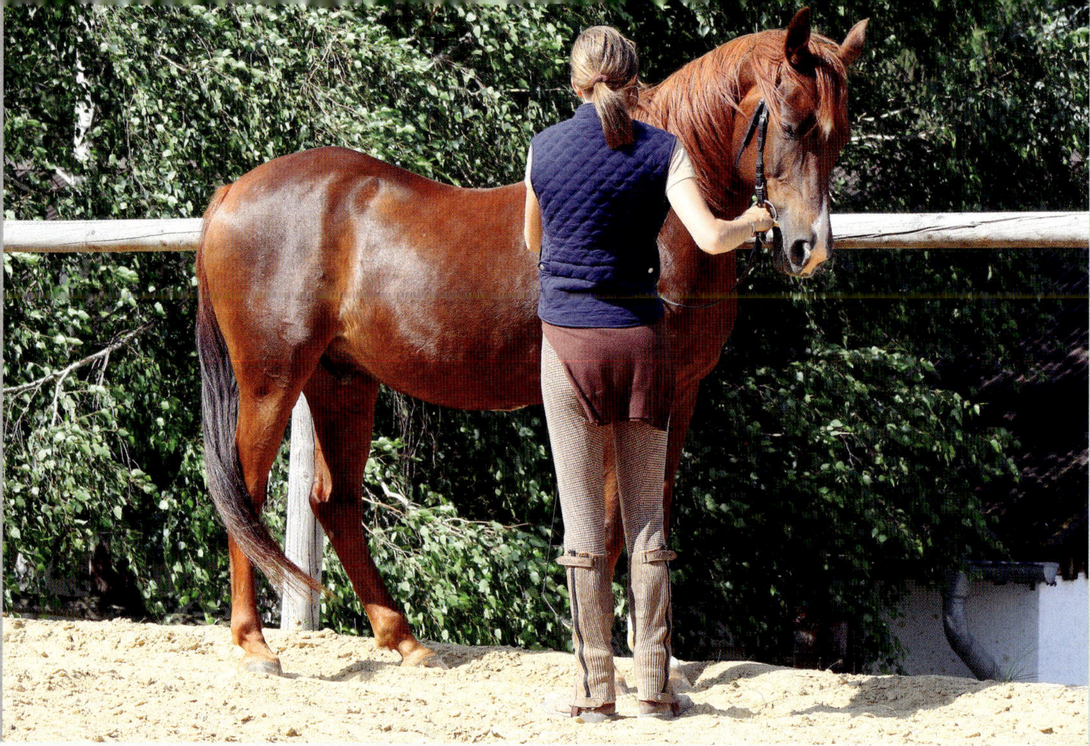

Die Position weiter vorn am Kopf des Pferdes, das Drehen des gesamten Körpers und die Paraden am Zügel lassen das Pferd rückwärtstreten.

Das Pferd verlagert seinen Schwerpunkt nach hinten und tritt mit diagonaler Fußfolge rückwärts. Durch den Hufschlag wird anfangs ein schiefes Rückwärtsrichten verhindert.

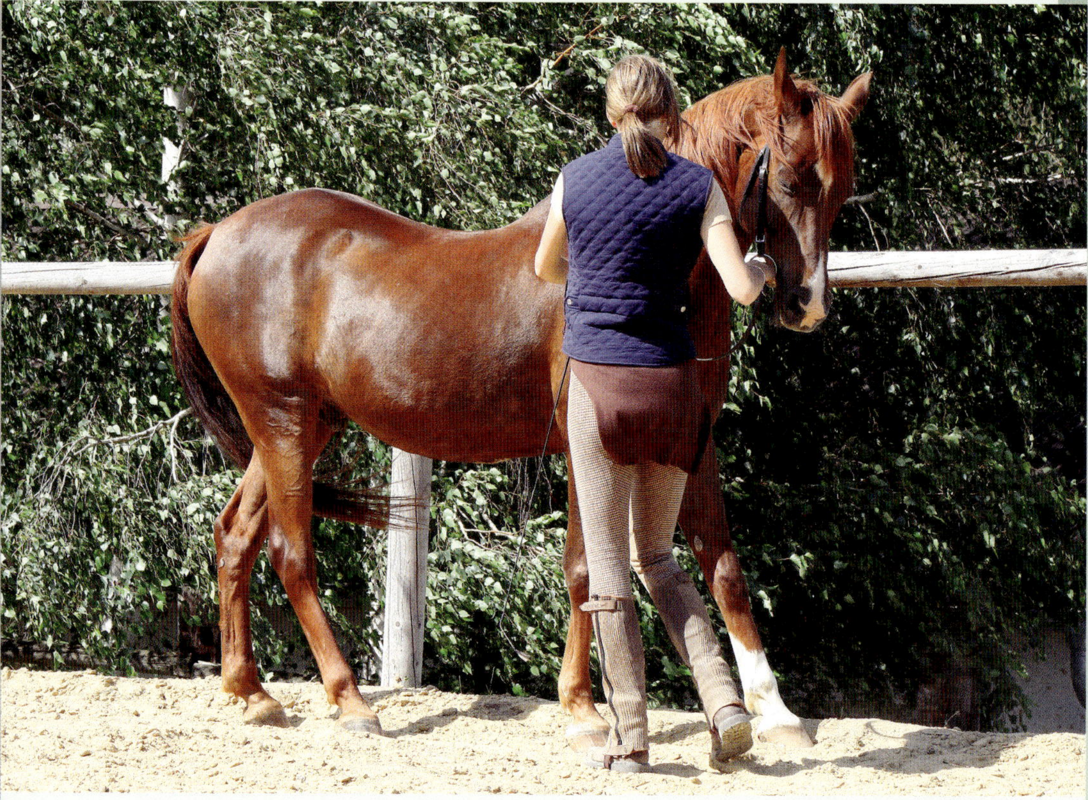

Das Rückwärtsrichten

Neben dem Antreten im Schritt und dem Anhalten gibt es noch eine weitere Basislektion, die ein Pferd erlernen muss: das Rückwärtsrichten. Bei der Arbeit an der Hand funktioniert auch diese Übung dank der Möglichkeiten der Körpersprache meistens viel besser und schneller als beim Reiten.

Schritt für Schritt geht man dabei wie folgt vor:

- Die Position des Ausbilders gibt dem Pferd die erste Information. Man begibt sich weiter nach vorn Richtung Kopf und blockiert somit das Sichtfeld des Pferdes. Bei den ersten Versuchen darf man schräg vor das Pferd treten, um die Wirkung des eigenen Körpers noch eindeutiger zu vermitteln. Niemals jedoch darf man sich frontal vor das Pferd stellen, um bei einem eventuellen Erschrecken nicht überrannt werden zu können.
- Das Stimmkommando als lang gezogenes „Zuuu-rück" unterstreicht die Absicht des Menschen und soll das Pferd auf dieses Kommando konditionieren.
- Langsam, aber bestimmt geht man nun auf das Pferd zu und gibt gleichzeitig sanfte Paraden am inneren Trensenring. Begleitet vom Stimmkommando sollte das Pferd nun zurücktreten. Tut es das nicht, kann man zur Unterstützung eine Hand an die Brust des Pferdes legen und mit so viel Druck wie nötig seine Körpersprache unterstützen.

Bei fleißigen und aufmerksamen Pferden wird die Körpersprache allein ausreichen, bei faulen und sturen Pferden muss man sicherlich anfangs mehr nachhelfen. Aber auch hier gilt: Sobald das Pferd sich rückwärtsbewegt, hört die Hilfe auf, und das Pferd wird gelobt. Beim nächsten Mal muss man seine Hilfen wieder reduzieren, um dem Pferd die Chance zu geben, auf feinere Hilfen zu reagieren.

Wenn das Pferd geübt ist, reichen ein leichtes Drehen des Oberkörpers vom Menschen und das Stimmkommando, um das Pferd rückwärtszuschicken. Die Grundposition an der Pferdeschulter muss dann nicht mehr aufgegeben werden.

Um das Pferd gerade zu halten, beginnt man mit der Lektion am Hufschlag. Weicht die Kruppe in die Bahnmitte aus, dann genügt es, den Pferdehals beim Rückwärtsrichten etwas nach innen zu biegen.

Routine und Erfahrung

Bei den ersten Schritten der Arbeit an der Hand geht es primär darum, dass das Pferd

- auf die treibende Hilfe hin mit dem Ausbilder vorwärtsgeht,
- die Position zum Menschen hält,
- diesen nicht bedrängt,
- stehen bleibt, wenn es der Ausbilder tut,
- sich nicht aufregt und sich an die Arbeit gewöhnt.

All diese Punkte sollten geklärt und abrufbar sein, bevor man das Pferd jetzt daran gewöhnt, auf jeder gewählten Linie im Viereck immer an der Seite seines Menschen zu bleiben. Bei den verschiedenen Hufschlagfiguren braucht man sich anfangs noch nicht so sehr um eine korrekte Stellung und Biegung zu kümmern. Viel wichtiger ist es, dass das Pferd immer die gleiche Position zum Menschen hält.

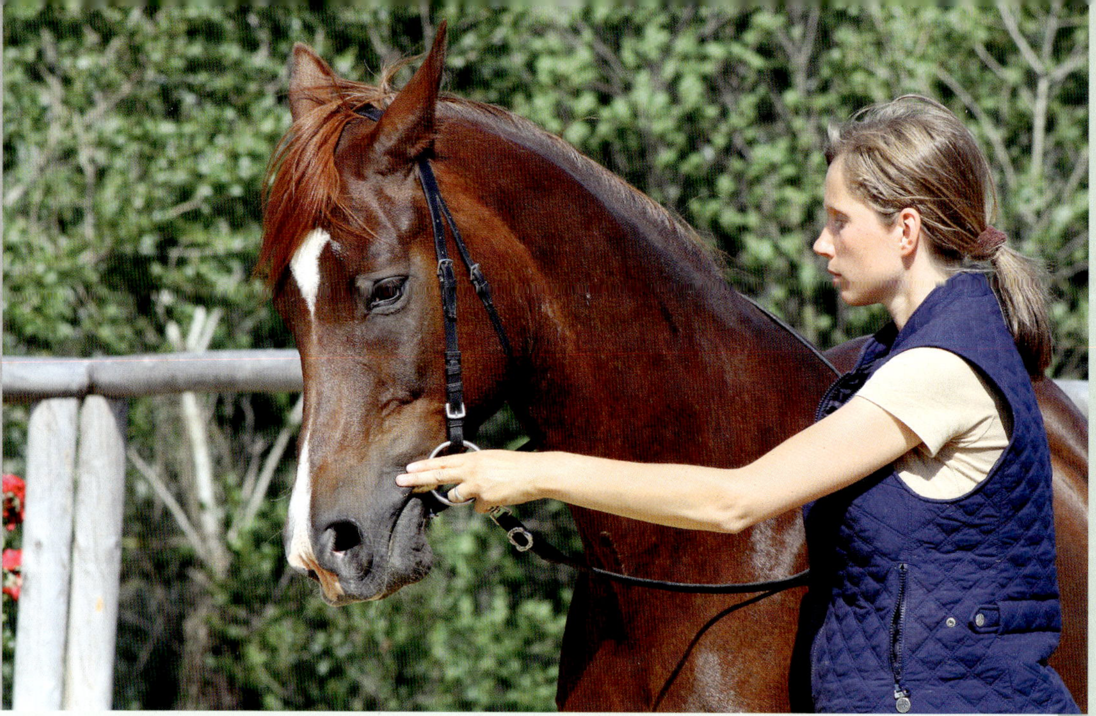

In dieser Rechtswendung ist das Pferd vom Menschen weg nach rechts gebogen. Der linke Zügel fungiert als äußerer, der rechte bekommt die Funktion des inneren Zügels. Wie bei den Biegungen im Stand kann die linke Hand mithelfen, den Kopf des Pferdes nach rechts zu bringen.

Aus dieser Perspektive sieht man sehr schön, wie das Pferd vom Menschen weg gestellt und gebogen ist. Das Pferd ist weiterhin aufmerksam und lernt, dass es sich nicht immer um den Ausbilder biegen soll. Der rechte, innere Zügel gibt die Stellung und Biegung, die das Pferd für den Zirkel benötigt. Die linke Hand hilft dem Pferd in die Biegung und unterstützt so perfekt den rechten Zügel.

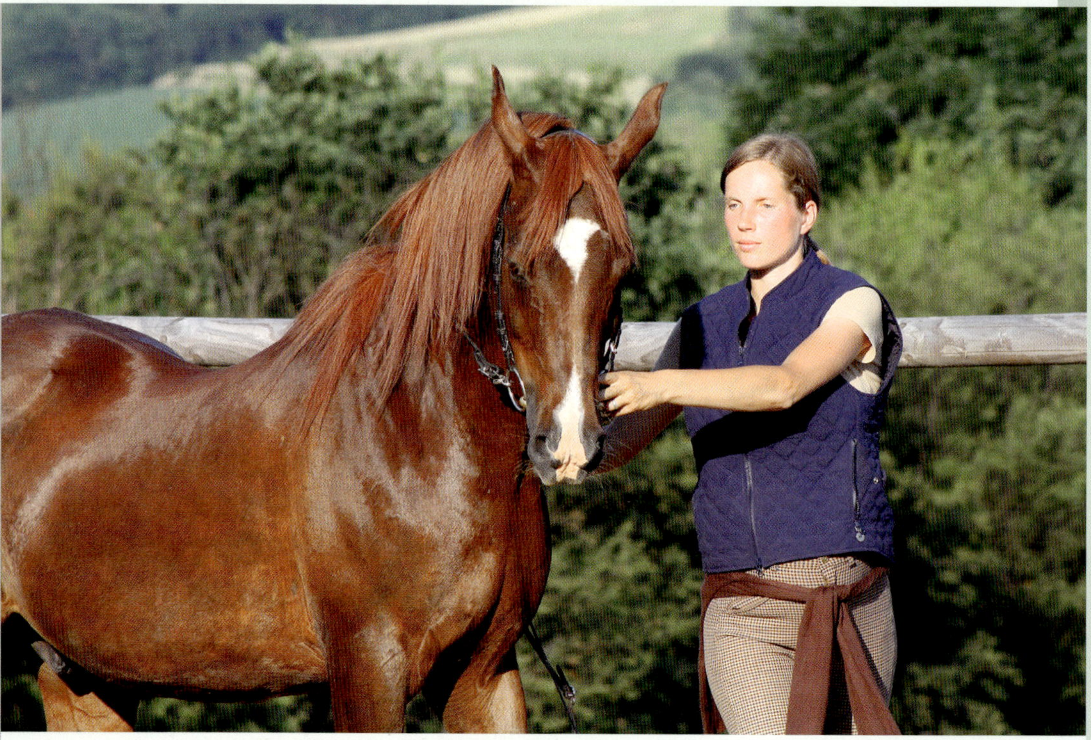

Auf gebogenen Linien befindet sich der Mensch meist an der Innenseite des Pferdes und kann so noch penibler auf die korrekte Position achten. Gleichzeitig wird die präzise Hilfengebung immer wichtiger.

Ein Pferd, das dazu neigt, zu schnell zu gehen, kann auf dem Zirkel und auf der Volte besser von einem langsameren Tempo überzeugt werden, da man als Mensch aufgrund des kürzeren Weges innen begleiten kann, ohne rennen zu müssen.

Geht man nach einem Handwechsel auf den gebogenen Linien auf der Außenseite des Pferdes mit, verschiebt sich die Körperposition etwas nach vorn, weil das Pferd ja seine (dem Menschen zugewandte) Außenseite dehnen muss und dadurch verlängert. Da der Mensch aber aufgrund seiner Armlänge eine begrenzte Reichweite hat, tritt er etwas vor die Schultern des Pferdes.

Die Hufschlagfiguren im Porträt

Zirkel, Volten, Schlangenlinien und Co sind für die Arbeit an der Hand sehr wichtige Figuren. Dabei geht es nicht darum, das Pferd von einer Figur in die andere zu jagen, sondern ihm die nötige Balance zu geben, damit es korrekt gymnastiziert durch das Viereck gehen kann. Davon wird man auch beim Reiten enorm profitieren.

Ein großer Vorteil der Handarbeit besteht darin, dass man die Hufschlagfiguren sehr exakt ausführen kann, weil man eigentlich nur selbst die Figur korrekt gehen muss. Wenn man einen runden Zirkel beschreibt, wird das Pferd dies ebenfalls tun, verkleinert man den Zirkel, wird man sehr schnell auf einer Volte landen. Die Richtung ist klar bestimmt, man kann sich als Ausbilder viel besser und konzentrierter um die genaue Abstellung und Biegung kümmern, was für die Gymnastizierung und den Muskelaufbau des Pferdes nur förderlich ist.

INNEN UND AUSSEN

Die gleiche Definition wie beim Reiten gilt auch hier: Innen ist immer dort, wo sich die hohle Seite des Pferdes befindet. Ist das Pferd links gestellt und gebogen, so ist die linke Seite des Pferdes die innere Seite.

Wenn das Pferd komplett gerade geht, gibt es im Prinzip keine innere und keine äußere Hand. Zur Orientierung nimmt man dann die Bahnmitte, zu der die innere Seite des Pferdes gewandt ist.

Bei der Handarbeit geht man also nicht ständig innen mit, sondern auch außen. Das Pferd biegt sich nicht immer um den Menschen, sondern auch von ihm weg.

Ganze Bahn

Das Pferd befindet sich auf dem ersten Hufschlag, der Ausbilder bewegt sich auf dem zweiten Hufschlag. Das an der langen Seite gerade gerichtete Pferd soll sich auf der ganzen Bahn tief in die Ecken bewegen. Die Biegung in der Ecke wird durch die Bande erleichtert, die die äußeren verwahrenden Hilfen unterstützt beziehungsweise ersetzt. Wichtig ist die Vorbereitung der Biegung: Schon vor der Ecke wird das Pferd nach innen gestellt, um in der Ecke eine vollendete Biegung zu erreichen.

Ganze Bahn

Nach der Ecke wird das Pferd durch die innere Hand des Ausbilders und den äußeren Zügel gerade gerichtet.

Mit dieser Hufschlagfigur arbeitet man an der Hand eher selten, da die Wege sehr lang sind und dies eher an ein Spazierenführen des Pferdes erinnert als an gymnastizierende Arbeit.

Zirkel

Die erste „echte“ Hufschlagfigur ist der Zirkel. Der Kreisbogen mit circa 20 Meter Durchmesser ist dafür geschaffen, dem Pferd die erste Stellung und Biegung zu geben. Das Maß der Biegung entspricht in etwa dem Kreisbogen, den das Pferd beschreitet, ist also relativ gering.

Zirkel

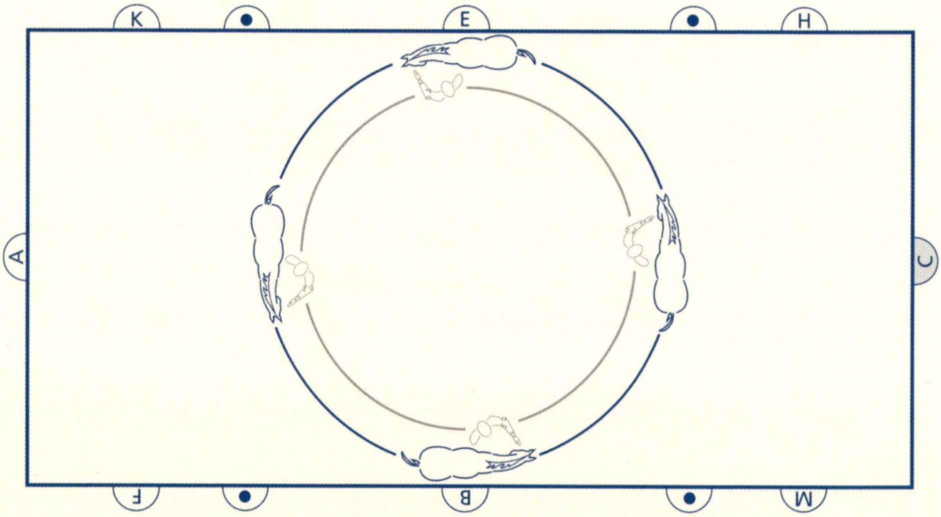

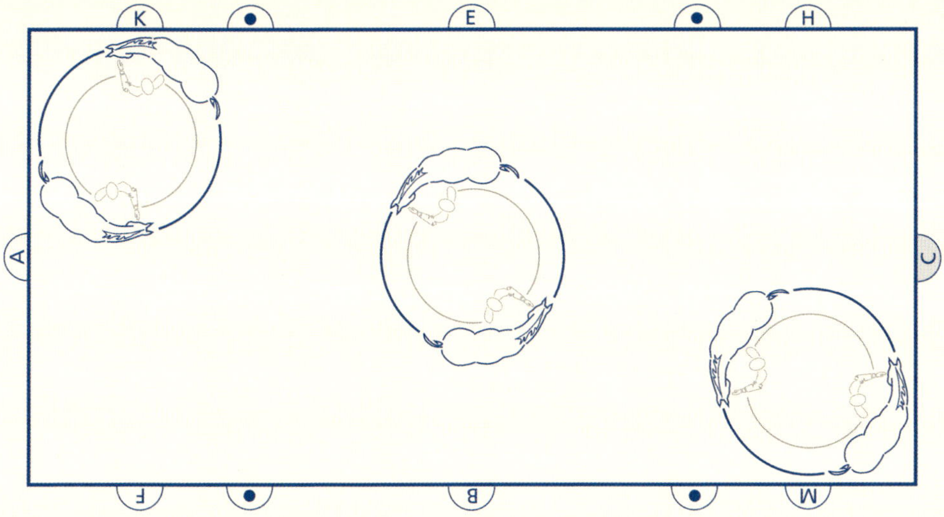

Volte

Dennoch muss das Genick sicher nach innen gestellt sein, um die sanfte seitliche Biegung korrekt zu erreichen. Der Mensch selbst geht auf einem kleineren Kreis innen, sodass das Pferd ein etwas höheres Tempo gehen muss als der Mensch.

Der Zirkel kann als Mittelzirkel in die Mitte des Vierecks verlegt werden (siehe Grafik) oder auch bei den Buchstaben A oder C beginnen. In diesen Fällen werden natürlich die Ecken abgerundet – der Pferdekörper berührt immer nur kurz den ersten Hufschlag.

Volte

Was der Zirkel für das junge Pferd ist, das ist die Volte für das weiter ausgebildete Pferd. Auf diesem engeren Kreisbogen mit zunächst 10 Meter Durchmesser, später auch noch kleiner, bedarf es schon einer viel größeren Geschmeidigkeit und Biegsamkeit.

In der Handarbeit kann man schon sehr schnell auf kleineren Kreisbögen arbeiten, um die Probleme, die das Pferd aufgrund seiner natürlichen Schiefe hat, auch in der Bewegung zu erkennen und zu beheben.

Auch auf der Volte soll die Biegung des Pferdes dem Kreisbogen der Wendung entsprechen. Dies ist nur nach entsprechender vorbereitender Gymnastizierung möglich – andernfalls wird das noch schiefe Pferd auszuweichen versuchen, indem es mit der Hinterhand ausbricht, über die äußere Schulter läuft oder auf die innere Schulter fällt.

Einfache und doppelte Schlangenlinie

Die einfache setzt sich aus einem Teil einer Volte, einem Zirkelstück und noch einem Voltensegment zusammen. Die Biegung in der ersten Ecke ist sehr groß, es folgt eine kurze gerade Strecke, dann eine gemäßigte Biegung auf die andere Seite und noch eine größere in der zweiten Ecke.

Für den Menschen besteht die Hufschlagfigur im Prinzip aus einer Volte, dann stellt man das Pferd auf dem mittleren Bogen wie auf einem Zirkel von sich weg, um es anschließend über das Geraderichten wieder in eine Volte zu führen (siehe die Ausführungen

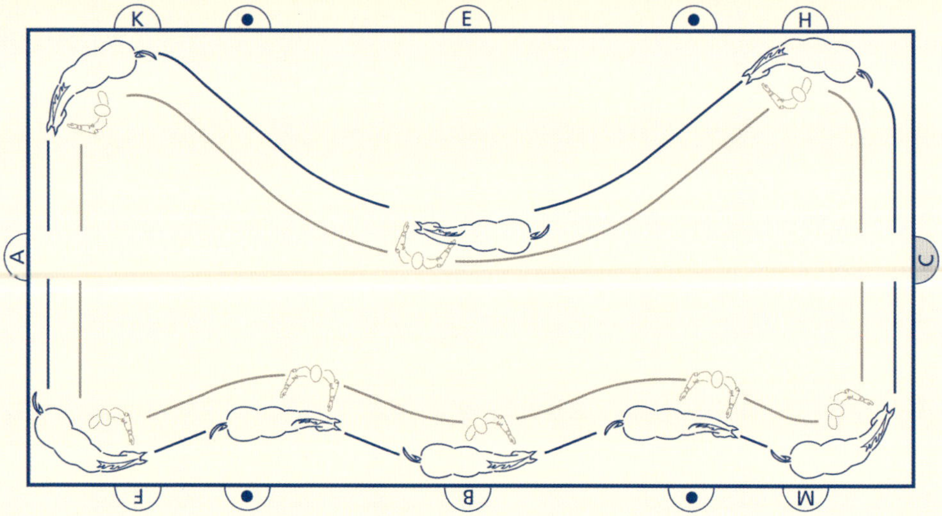

Einfache und doppelte Schlangenlinie

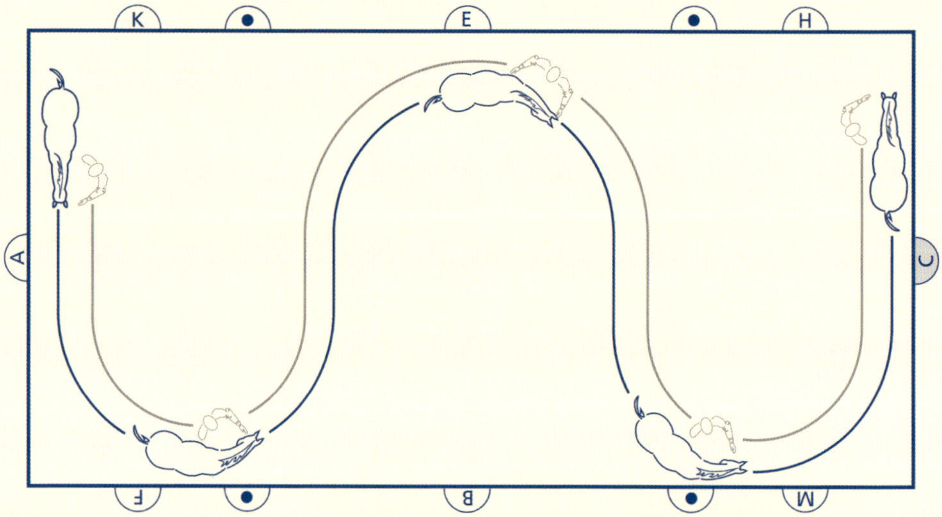

Schlangenlinien durch die Bahn mit drei Bögen

Halbe Bahn und Karree

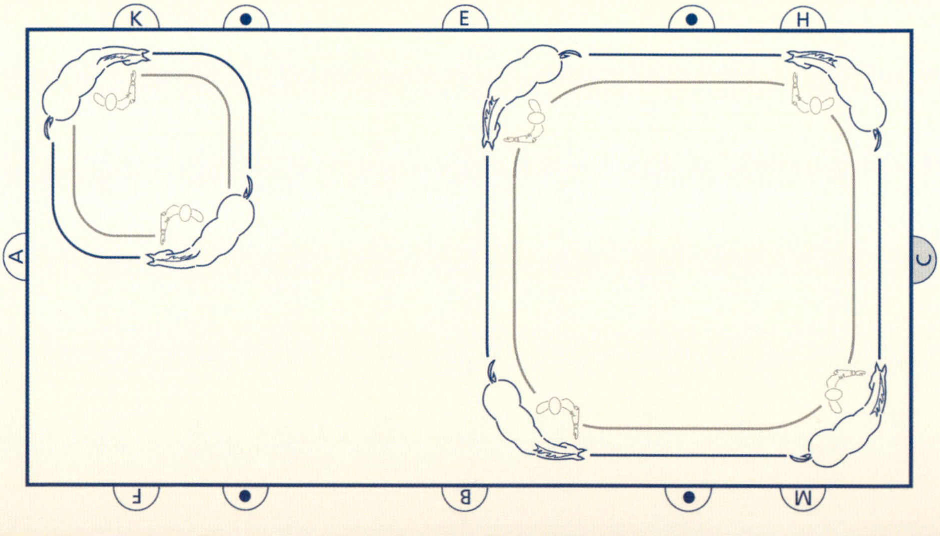

zum Handwechsel ab Seite 70). Die einfache und auch die doppelte Schlangenlinie sind vortreffliche Übungen, um das Stellen und Umstellen an der Hand zu üben. Die Hilfen wechseln mehrmals, und die Bande hilft bei den Voltensegmenten, sodass das Pferd trotz der großen Biegung nicht über die Schulter oder mit der Hinterhand ausfällt.

Schlangenlinien durch die Bahn mit drei Bögen

Als Weiterentwicklung der einfachen Schlangenlinie bieten die Schlangenlinien durch die Bahn gerade bei fortgeschrittenen Pferden viele abwechslungsreiche Varianten, um Übergänge in den Gangarten, Kombinationen von Seitengängen oder beides zusammen zu üben.

Das Prinzip unterscheidet sich nicht von der einfachen Schlangenlinie. Der mittlere Bogen fordert dem Menschen allerdings einiges an Anstrengung ab, da er quasi eine halbe Volte außen am Pferd mitgehen und dafür das Gleichgewicht und das Tempo des Pferdes präzise kontrollieren muss. Für das Pferd sind die Bögen alle gleich groß, für den Ausbilder sind sie je nach Position außen oder innen unterschiedlich.

Halbe Bahn und Karree

Die halbe Bahn ist eine sehr wichtige Hufschlagfigur bei der Handarbeit. Die Wegstrecken halten sich in Grenzen, die Hilfe der Bande ist bei zwei Ecken noch vorhanden, die geforderten Biegungen sind auch hier anspruchsvoll.

Die halbe Bahn entspricht einem viereckigen Zirkel, die Übung für Fortgeschrittene ist dann die viereckige Volte. Beim Karree werden im Unterschied zur halben Bahn die Ecken als Pirouetten ausgeführt, wobei diese Übung das Pferd besonders effektiv gymnastiziert. Kombiniert mit Seitengängen, entfalten beide Übungen ihr ganzes Potenzial und werden Pferd und Mensch gleichermaßen Spaß machen.

Durch die Länge der Bahn

Diese Hufschlagfigur führt auf freier Linie durch die Mitte der Bahn und ist bei der Handarbeit eher eine Orientierungs- und Kontrollübung

Durch die Länge der Bahn

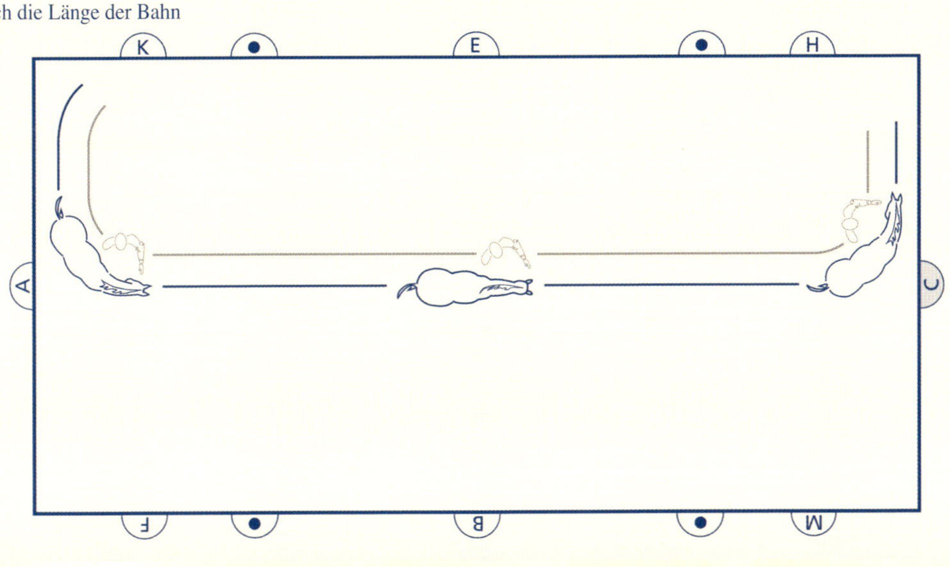

dafür, ob das Pferd auch ohne Bande gerade neben dem Menschen bleibt. Der äußere Zügel und die Körperposition des Menschen sind hier sehr wichtig, damit das Pferd nicht mit der Hinterhand ausbricht. Der Mensch muss sehr auf den Endpunkt (C oder A) fokussiert sein: Nur dann wird das Pferd auch ohne die Hilfe einer festen seitlichen Begrenzung sicher neben ihm schreiten.

Verschiedene Möglichkeiten des Handwechsels

Bei der Handarbeit wird nicht wie zum Beispiel bei der Arbeit am langen Zügel im Zuge eines Handwechsels die Seite gewechselt, auf der man als Mensch geht. Dadurch führt ein Handwechsel dazu, dass der Mensch auf dem ersten Hufschlag geht und das Pferd auf dem zweiten. Auf gerader Linie ändert sich im

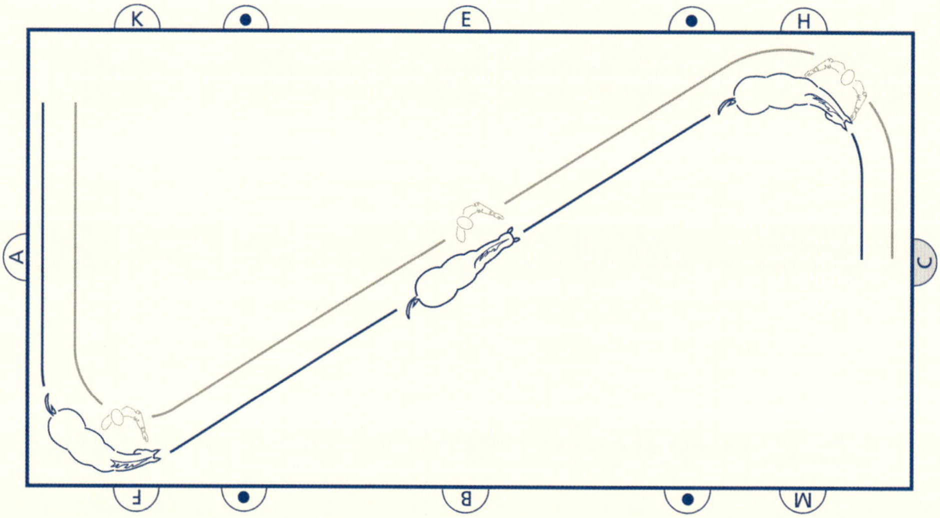

Durch die ganze Bahn wechseln

Durch die halbe Bahn wechseln

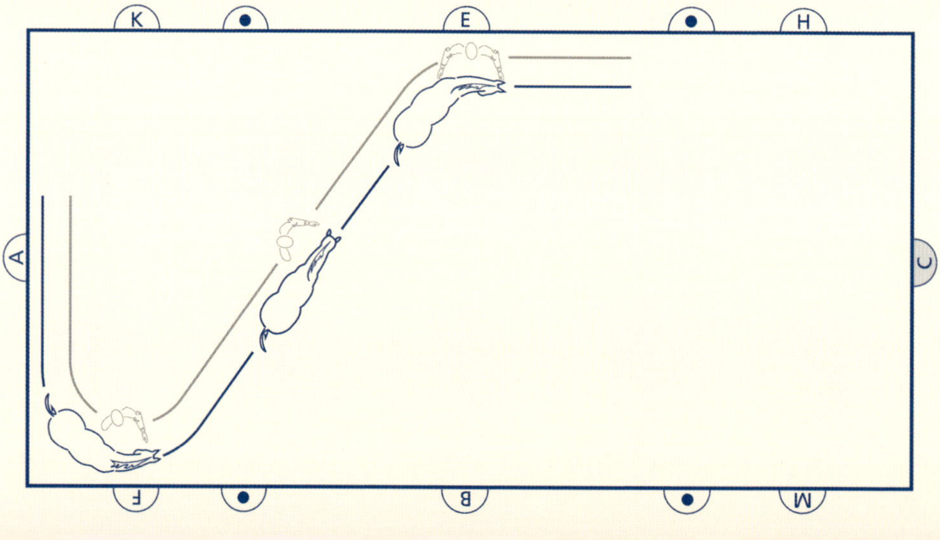

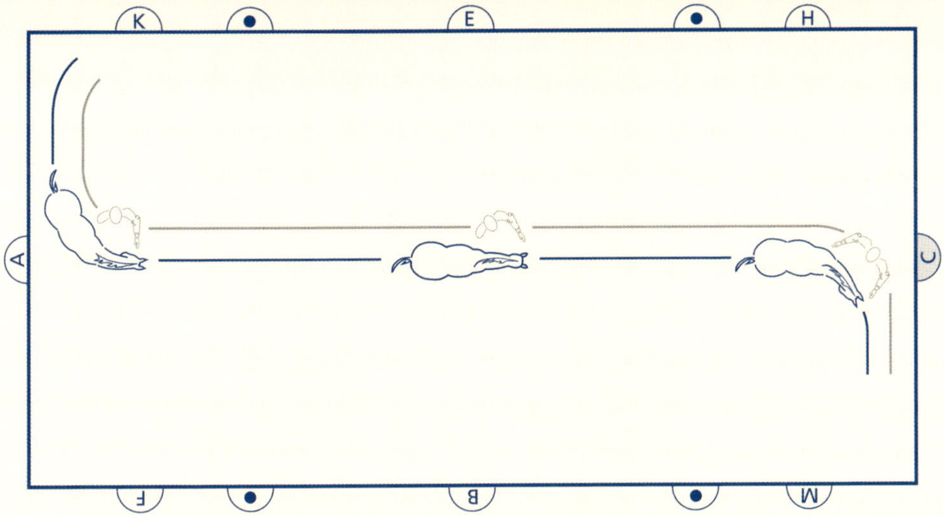

Durch die Länge der Bahn wechseln

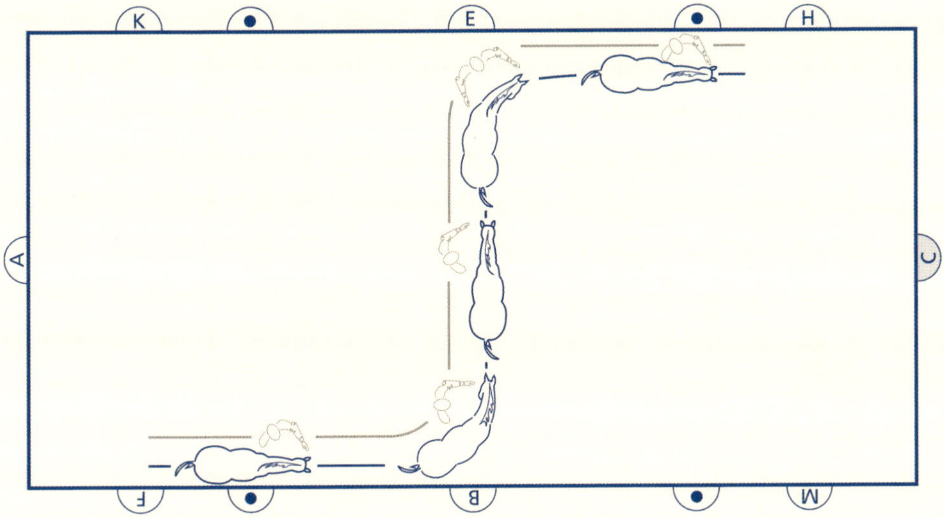

Von B nach E wechseln und umgekehrt

Aus dem Zirkel wechseln

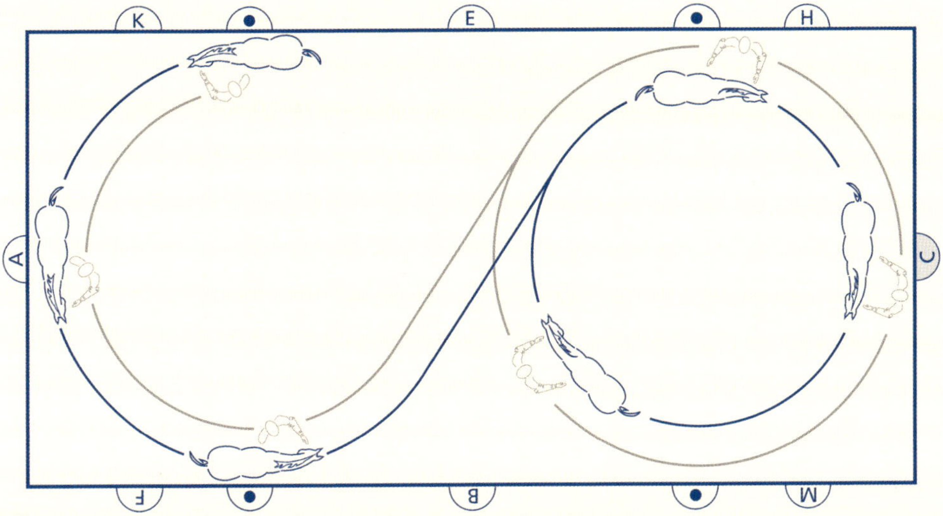

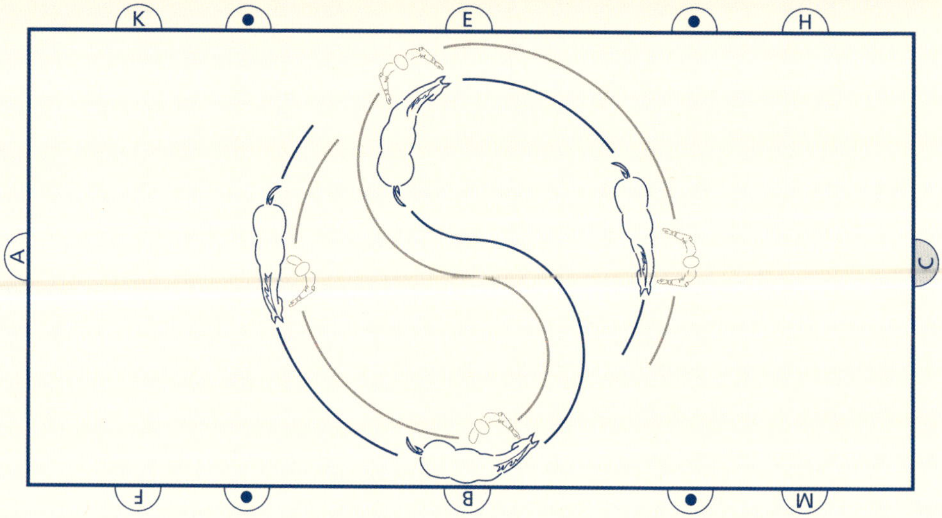

Durch den Zirkel wechseln

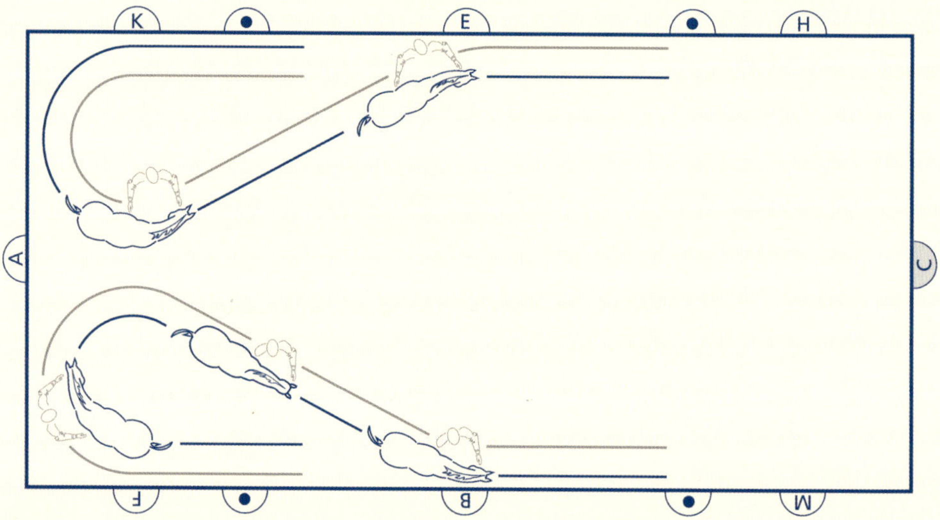

Aus der Ecke kehrt

In die Ecke kehrt

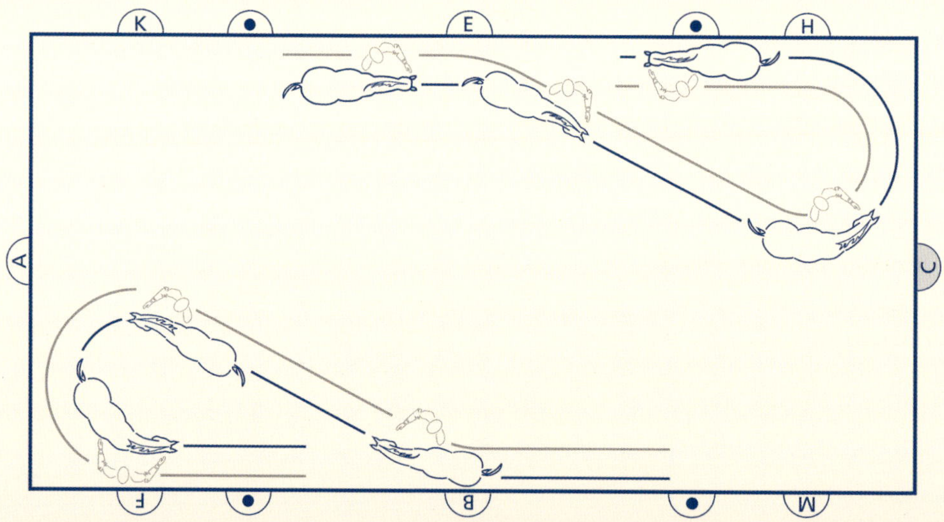

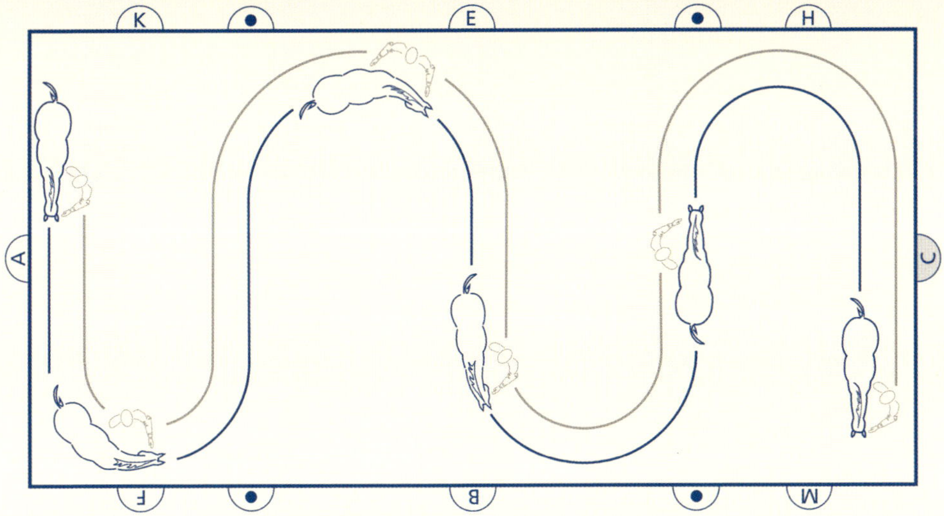

Schlangenlinien durch die Bahn mit vier Bögen. Es ist gut zu erkennen, wie unterschiedlich groß die Bögen für Mensch und Pferd sind.

Prinzip nichts – allerdings haben viele Pferde die Tendenz, auf den ersten Hufschlag zu kommen. Das Drängen gegen den Ausbilder ist in den meisten Fällen eine Respektlosigkeit und muss schon in den ersten Ansätzen verhindert werden, indem man mit aufgerichteter, selbstbewusster Körperhaltung konsequent und zielgerichtet den ersten Hufschlag beschreitet. Sollte das Pferd dennoch den Menschen bedrängen, kann man durch einen gestreckten inneren Arm das Pferd auf die Individualdistanz hinweisen. In letzter Konsequenz zeigt man dem Pferd durch einen Klaps mit der Gerte auf dessen Schulter, dass es eine Grenze gibt, die es nicht überschreiten darf.

Da das Pferd sich auf dem zweiten Hufschlag tendenziell eher an der Bande orientieren wird, besteht eine weitere Schwierigkeit darin, es gerade zu halten. Bei manchen Seitengängen kann dies hilfreich sein, muss aber im Geradeaus vermieden werden. Entscheidend dafür sind die exakte und konsequente Führung über die Körperposition und über die Zügelhilfen.

In Wendungen ist das Pferd nun vom Menschen weg gebogen. Außerdem beschreitet das Pferd einen kürzeren Weg als der Ausbilder, der deshalb etwas schneller gehen muss, als wenn er sich innen befindet. Bei der Position auf der Außenseite des Pferdes wird der ehemals innere Zügel zum neuen äußeren Zügel und umgekehrt. Die Gerte befindet sich nun auf der gedehnten Seite des Pferdes, und der Mensch kann sein Pferd von außen einrahmen.

Die Möglichkeiten des Handwechsels sind vielfältig, die klassische Dressur kennt hierfür etliche Hufschlagfiguren, deren Grundprinzip jedoch immer identisch ist und die deshalb bei der Arbeit an der Hand Mensch und Pferd prinzipiell vor die gleichen Herausforderungen stellen.

Stellung, Biegung, Vorwärts

Nun ist es an der Zeit, das Pferd in eine Balance zu bringen, in der es sich immer besser selbst zu tragen beginnt. Gleichgewicht in Bewegung bedeutet, dass man als Ausbilder dem Pferd eine Haltung angedeihen lässt, die es ihm ermöglicht, auch gebogene Linien korrekt zu beschreiten. Dabei gilt es, die Losgelassenheit aus der Basisarbeit im Stand zu erhalten.

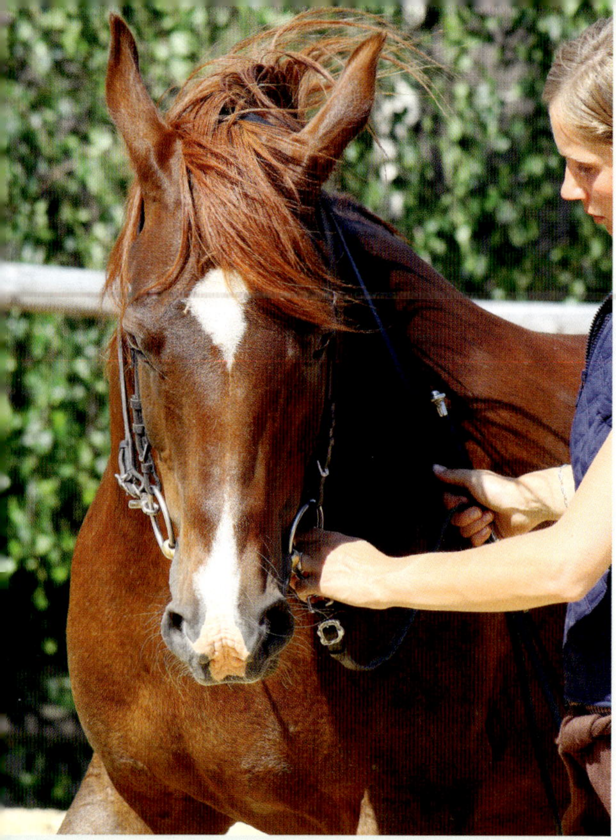

Das Pferd ist auf dem Zirkel gut gestellt und gebogen, reagiert auf leichte Hilfen und geht in Selbsthaltung. Losgelassen und aufmerksam ist es bereit für fortgeschrittene Lektionen.

Das Pferd soll von nun an immer eine korrekte Stellung und Biegung zeigen, denn ohne Biegung gibt es im Prinzip keine Wendung – ein Pferd, das gymnastiziert wird, muss nicht nur auf gerader Linie, sondern auch auf weiten und engen Wendungen seine Balance finden. Hat das Pferd verstanden, dass ihm die neue Haltung guttut, und kommt es den Hilfen des Ausbilders immer leichter und feiner nach, dann ist die Tür zu den Seitengängen weit offen. Man braucht nur noch hindurchzugehen.

Der portugiesische Reitmeister Nuno Oliveira hat einmal einen wundervollen Lehrsatz aufgestellt, der den gesamten Ausbildungsverlauf des Pferdes auf den Punkt bringt:

„Vorbereiten und Geschehenlassen."

Damit ist sehr gut umschrieben, dass man ein Pferd immer in das Gleichgewicht setzen soll, in dem es ganz einfach „von sich aus" eine Lektion beziehungsweise Bewegung ausführen kann. Das Biegen im Stand und in der Bewegung bereitet alle weiteren Lektionen vor. Ein auf diese Weise losgelassenes und geschmeidiges Pferd ist sehr schnell in der Lage, schwierigere Übungen mit Leichtigkeit zu meistern. Die Seitengänge, meist ein Buch mit sieben Siegeln, werden zu Aufgaben, die dank der Vorbereitung für das Pferd verständlich und körperlich möglich sind.

Auf dem Zirkel

Sobald das Pferd mit den Hufschlagfiguren bekannt gemacht wurde und sich vom Ausbilder führen und leiten lässt, kann die Arbeit auf gebogenen Linien beginnen. Dazu ist der tiefe Kopf das erste Ziel, denn in dieser Position lässt sich der Hals viel besser biegen – der Unterhalsmuskel ist entspannt und kann der Hand keine Widerstände entgegensetzen.

Man geht auf den Mittelzirkel und beginnt mit den abwärts führenden Zügelhilfen (siehe Seite 43). In der Bewegung fällt es den meisten Pferden nicht schwer, dieser Hilfe nachzukommen. Aus dieser Position gibt die innere Hand kleine Paraden, um den Kopf seitlich zu führen – das Pferd beginnt, sich um den Ausbilder zu biegen.

In dieser Phase der Ausbildung ist es enorm wichtig, dass der Mensch weiter konsequent auf der Linie des Zirkels geht, sich nicht abdrängen lässt und nicht zu weit vor das Pferd kommt – und das kann sich bei einem unerfahrenen und steifen Pferd durchaus schwierig gestalten.

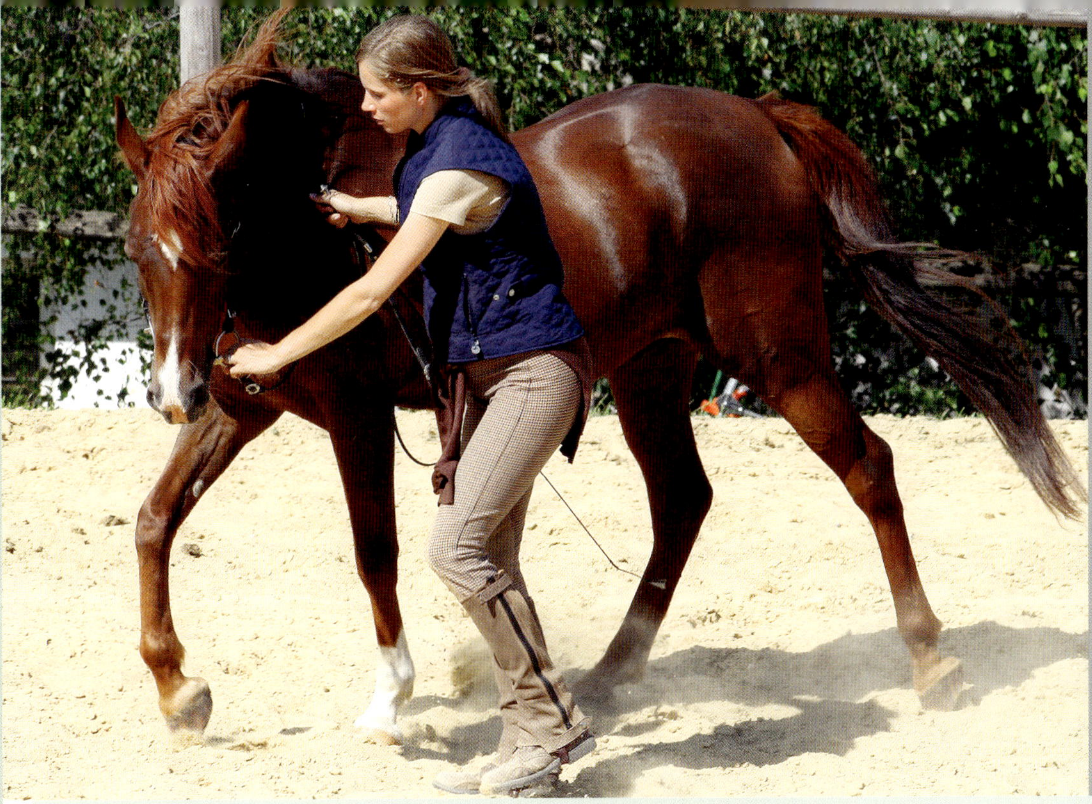

Die abwärts führende Zügelhilfe bringt das Pferd in eine Position, in der es sich leicht biegen lässt …

… und die korrekte Balance findet.

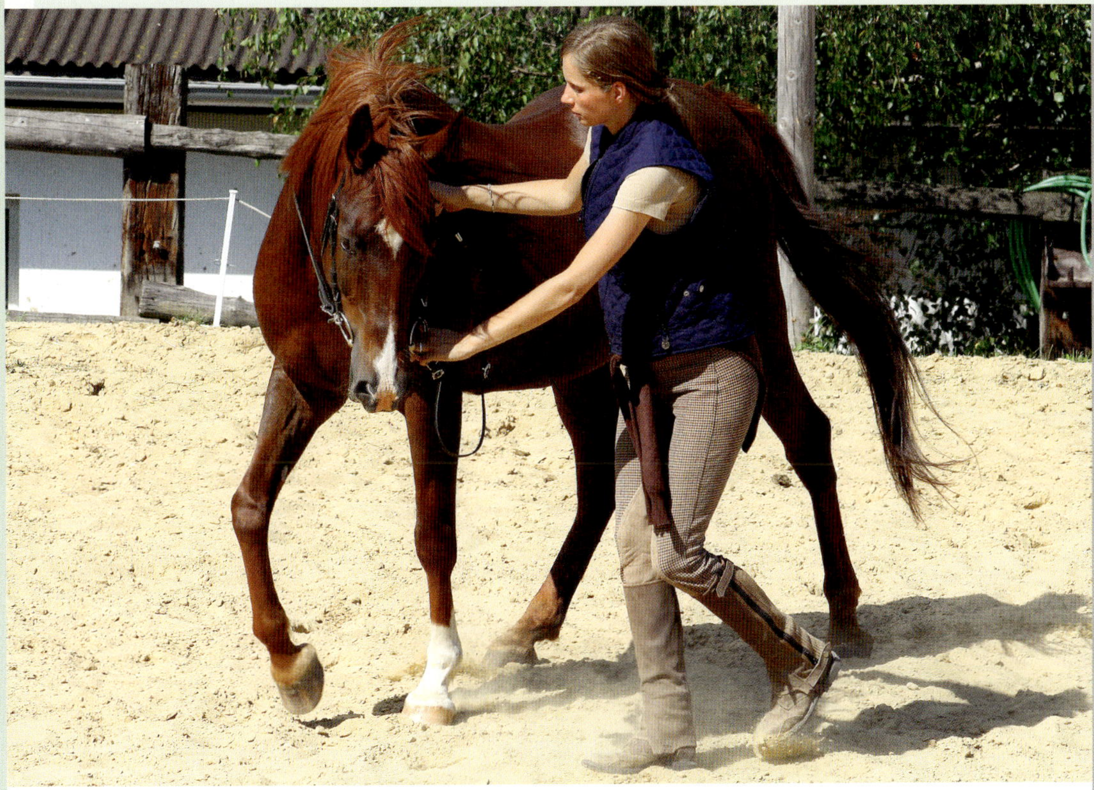

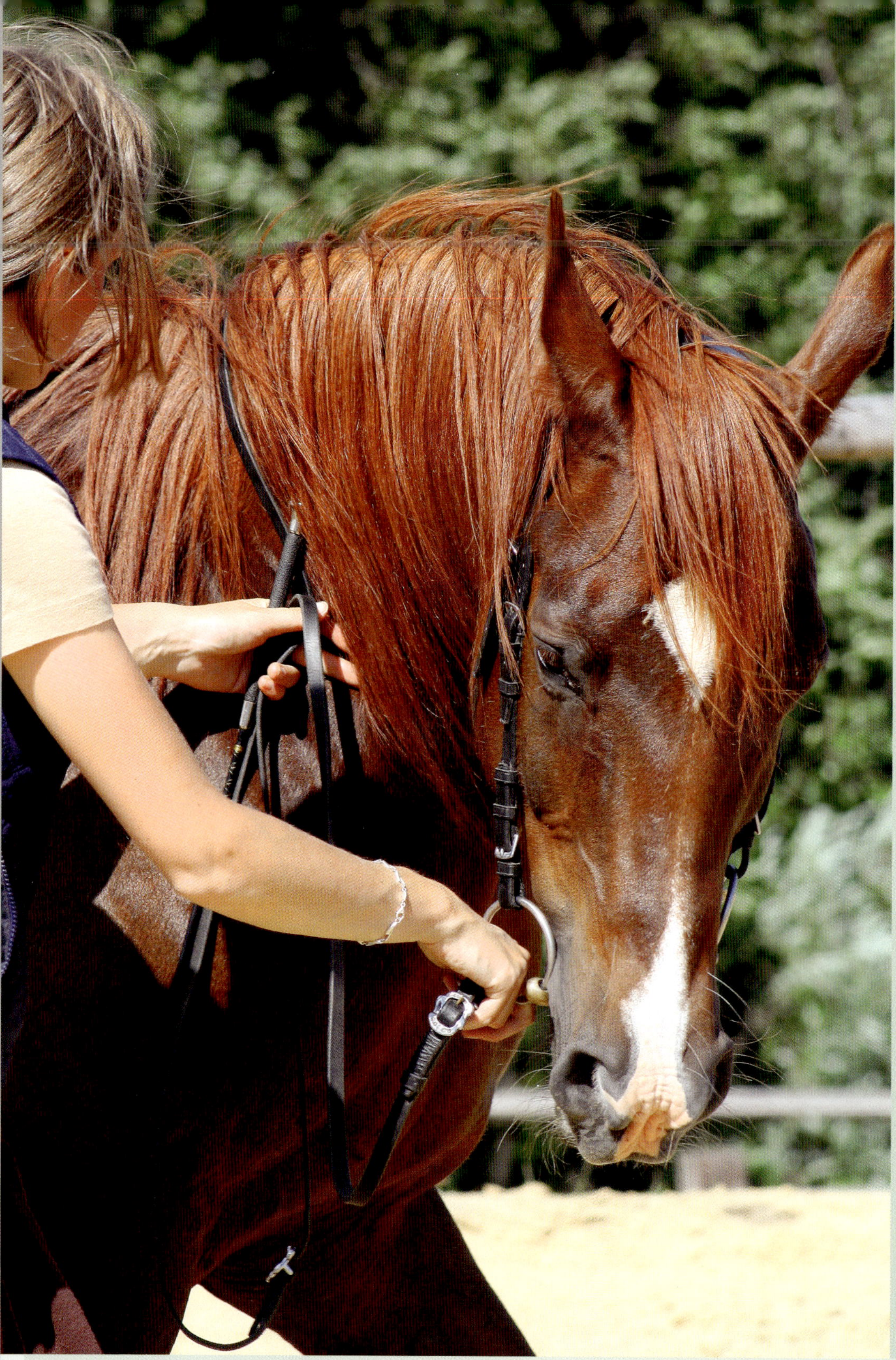

Die Hand am Hals bewirkt oft Wunder.

Meist kommen die Pferde etwas auf die innere Schulter, legen ihr Gleichgewicht nach innen, stellen sich nach außen und verkleinern so den Zirkel. Um dem entgegenzuwirken, muss man nun wie schon im Stand die Innenseite des Halses berühren und im Notfall massieren. Es bringt zu diesem Zeitpunkt nichts, wenn man versucht, nur am inneren Zügel zu ziehen. Das Pferd wird sich dann nur gegen den Druck des Gebisses stemmen und weiterhin sein Gleichgewicht auf der inneren Schulter finden.

Die Paraden am inneren Zügel werden also von der Hand am Hals unterstützt. Nur bei der Handarbeit verfügt man über diese unschätzbar wichtige Hilfe. Was beim Reiten der innere Schenkel leisten muss, kann am Boden viel einfacher und verständlicher erreicht werden.

Grundsätzlich wird sich ein Pferd mit einem langen, hoch angesetzten Hals mit der Biegung nicht so schwertun wie ein stämmiges Pferd mit einem kurzen und dicken Hals. Diese Voraussetzungen werden auch die Dauer der Übungseinheiten bestimmen. Je schwieriger es ist, den Hals zu biegen und den Kopf des Pferdes nach innen zu lösen, desto länger muss man bei dieser Lektion verweilen.

Gerade bei Pferden mit kurzem Hals passiert es leicht, dass sie den Kopf zu hoch nehmen und die Halsmuskulatur fest anspannen. Die Tritte sind dann viel zu kurz, das Genick macht sich fest, und aus dieser Position ist der Pferdekörper nicht modellierbar. In diesen Fällen muss man die Biegung reduzieren und das Pferd zunächst wieder in die Tiefe führen, wobei auf ein fleißiges Vorwärtsgehen zu achten ist. Die Hinterhand wird dann automatisch wieder weit unter den Körper treten.

Das Nachgeben mit der Zügelhand ist und bleibt auch hierbei eines der wichtigsten Dinge. Ziel ist, dass das Pferd diese gebogene Haltung von selbst behält, ohne dass das Gebiss einwirkt, und dass man selbst nur noch das Gewicht der Zügel in der Hand spürt.

Wie viel Biegung ist richtig?

Für viele Ausbilder ist bei deutlichem Biegen die Angst vor dem Ausfallen über die äußere Schulter groß, die Angst des „Verbiegens“ noch größer. Doch wie schon bei der Arbeit im Stehen gezeigt, soll man sich nicht vor den großen Biegungen scheuen. Auch bei der Arbeit auf dem Zirkel darf das Pferd „überbogen“ werden.

Bei der Handarbeit wird es selten vorkommen, dass ein Pferd über die äußere Schulter davonläuft, da der Mensch durch einfaches Stehenbleiben dieses Ausbrechen nach außen jederzeit verhindern kann. Dem Pferd wird schnell bewusst, dass der Mensch es in der Ausweichbewegung nicht begleiten muss, da er ja nicht im Sattel sitzt, sondern einfach „stur“ seinen Kreisbogen weitergehen kann. Der Zügel kann das Pferd nicht nur begrenzen, sondern auch anhalten – in dem Moment, wenn der Mensch stehen bleibt. Sobald die Reichweite des menschlichen Arms und des äußeren Zügels erreicht sind, wird das Pferd sehr schnell seinen Bewegungsradius erkennen und akzeptieren.

Nur bei sehr großen und langen Pferden ist es oft angezeigt, erst dann eine deutlichere Biegung zu verlangen, wenn die Kontrolle über die Schultern erarbeitet wurde. Besonders hilfreich dabei sind anfangs das Verkleinern und Vergrößern des Zirkels, wobei immer

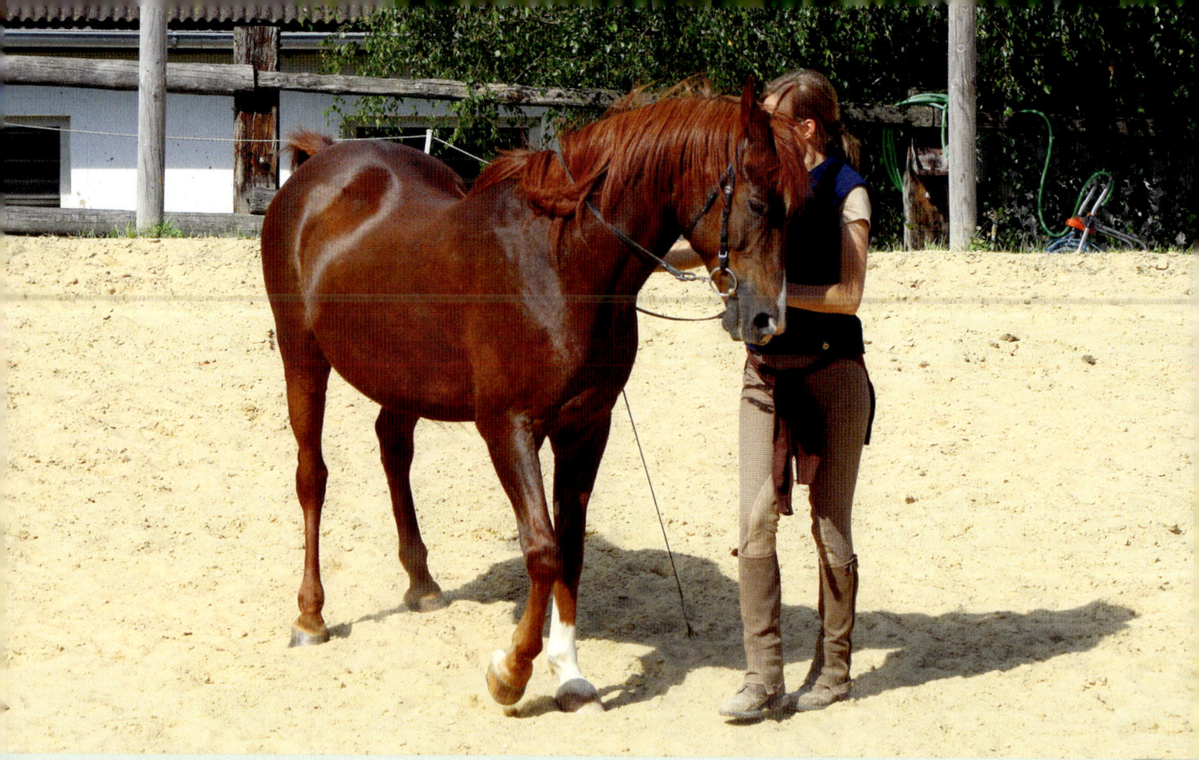

Hier droht die Hinterhand auszufallen.

Durch das Führen der Schultern nach außen …

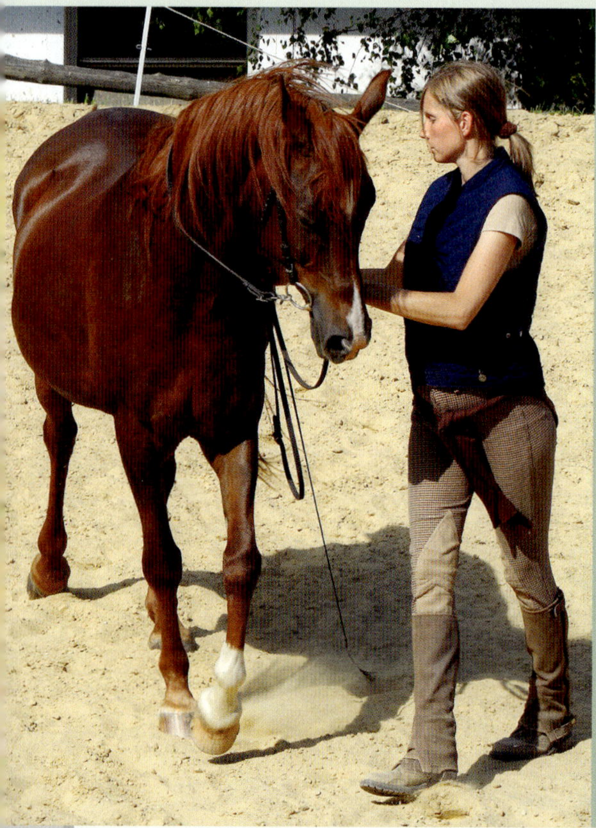

… erreicht das Pferd eine neue Balance.

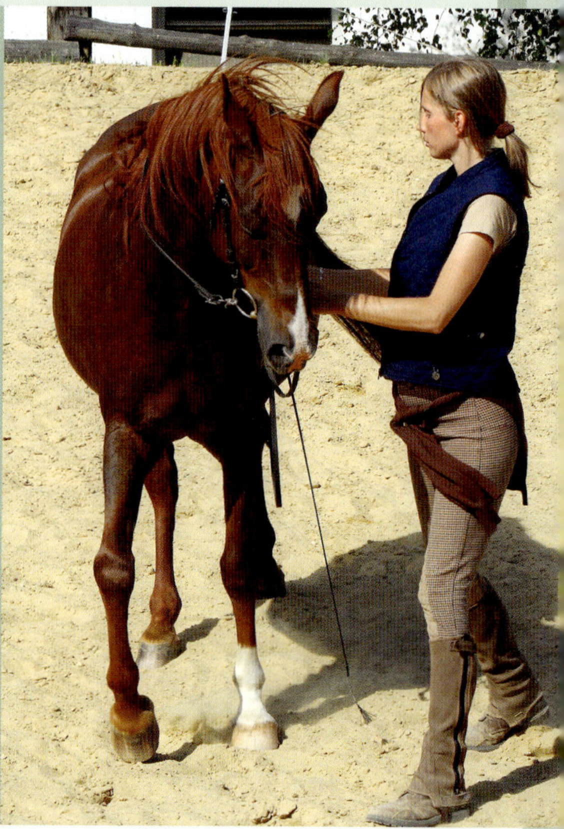

wieder Stellung und Biegung kontrolliert und die Reaktion auf den äußeren Zügel überprüft werden.

Wenn das Pferd mit der Hinterhand ausfällt, braucht man nur in Richtung Vorhand zu gehen und das Tempo zu erhöhen – ein verwahrender äußerer Schenkel wie beim Reiten steht ja nicht zur Verfügung. Man vergrößert also über die Vorhand den Zirkel und setzt gleichzeitig die treibende Gertenhilfe aus, da das Pferd sonst mit der Hinterhand noch weiter ausfallen würde.

Durch das Verschieben der Schultern nach außen passiert es zwangsläufig, dass der Zirkel wesentlich größer wird, als man es sich vorgenommen hat. Das Einhalten einer exakten Zirkellinie wird aber erst später in der Ausbildung wichtig. Solange man nicht die Kontrolle über Vor- und Nachhand hat, ist die Symmetrie der Zirkellinie nicht so entscheidend. Entscheidender ist die erste Kontrolle über die Vorhand des Pferdes – sie wird im weiteren Verlauf der Ausbildung immer wichtiger.

Häufige Fehler des Menschen

Einer der meistbegangenen Fehler ist das „Kleben" am Pferd. Wenn man sich zu nahe am Pferd befindet, ist eine korrekte Hilfengebung nicht mehr möglich. Die treibende Gerte kann das Pferd nicht mehr einrahmen, der Individualabstand ist auf beiden Seiten nicht mehr gegeben.

In dieser Position hat man das Pferd auch nicht mehr im Auge, sondern sieht nur den Hals und kann sich kein Gesamtbild von den Bewegungen des Pferdes machen. Dies jedoch wird bei den weiteren Übungen immer wichtiger.

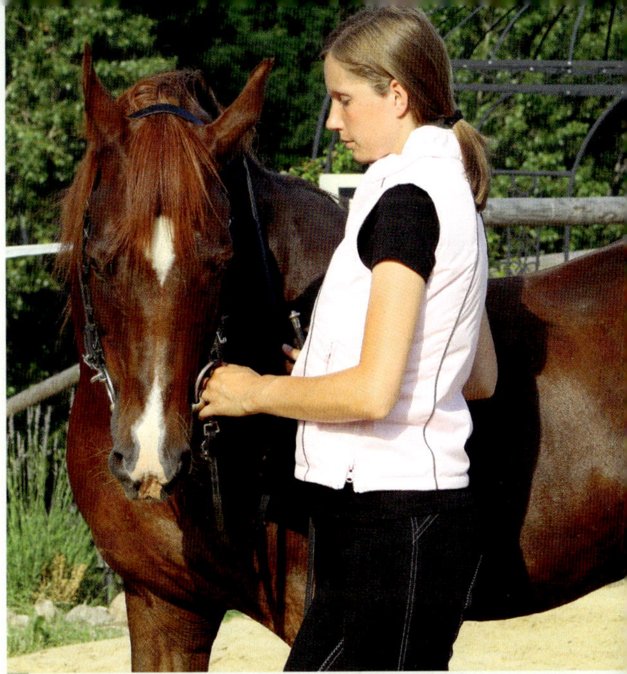

Zu nahe am Pferd:
Dies birgt das Risiko, den Respekt des Pferdes zu verlieren. Außerdem wird die Gerte in dieser Position nutzlos, weil man sie nicht mehr richtig einsetzen kann. Die Arme sind zu sehr angewinkelt und bringen keine Distanz mehr.

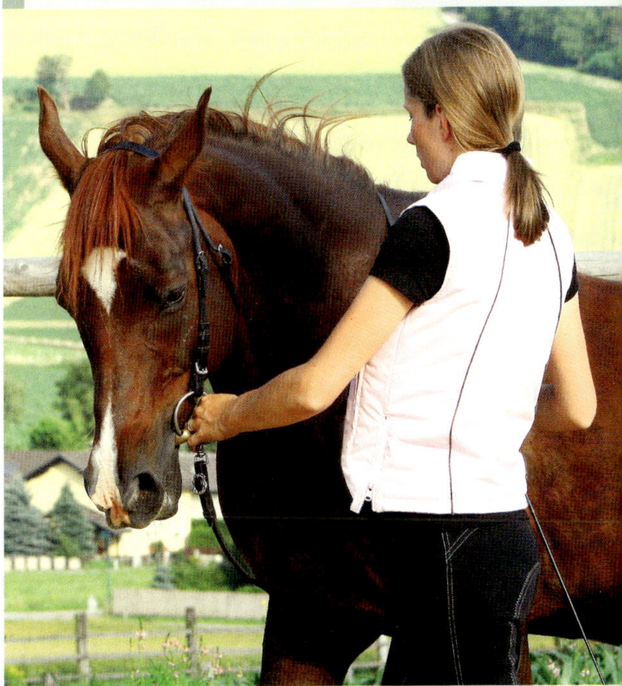

Die Haltung stimmt wieder:
Der linke Arm ist gestreckter, der äußere Zügel kann wieder geschmeidig den Kontakt zum Gebiss herstellen, der Respektabstand ist wieder vorhanden.

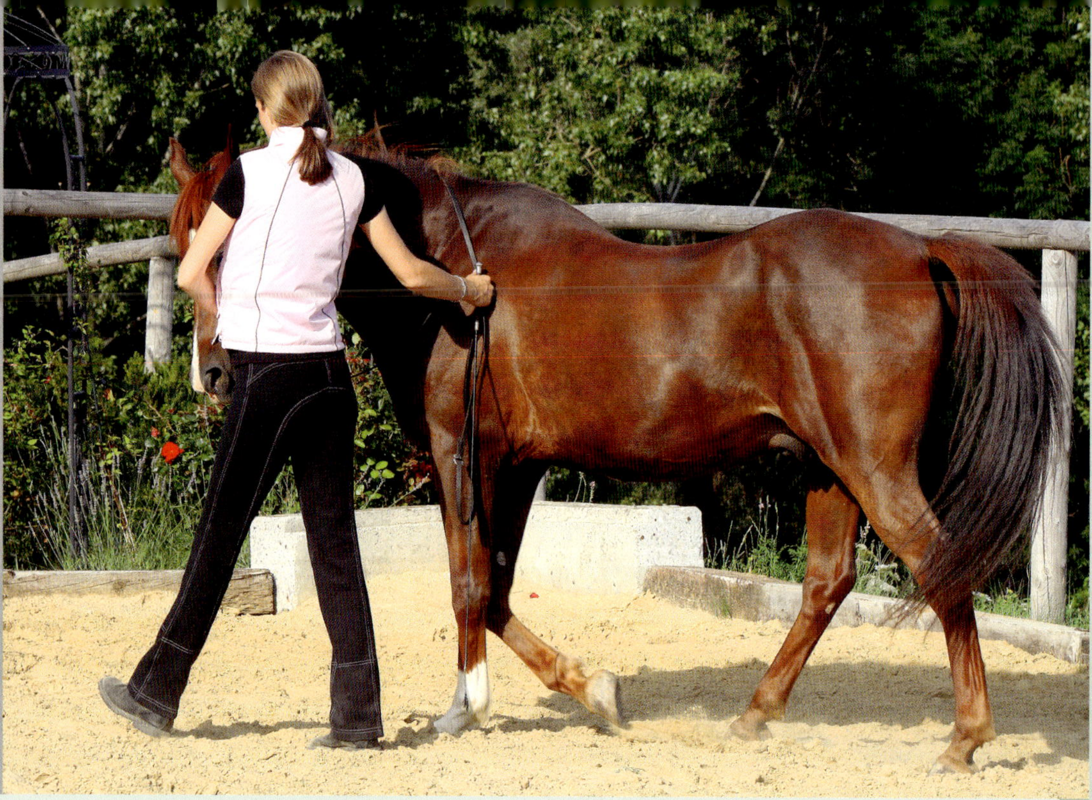

Position zu weit vorn: Der linke, innere Arm ist zu sehr angewinkelt, der rechte muss sich extrem strecken.

Viel besser: Position an der Schulter mit gestrecktem innerem Arm.

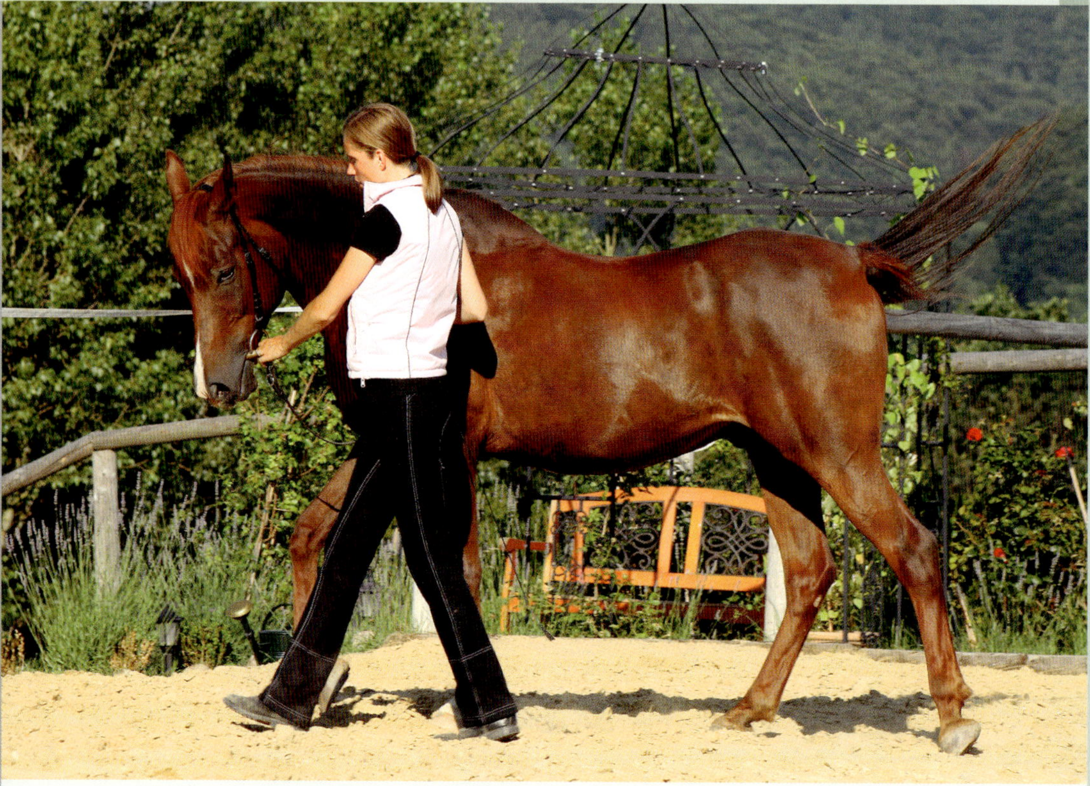

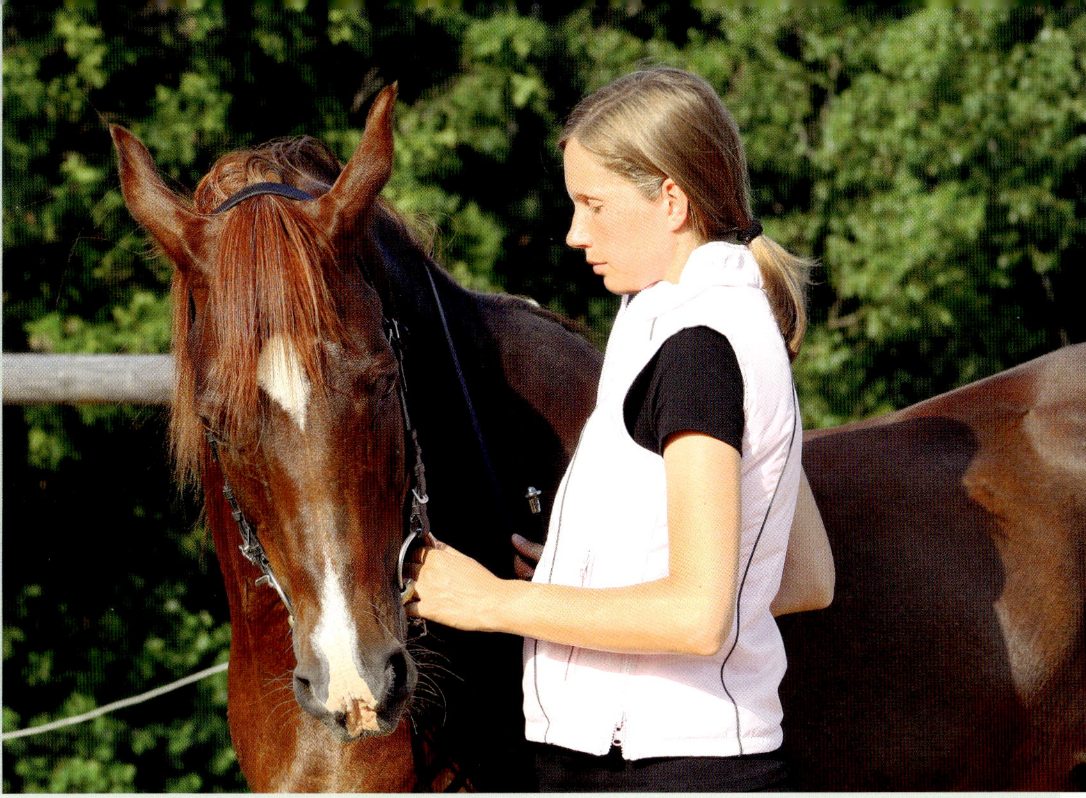

Reaktion auf das Ziehen am inneren Zügel: Das Pferd verwirft sich.

Ein weiterer Fehler ist eine falsche Position zum Pferd. Am häufigsten geht der Ausbilder zu weit vorn am Pferd – er blockiert damit das Sichtfeld des Pferdes und wirkt so als optische Bremse.

Als Anhaltspunkt sollte die Länge des inneren Arms des Menschen dienen – ist dieser zu stark angewinkelt, so stimmt die Position meistens nicht.

Unbedingt zu korrigieren ist auch der häufige Fehler, den Kopf des Pferdes mit dem inneren Trensenring nach innen ziehen zu wollen, um das Pferd zu biegen. Der äußere Zügel ist dann nicht in Anlehnung, die innere Gebisshälfte kommt aus dem Maul.

Als Reaktion darauf verwirft sich das Pferd. Seine Ohren sind nicht mehr auf einer Höhe, und das Maul ist näher am Ausbilder als das Genick. Der Außenzügel muss unbedingt mit den Paraden an der inneren Trense korrelieren und in Anlehnung bleiben. Die innere Hand muss immer wieder nachgeben und so ein Ziehen verhindern.

Die Hilfengebung auf Kappzaum

In diesem Stadium der Ausbildung entfaltet der Kappzaum seine großen Stärken. Durch die direkt biegende Wirkung hat man ein Instrument in der Hand, das Wunder wirken kann.

Beim Kappzaum gibt es im Gegensatz zur Trense keine „mentale" Bremse – dem Pferd ist sehr wohl klar, dass es keine harten Paraden im Maul empfangen kann. Zurechtweisungen über das Nasenbein verfehlen zwar auch nicht ihre Wirkung, sind aber eine eher verständliche Strafe für das Pferd, auf die es prompt reagieren kann.

Ohne diese Bremse sind faule Pferde oft sofort zur Mitarbeit bereit, und erst das Vorwärtsgehen macht es möglich, eine vernünftige Biegung zu erreichen.

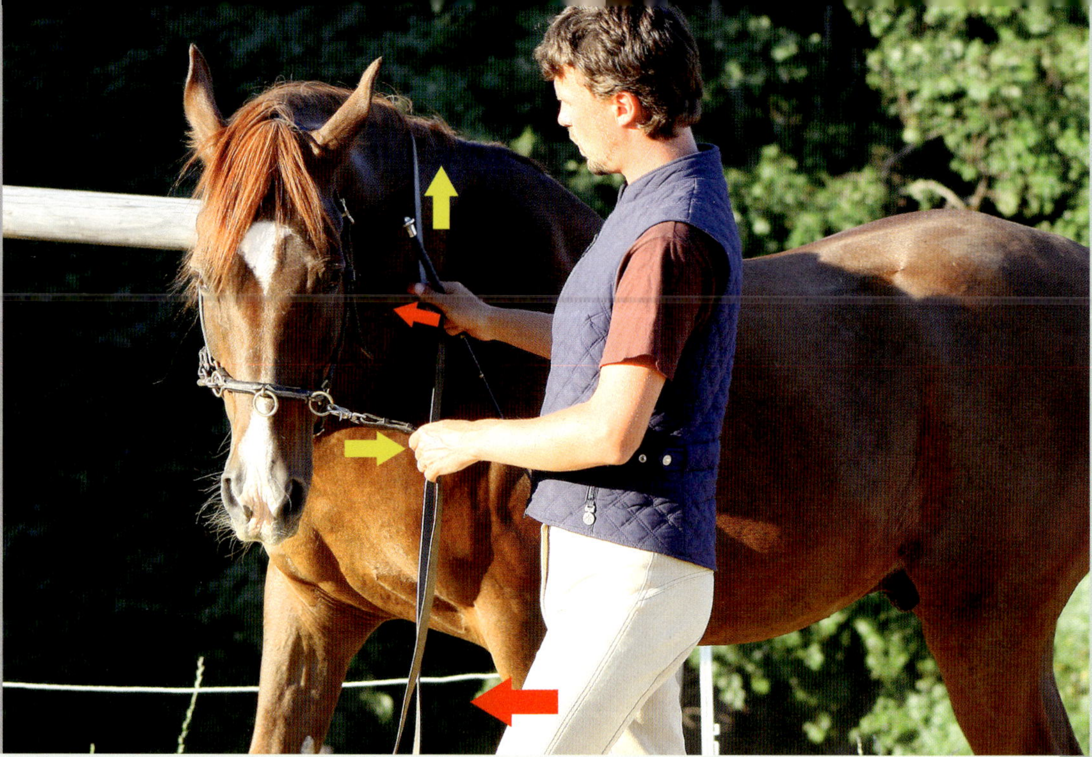

Die gelben Pfeile zeigen die Hilfengebung der Zügel. Der linke, innere Zügel gibt die tiefen Paraden zur Biegung, der rechte, äußere wird verlängert, damit er die Wirkung des inneren Zügels nicht behindert und blockiert. Die rechte Hand kann massierend am Hals des Pferdes eingesetzt werden, während man zügig vorwärtsschreitet (rote Pfeile).

Die Biegung weg vom Menschen wird zu Beginn über die in die Bewegungsrichtung drückende (hier: linke) Hand erzeugt, der rechte Zügel wird verkürzt, damit er die Anlehnung nicht verliert (gelbe Pfeile). Die Schultern drehen sich Richtung Pferd, und man beschleunigt etwas seine Schritte, da man sich auf der Außenseite des Pferdes befindet.

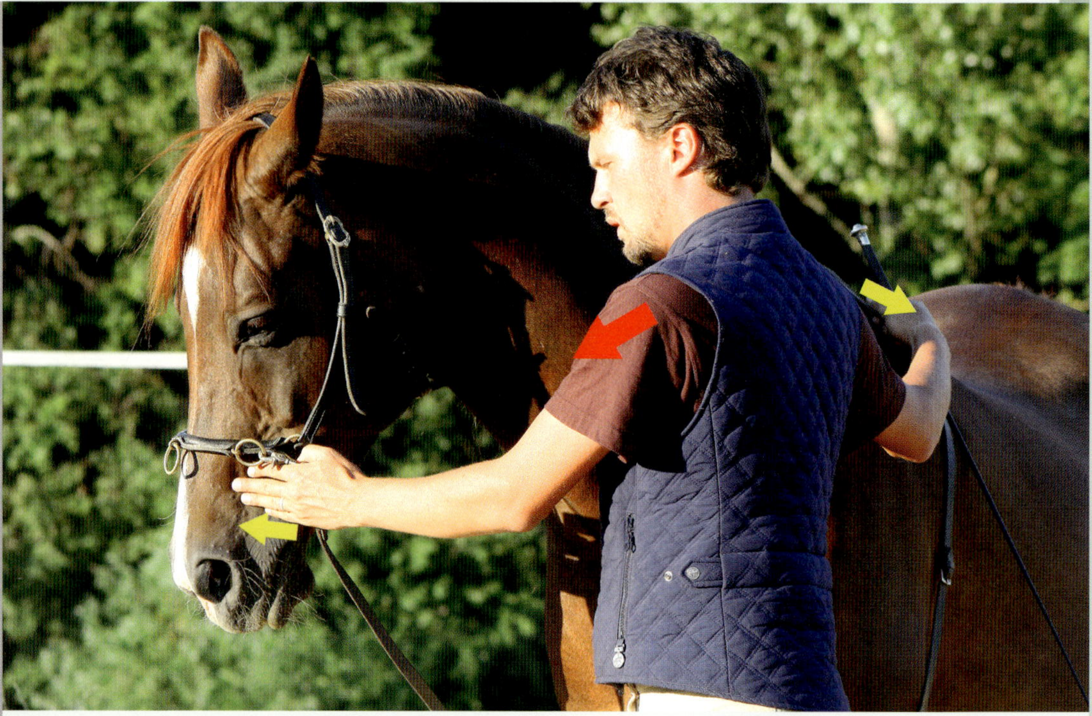

Für die Hilfengebung gelten die gleichen Regeln wie bei der Arbeit mit der Trense. Seine biegende Wirkung entfaltet der Kappzaum aber nur mit einer tief gehaltenen Hand. Kommt die Parade zu hoch, ändert sich der Winkel zu den Ösen am Kappzaum, und der Wirkungsgrad verringert sich um ein Vielfaches. Der hohe Zügelanzug verschiebt das Nasenteil des Kappzaums nach oben, es kann zum Scheuern auf der Nase des Pferdes kommen. Deshalb ist es sehr wichtig, die innere Hand immer tief zu führen und daraus die Paraden zu geben.

Aus der korrekten Position der Zügelhand lässt sich nun das Pferd sehr leicht und einfach biegen. Auch am Kappzaum gilt, dass der Kopf des Pferdes nicht zu hoch kommen darf und das Pferd mit dem Ausbilder zügig mitkommen muss. Die Korrekturen erfolgen auf die gleiche Art und Weise wie bei der Arbeit auf Trense.

Die Biegung weg vom Ausbilder muss vor allem über die innere Hand geschehen, da die Wirkung des äußeren Zügels im Gegensatz zum inneren etwas „schwammig" an der Nase des Pferdes ankommen kann. Erst im Laufe der Ausbildung versteht das Pferd auch diese Hilfe, und man kann auf die innere Hand, die drückend eingesetzt wird, immer mehr verzichten.

Untertreten auf der Volte

Die Vorhand ist durch die Biegungen im Stand und in der Bewegung geschmeidig geworden, lässt sich sehr leicht beeinflussen und bringt dadurch die notwendige Losgelassenheit für die Gymnastizierung der Hinterhand mit.

Man verlässt nun den Zirkel und begibt sich mit seinem Pferd auf eine Volte. Die Biegung auf einem kleinen Kreis muss nun noch deutlicher ausfallen als auf dem Zirkel, denn das Pferd soll nun mit seinem inneren Hinterbein in Richtung Schwerpunkt treten.

Die innere Hüfte des Pferdes muss etwas weiter vorgelagert sein als die äußere, was bei korrekter Vorarbeit durch die Biegung automatisch geschehen wird. Der Ausbilder muss nun nicht nur die Biegung kontrollieren, sondern auch die Hinterhand des Pferdes. Die Hand oder die Gerte kommt an die Schenkellage und kann so den Vortritt des inneren Hinterbeins beeinflussen – der innere Schenkel wird perfekt simuliert.

Das Pferd nimmt mit dem inneren Hinterbein mehr Last auf, wird tragfähiger und stärker – Aspekte, die alle zur Gesunderhaltung beitragen. Das Gleichgewicht verschiebt sich etwas nach hinten, das Pferd trägt weniger Last mit der Vorhand, wird sich von Tag zu Tag wohler fühlen und sein neues Körperbewusstsein genießen.

Die wichtigste Aufgabe dieser Übung besteht darin, den Schwerpunkt des Pferdes zu erkennen und das innere Hinterbein in dessen Richtung zu führen. Man darf dabei nicht vergessen, dass man sich nun im Grenzbereich der physischen Belastbarkeit des Pferdes befindet. Es ist für ein wenig gymnastiziertes Pferd immens schwer, mit der Hinterhand mehr Last aufzunehmen. Bei der Handarbeit kann man ohne das Reitergewicht diese Bewegungen vom Pferd viel schneller verlangen als beim Reiten – trotzdem darf man die Leistung seines Schützlings nicht unterschätzen.

Nur mit dem Grundsatz „Wenig verlangen und häufig loben" wird man das Pferd auch an diese Leistungen mit Freude und Eifer heranführen können.

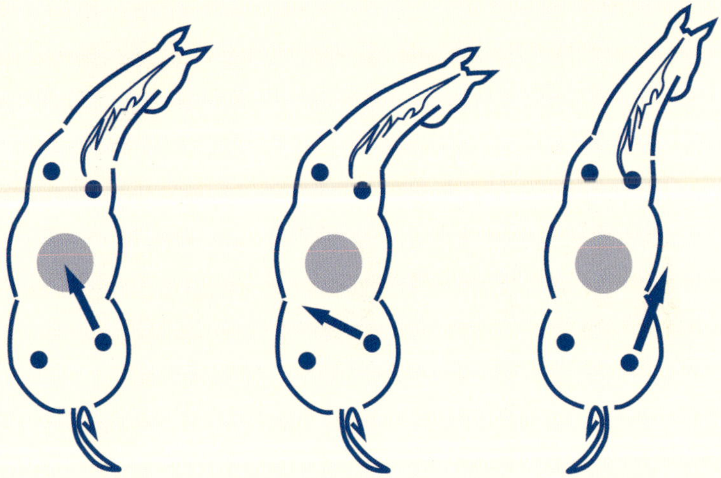

DER SCHWERPUNKT

Die Kreise beschreiben den Schwerpunkt des Pferdes, die Pfeile die jeweilige Bewegungsrichtung des inneren Hinterbeins. In der Grafik links kann man erkennen, dass durch die Hüftstellung das innere Hinterbein genau Richtung Schwerpunkt tritt. Das Pferd muss in diesem Moment mit diesem Bein wesentlich mehr Gewicht aufnehmen und trainiert so dessen Tragfähigkeit. Die Biegung ist korrekt, die Wirbelsäule des Pferdes zeigt durch die vorgenommene innere Hüfte keinen S-Knick, das Pferd ist in einem wunderbaren, produktiven Gleichgewicht.

In der mittleren Grafik tritt das Hinterbein hinter dem Schwerpunkt vorbei, das Pferd fällt mit der Hinterhand aus und vermeidet so die vermehrte Lastaufnahme – das Pferd tritt zu kurz.

Die dritte Grafik lässt eine falsche Hüftstellung erkennen: Das Hinterbein kann so nicht unter den Schwerpunkt treten, sondern tritt innen vorbei. Dieses Beispiel ist in der Realität der häufigste Fall, wie ein Pferd sich der Lastaufnahme entzieht. Gerade junge und nicht gymnastizierte Pferde neigen zu dieser „schiefen“ Bewegung, wobei sie sich auch gegen die Biegung wehren.

Um das Treten unter den Schwerpunkt zu fördern, bietet sich das Vergrößern aus einer Volte an. Dazu geht man bei konstanter Biegung auf die Schulter des Pferdes zu. Damit das innere Hinterbein nun Richtung Schwerpunkt tritt, legt man die Gerte oder die Hand an die Schenkellage. Durch das Vergrößern in Biegung nimmt das Pferd automatisch die innere Hüfte nach vorn, mit der äußeren Hand treibt man das innere Hinterbein nach vorn, direkt unter den Schwerpunkt.

Damit die vorwärtstreibende Hand das Hinterbein beeinflussen kann, muss die Hilfe im richtigen Moment gegeben werden – dann, wenn dieses Bein abgefußt hat. Nur dann ist es in der Luft, und man hat als Ausbilder die

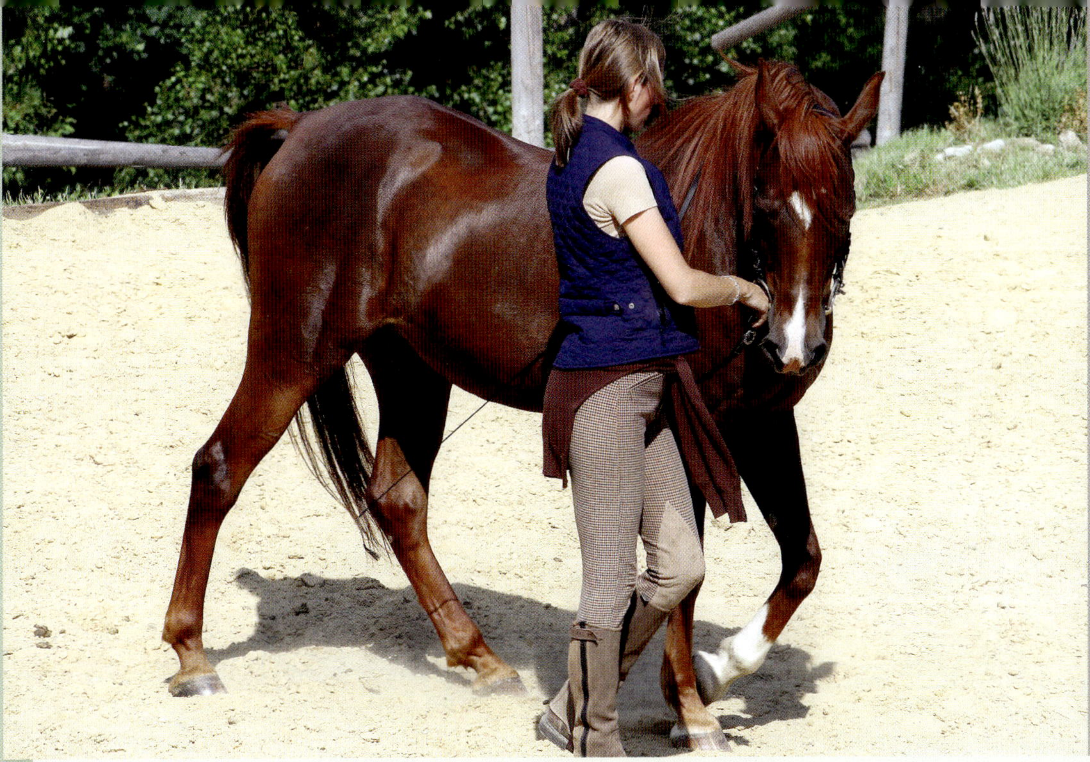

Das Untertreten:

Das Pferd ist perfekt gestellt und gebogen und optimal für das tiefe Treten unter seinen Schwerpunkt vorbereitet. Die Gerte animiert nun den inneren Hinterfuß, …

… tief unter den Körperschwerpunkt zu setzen und mehr Gewicht aufzunehmen. Die Balance des Pferdes verbessert sich durch diese Übung enorm.

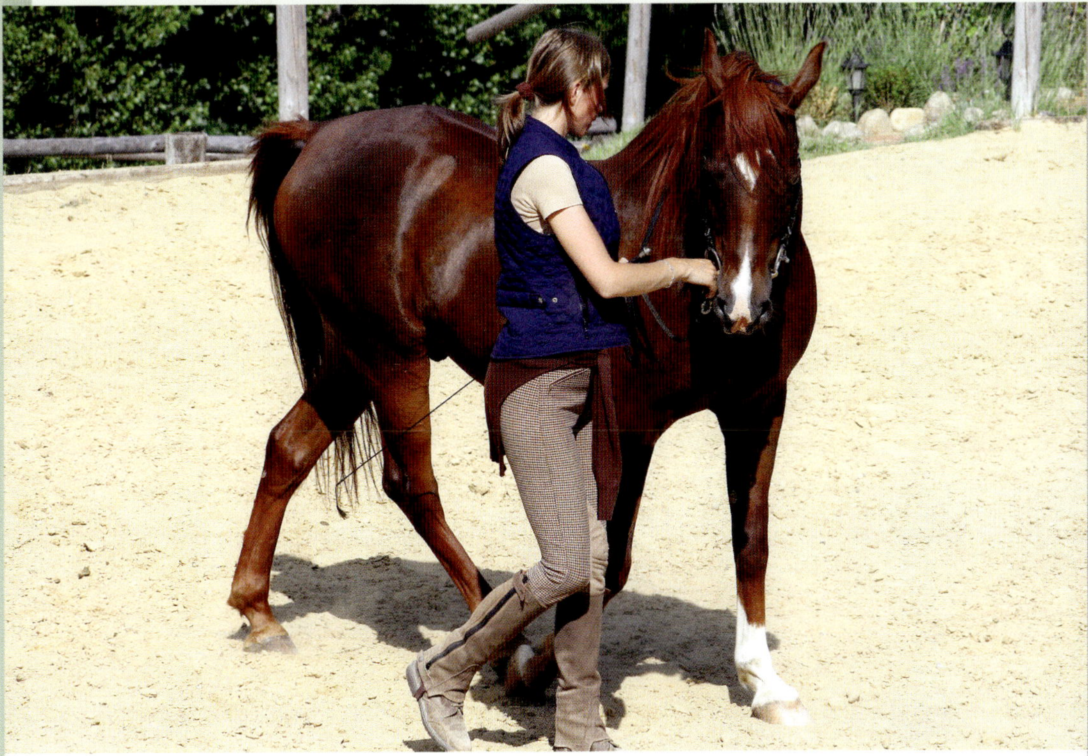

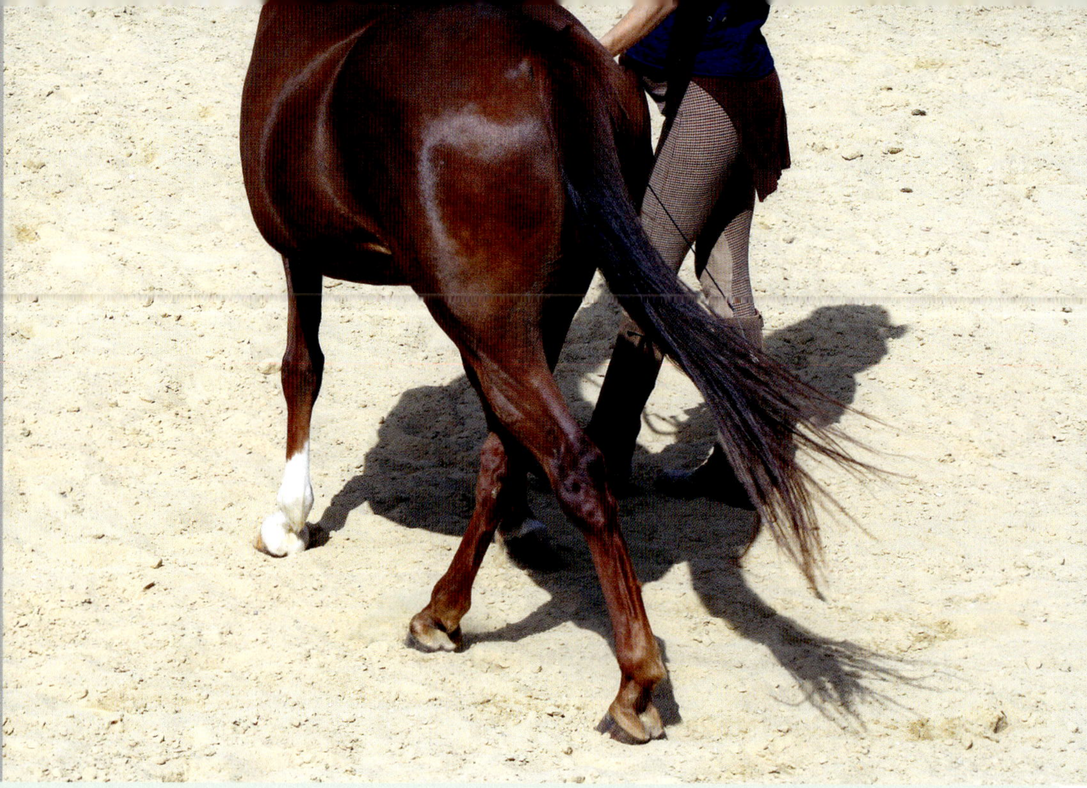

Die Hinterhand tritt dank der Hüftstellung unter den Körper, das innere Hinterbein findet seinen vorbestimmten Ort – genau dort gehört es hin!

Chance, darauf einzuwirken. Hat das Pferd das Bein am Boden, belastet es dieses und kann so unmöglich unterstützt werden.

Beim Reiten wird allzu oft die Schenkelhilfe im absolut falschen Moment gegeben, und man wundert oder ärgert sich, dass das Pferd nicht oder nur unzureichend reagiert. Aus der Sicht des Pferdes aber bekommt es eine Hilfe, der es aus anatomischen Gründen gar nicht Folge leisten kann. Um dieses Missverständnis aufzuklären, müsste der Reiter die Bewegung seines Pferdes erspüren und jederzeit wissen, in welcher Phase sich die Hinterbeine befinden – was gar keine so einfache Übung ist. Bei der Handarbeit dagegen sieht man das Pferd, man kann erkennen, wann das jeweilige Hinterbein nach vorn tritt und so beeinflussbar wird.

Wie die Schenkelhilfe darf auch die Gertenhilfe nicht zu einem andauernden Druck werden, sondern muss in dem Moment, wo sich das innere Hinterbein in der Stützphase befindet, wieder nachgeben.

Problem:
Das Pferd reagiert nicht

Das Timing muss wie besprochen stimmen, damit das Pferd der Aufforderung des Ausbilders Folge leisten kann. Wenn es auf die hineintreibende Gertenhilfe an der Schenkellage nicht reagiert, kann man zur Unterstützung auch die Hand einsetzen. Die meisten Pferde reagieren darauf viel besser als auf die Gerte.

Durch die flache Hand steigen die Variationsmöglichkeiten der Hilfengebung: Man kann einen einzelnen Finger benutzen und das Pferd ein wenig „kitzeln“ oder die gesamte Handfläche einsetzen, die eine größere Druckfläche erzeugt. Diese Möglichkeiten sollen aber im Laufe der Zeit, wenn das Pferd ihre

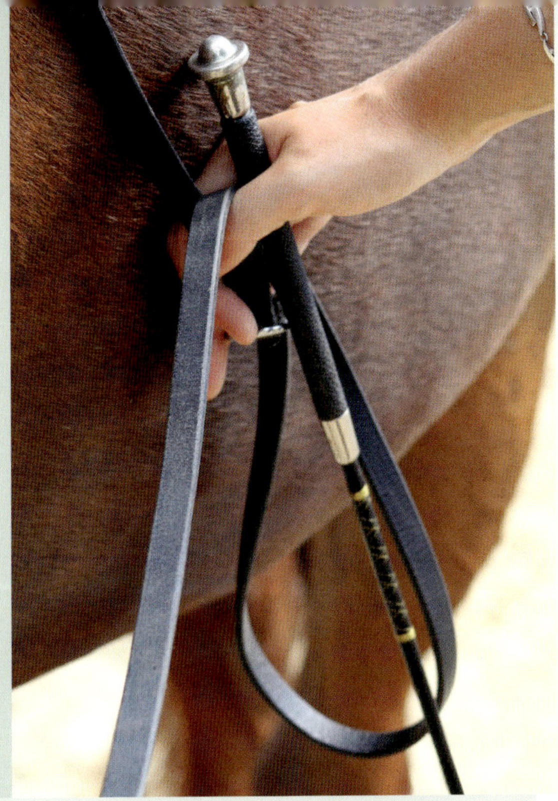

Die Gerte und die Handaußenseite berühren das Pferd.

Funktion verstanden hat, wieder durch die Gertenberührung ersetzt werden.

Damit sich das Pferd nicht aufregt, soll die Gerte im gesamten Ausbildungsverlauf nicht als Strafe, sondern als Hilfe benutzt werden. Wenn das Pferd also nur ungenügend reagiert, dann greift man auf die Handhilfe zurück.

Das Touchieren mit der Gerte an der Hinterhand ist in diesem Stadium nicht erwünscht, es ruft bei den meisten Pferden einen eher kürzeren Tritt hervor. Ausnahmsweise darf es verwendet werden, wenn das Pferd einzuschlafen droht, zu faul ist und nicht mit dem Menschen mitkommt. Dann kann man die Hinterhand durch kurze und schnelle Berührungen „beleben" – zum Untertritt ist diese Hilfe aber kontraproduktiv.

Alternativ kann man auch die Handinnenseite, sogar ohne Gerte, benutzen.

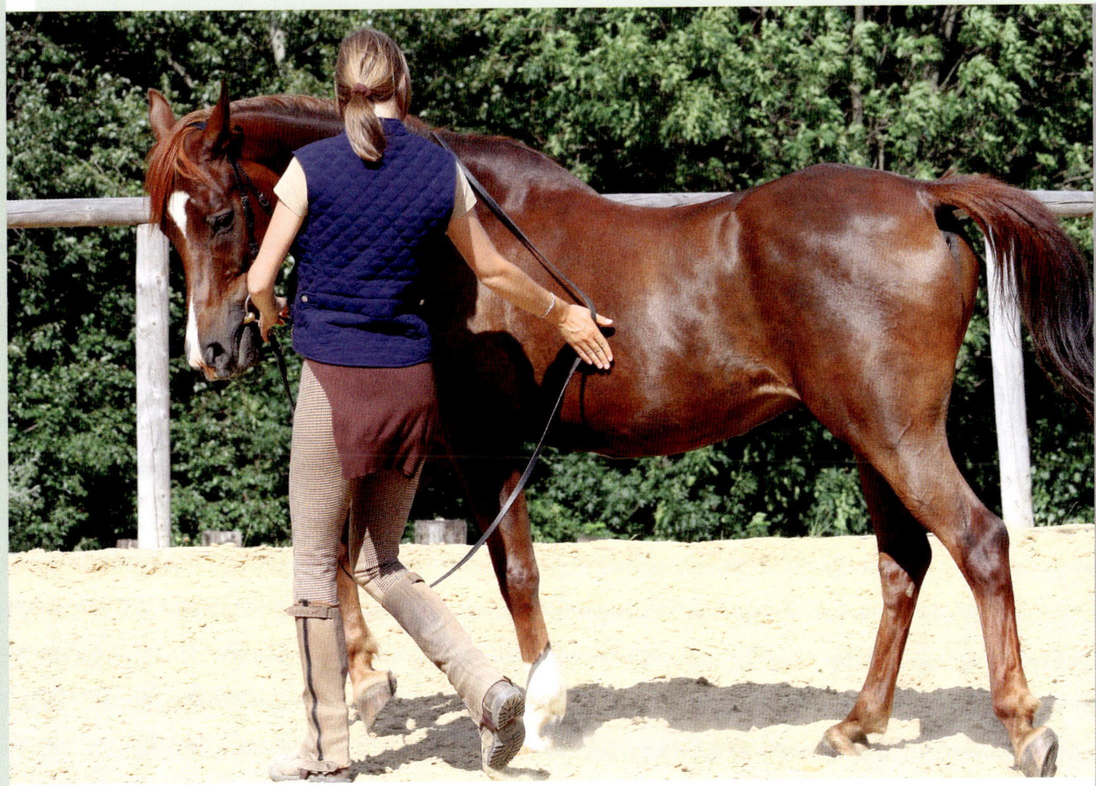

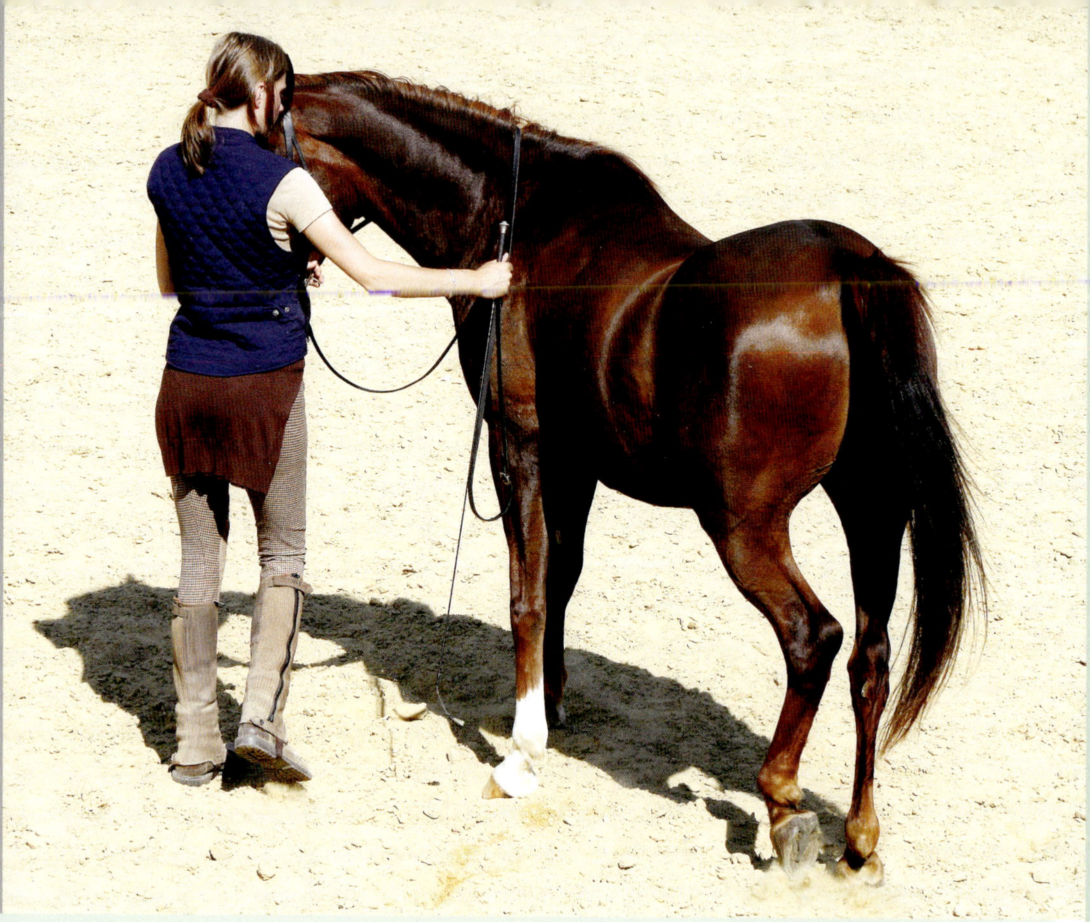

Das Hinterbein tritt hinter dem Schwerpunkt vorbei, das Pferd tritt zu kurz.

Problem:

Das Pferd tritt hinter dem Schwerpunkt vorbei

Wie in der Grafik zum Schwerpunkt gezeigt, sind die Hüftstellung und die sich dadurch ergebende Richtung des inneren Hinterbeins ausschlaggebend für eine korrekte Biegung in der Volte. Das Pferd muss einen langen Schritt tief unter seinen Körper machen – ein Schritt hinter dem Schwerpunkt vorbei wird wegen der Bewegungsmotorik nur ein kurzer Schritt.

In den meisten Fällen liegt die Ursache in einer zu heftigen Reaktion auf die Gerte. Das Pferd schiebt die gesamte Kruppe nach außen, die Hinterhand „überholt" die Vorhand. Als Gegenmaßnahme muss man die Vorhand besser nach außen bringen und die treibende Hilfe feiner dosieren.

In dem Moment, wo man auf die Schultern des Pferdes zugeht, bleibt die Gerte passiv, damit die Hinterhand nicht mit hinausgenommen wird. Gleichzeitig muss man sorgfältig auf ein zügiges Tempo des Pferdes achten. Eine zu starke Biegung muss durch das Begrenzen mit dem äußeren Zügel verhindert werden.

Das Ausfallen der Hinterhand ist bei der Handarbeit ein gravierender Fehler, der nur sehr schwer zu korrigieren ist, denn der äußere Schenkel des Reiters kann nicht ersetzt werden. Nur die Bande und die Kontrolle über den Hals und die Schultern helfen dem Ausbilder (siehe auch „Wie viel Biegung ist richtig?" auf Seite 77).

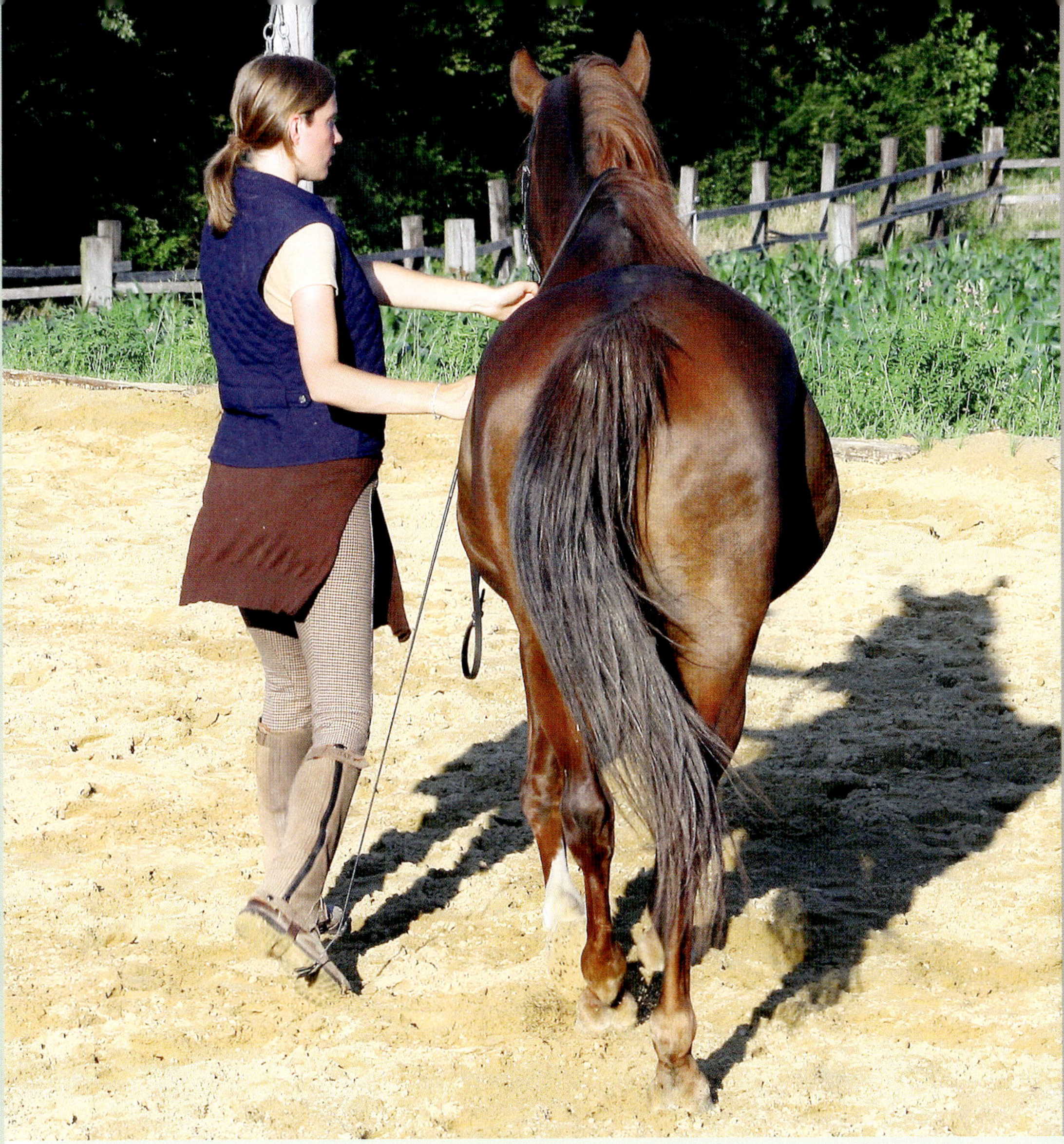

Aufgrund zu geringer Biegung und zu wenig vor- und untertreibender Hilfen tritt das Pferd mit seinem linken Hinterbein innen am Schwerpunkt vorbei.

Problem:
Das Pferd tritt innen am Schwerpunkt vorbei

Meist eine Folge zu geringer Biegung ist das Vorbeitreten des Hinterbeins innen am Schwerpunkt. Die Korrektur beschränkt sich auf ein vermehrtes und besseres Vortreiben der Hinterhand bei gleichzeitiger Wiederherstellung einer losgelassenen Biegung.

Man muss das Pferd wieder geduldig stellen und biegen, die Gerte oder die Hand gezielt beim Vergrößern der Volte einsetzen und so das Pferd zur richtigen Positionierung von Hüfte und Vorhand bringen.

Wie tief ein Pferd unter seinen Schwerpunkt treten kann, ist auch von seinem Exterieur abhängig. Kurze Beine und eine schlechte Winkelung der Hinterhand erschweren das weite Vortreten. Deshalb ist es sehr wichtig, die anatomischen Grenzen des eigenen Pferdes zu erkennen.

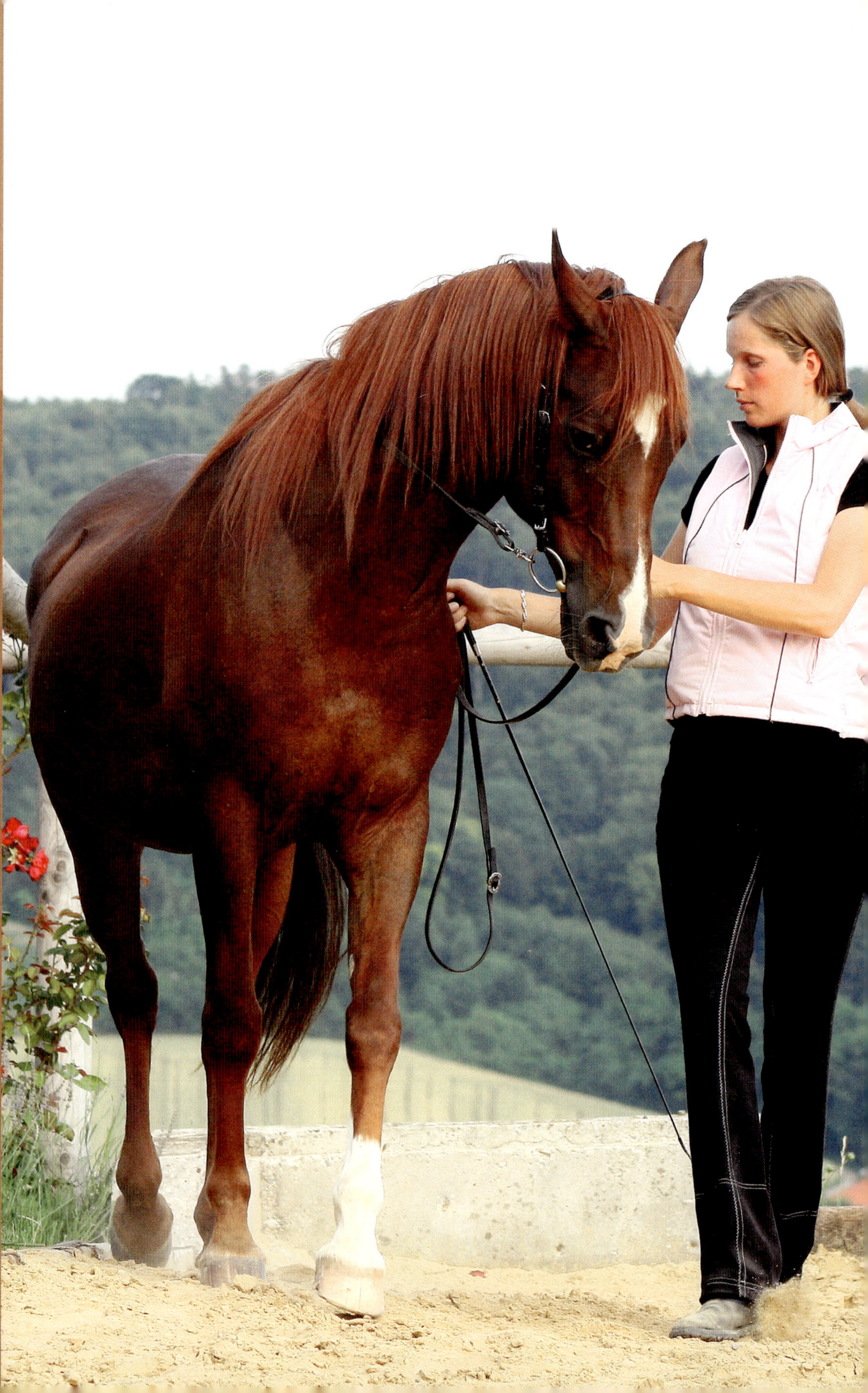

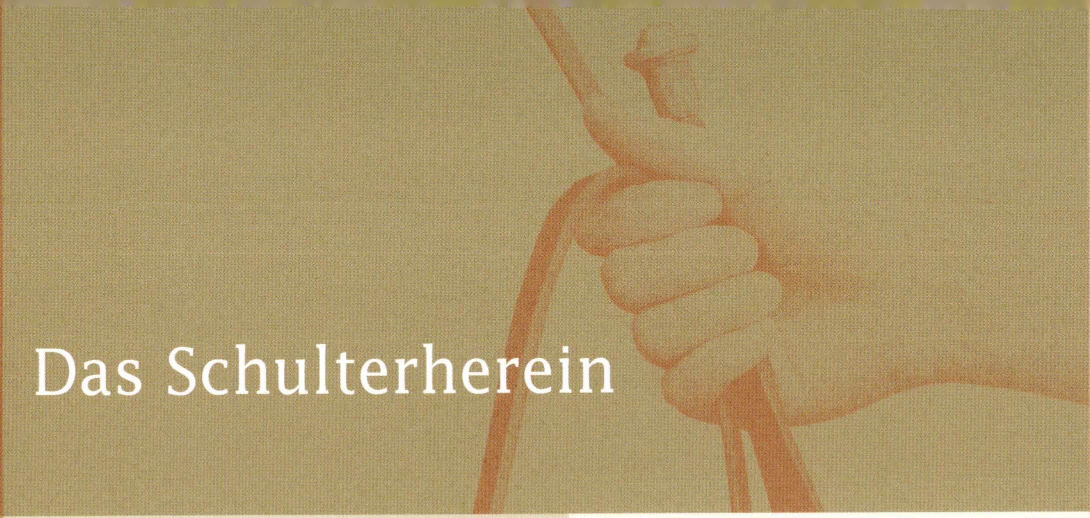

Das Schulterherein

Die Schlüssellektion

Das Schulterherein gilt als die Schlüssellektion der Gymnastizierung für das Pferd. Es löst und lockert die Schultern, trainiert die Tragkraft der Hinterhand, macht die Hüfte des Pferdes noch beweglicher und verfeinert die Hilfengebung.

Im Laufe der Geschichte der Reiterei ist schon eine Menge über das Schulterherein geschrieben und gesagt worden. Der Herzog von Newcastle hat vor fast 400 Jahren das erste Mal ein Schulterherein auf einer Volte beschrieben, der französische Reitmeister François Robichon de la Guérinière hat diesen Seitengang modifiziert und auf eine Gerade gelegt, um die Schultern des Pferdes noch besser lösen und lockern zu können. Gustav Steinbrecht hat die wohl genaueste Abhandlung über das Schulterherein geschrieben, die bis in unsere Zeit gültig ist.

Heute streitet man sich über die korrekte Abstellung des Pferdes – drei oder vier Hufspuren – und lässt aus dieser Einstellung oft eine eigene Ideologie erwachsen. Für die Handarbeit stellt sich diese Frage nicht: Die richtige Ausführung und das zu erreichende Ziel geben die Abstellung vor.

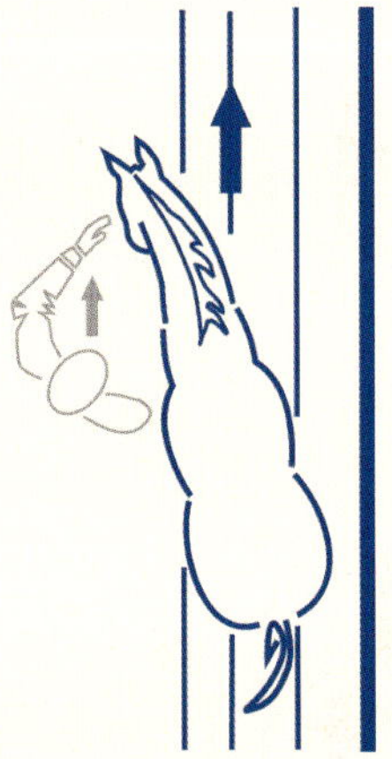

Schulterherein auf drei …

… und auf vier Hufspuren.

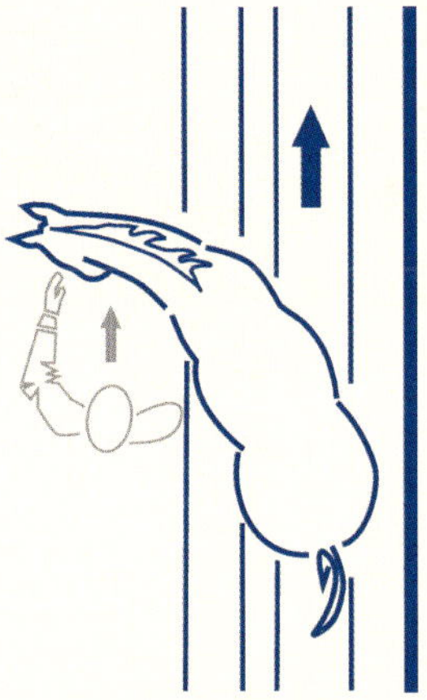

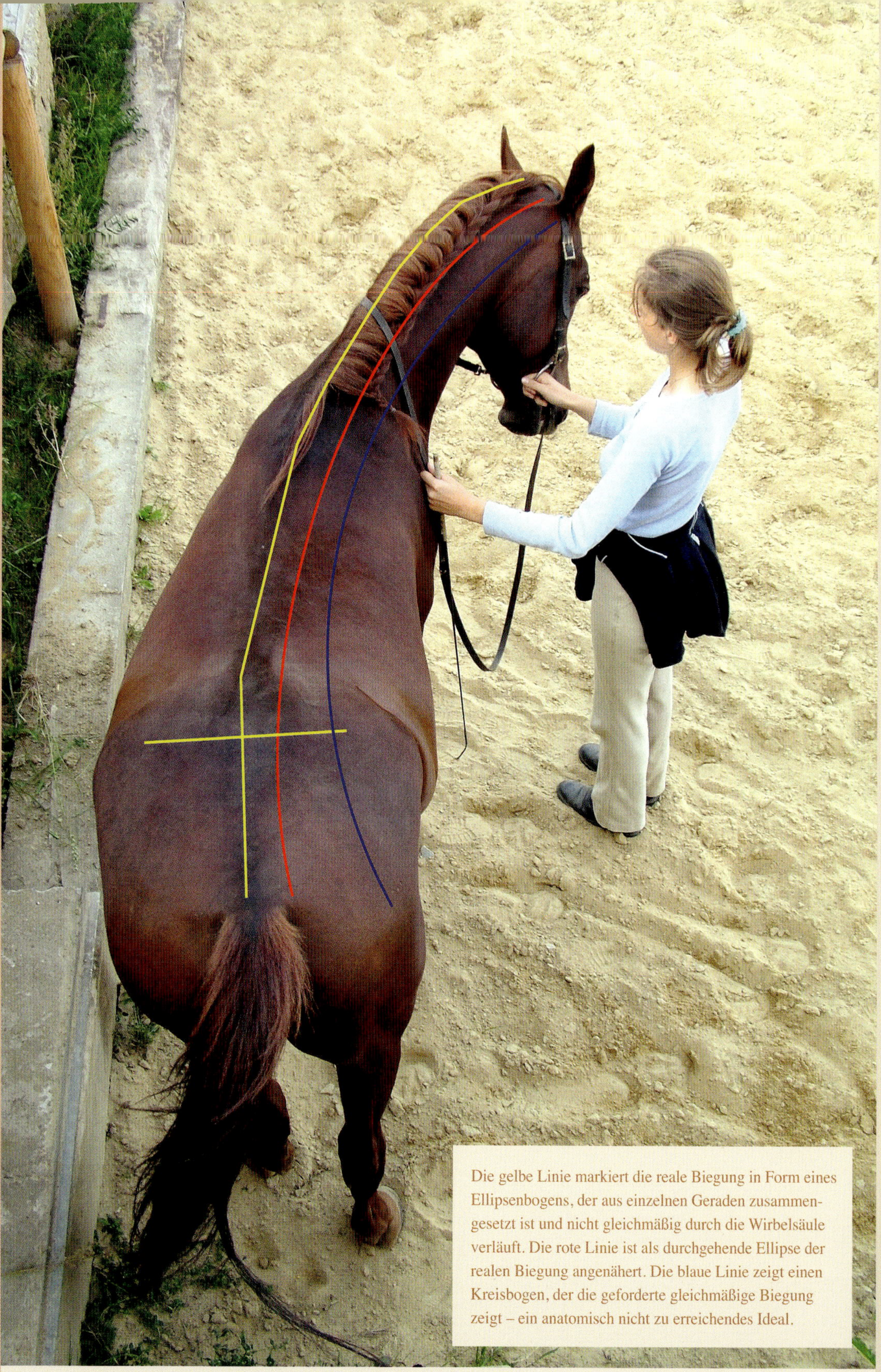

Die gelbe Linie markiert die reale Biegung in Form eines Ellipsenbogens, der aus einzelnen Geraden zusammengesetzt ist und nicht gleichmäßig durch die Wirbelsäule verläuft. Die rote Linie ist als durchgehende Ellipse der realen Biegung angenähert. Die blaue Linie zeigt einen Kreisbogen, der die geforderte gleichmäßige Biegung zeigt – ein anatomisch nicht zu erreichendes Ideal.

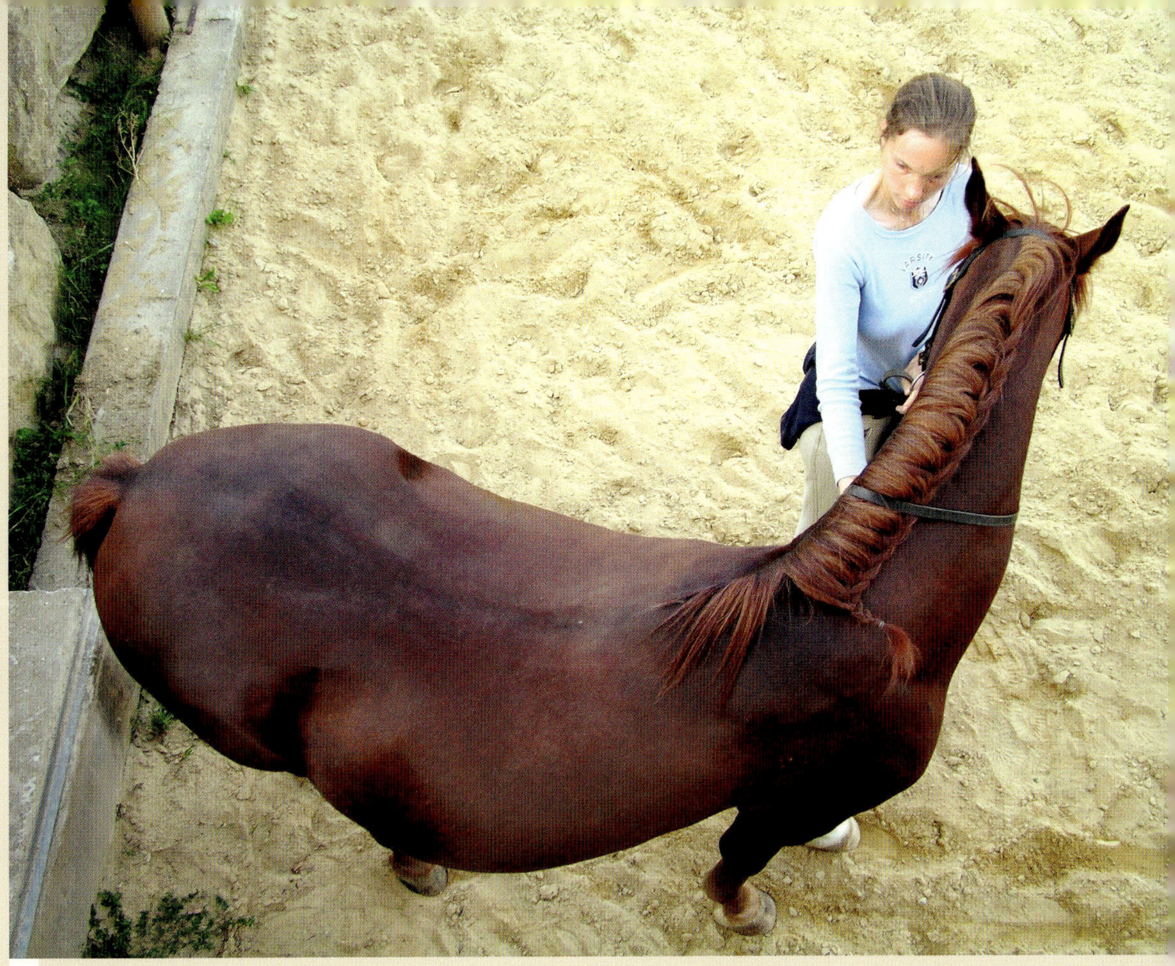

Eine große Biegung im Halsbereich kann unmöglich durch das gesamte Pferd laufen. Der elliptische Bogen geht verloren.

Gleichmäßige Biegung?

Als eine der grundlegendsten Forderungen für das Schulterherein gilt eine gleichmäßige Biegung, die durch das gesamte Pferd gehen soll. So schön dies in der Theorie klingt, so illusorisch ist es in der Praxis. Ein Pferd kann sich unmöglich komplett gleichmäßig in der Wirbelsäule biegen. Gerade im Bereich der Brustwirbelsäule ist die seitliche Beweglichkeit minimal. Der Bereich um den Widerrist ist fast gar nicht biegsam, der der Halswirbelsäule im Gegensatz dazu sehr. Die Biegung entspricht eher einer Ellipse als einem Kreisbogen.

Immerhin kann man dem Leitsatz der gleichmäßigen Biegung entnehmen, dass die Schulter in die Bewegung mitgenommen werden muss, auch wenn die Biegung im Hals größer ist als im Brust- und Lendenbereich. Das Pferd darf nicht einfach sein Gewicht über die äußere Schulter schieben.

Eine starke Halsbiegung ist trotzdem nicht kontraproduktiv, sondern erinnert sehr an die Basisarbeit im Stand. Die Außenseite der Muskulatur wird gedehnt und gelockert, die Halsmuskulatur trainiert. Auch wenn die Biegung vor dem Widerrist aufhört, kann sie für das Pferd hilfreich sein – zum Lösen und Lockern. Solange sich die Bande an der Außenseite des Pferdes befindet, muss man ein Ausfallen der

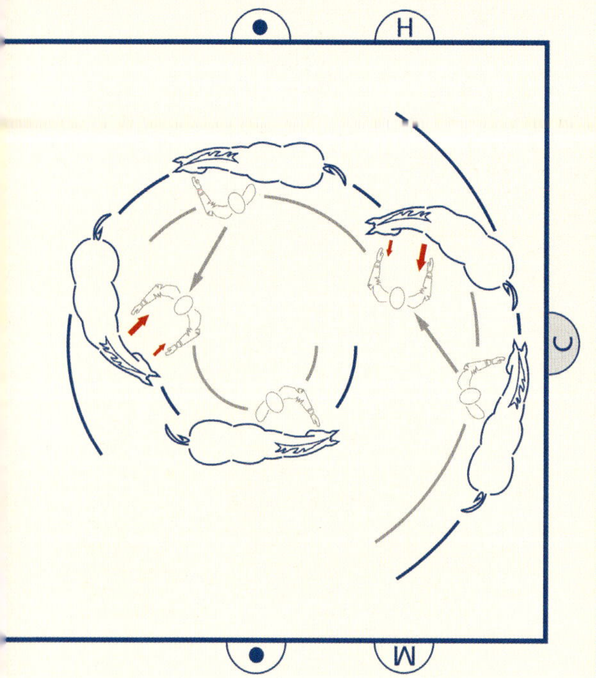

Der Moment, in dem man das Pferd zu sich führt, bringt den gewünschten Lernerfolg – die Zügel führen die Schultern nach innen. Auf dem nächsten kleineren Kreisbogen kann man das Pferd wieder neu stellen und biegen, um anschließend wieder die Schultern zu sich zu bringen. Die gestreckten Arme gewährleisten, dass man dem Pferd genügend Platz lässt.

Hinterhand auch nicht befürchten. Für die Seitengänge ist diese Biegung viel zu groß, denn so würde genau das passieren, was man verhindern will: das Ausfallen über die Schulter.

Die Seitengänge enthalten keine großen Halsbiegungen mehr, diese gehören zur Basisarbeit. Man kann aber jederzeit darauf zurückgreifen, wenn sich das Pferd allzu sehr verspannt und deshalb nicht mehr losgelassen in den Seitengängen arbeitet.

Bei den Seitengängen selbst wird die Bedeutung des äußeren Zügels zur Begrenzung der Halsbiegung wie beim Reiten im Laufe der Zeit immer wichtiger. Der gewaltige Vorteil der Handarbeit ist, dass man auch mit der inneren Hand die Biegung verringern kann.

Vorbereitung

Durch das Stellen und Biegen sowie durch das Untertreten der Hinterhand auf der Volte ist das Pferd perfekt darauf vorbereitet, in dieser Balance auf eine gerade Linie zu wechseln. Der Großteil der Arbeit ist also schon getan: Der Ausbilder kann auf einer gebogenen Linie dem Pferd die Schultern nach außen verschieben und die Hinterhand untertreten lassen. Jetzt ist es an der Zeit, die Schultern nach innen zu holen, wie es der Ausdruck „Schulterherein“ schon sagt.

Man bedient sich dazu der Lektion „Verkleinern des Zirkels“. Diese spezielle Übung findet ihren Sinn darin, dass man über die Verschiebung der Vorhand dem Pferd die Wirkung des äußeren Zügels verdeutlichen kann. Der Fokus liegt bei dieser Lektion auf den Schultern des Pferdes – die Hinterhandaktivität kann vorerst vernachlässigt werden. Das Pferd muss lernen, dass der Ausbilder die Schulter mit Innenstellung und -biegung zu sich hereinholen kann.

Dazu geht der Ausbilder mit seinem Schützling auf einen Zirkel, stellt und biegt das Pferd und beginnt nun, den Kreisbogen zu verkleinern. Gleichzeitig nimmt er die Schultern des Pferdes mit Innen- und Außenzügel zu sich weiter nach innen. Dabei darf man ruhig beide Arme etwas strecken, um sie dann mit den Pferdeschultern gemeinsam wieder zu sich zu bringen. Das Verkleinern geschieht bei dieser

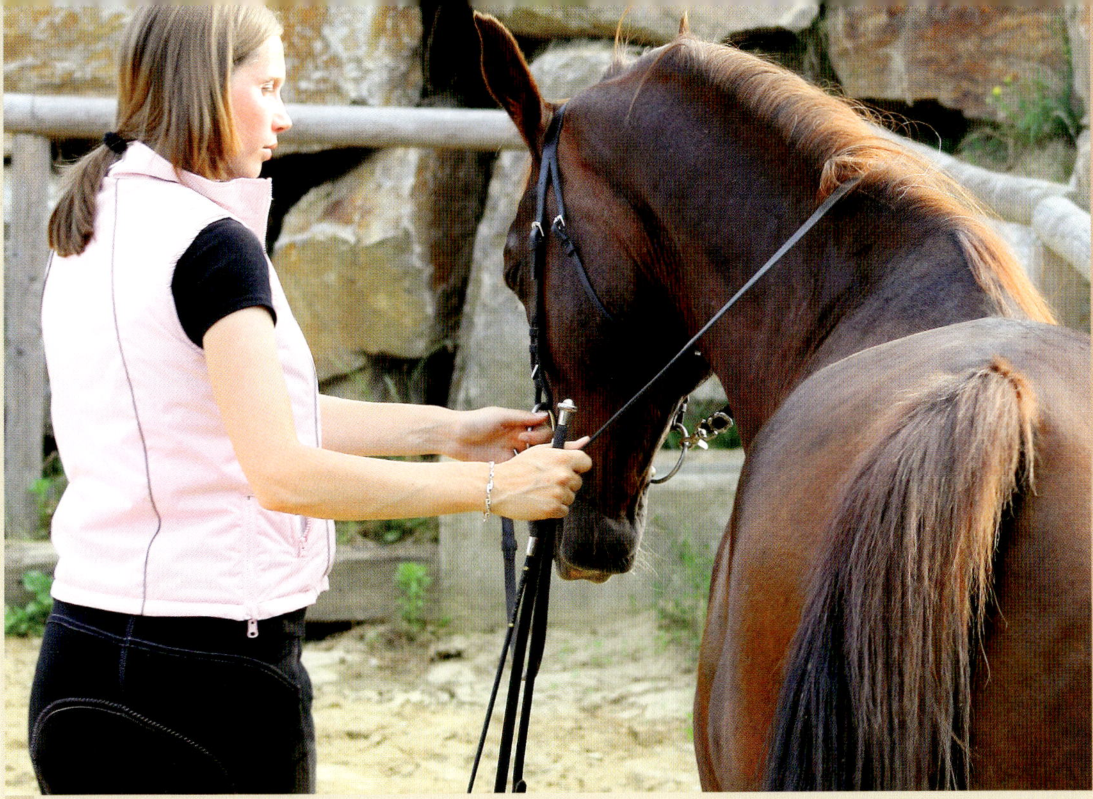

Abstand und gestrecktere Arme halten die Pferdeschultern zuerst draußen …

… und bringen sie dann nach innen.

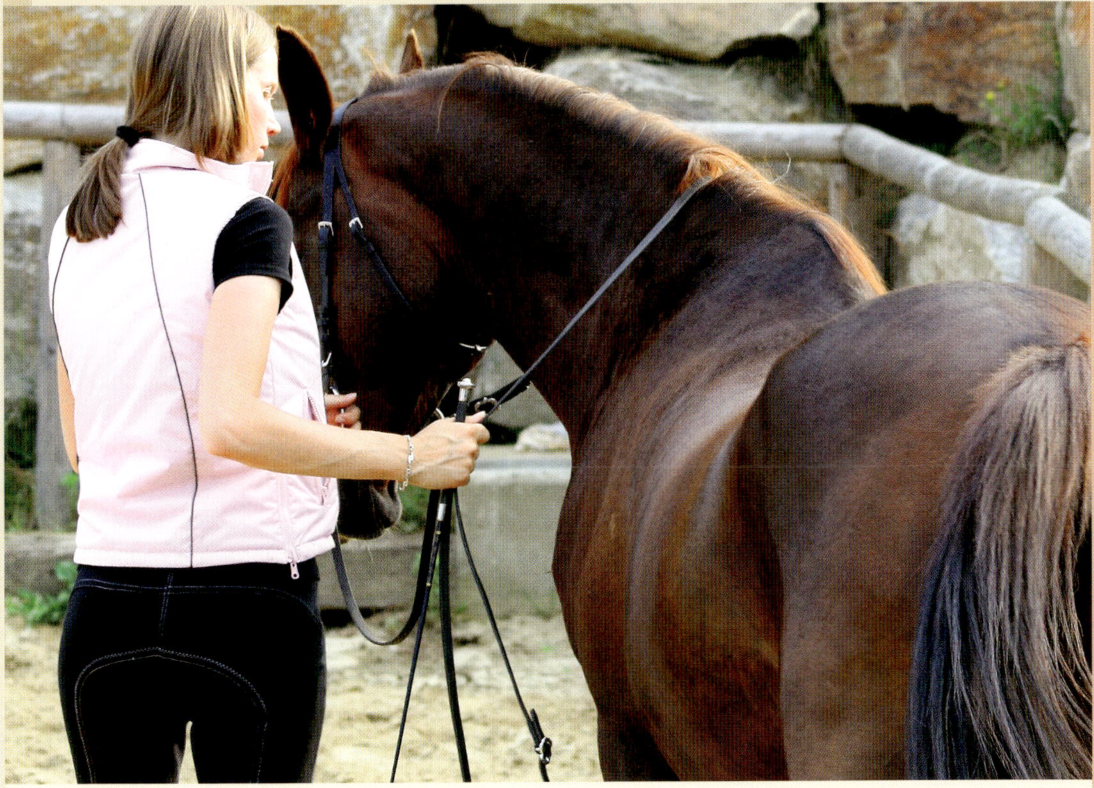

Übung nicht allmählich, sondern in Intervallen: Kreisbogen – Hereinführen der Schultern – Kreisbogen – Hereinführen der Schultern und so weiter.

Ausführung

Nun ist es so weit: Die Schultern des Pferdes lassen sich nach innen und nach außen verschieben, das Hinterbein kann man zum Vortreten anregen. Das Pferd ist jetzt bereit, das Schulterherein auf gerader Linie auszuführen.

Eine Möglichkeit zur Entwicklung dieses Seitengangs besteht darin, von einer Biegung auf dem Zirkel auf eine Gerade zu wechseln. Dabei muss man als Ausbilder nur die Bewegungsrichtung ändern und die auf dem Kreisbogen entwickelte Biegung erhalten.

Das Pferd soll sich auf dem Zirkel korrekt stellen und biegen. Wenn der Mensch nun am Hufschlag ankommt, macht er noch einen Schritt weiter in die Bahnmitte, holt dadurch die Schultern des Pferdes zu sich herein und geht dann parallel zur Bande weiter. Die Gerte oder die Hand kommt an die Gurtlage des Pferdes, damit das innere Hinterbein geradeaus unter den Schwerpunkt tritt – dies geschieht ganz automatisch bei der Richtungsänderung, wenn die Schultern des Pferdes weiter in der Bahn sind als die Kruppe.

Nach den ersten Tritten im Schulterherein kann man nach einem kräftigen Lob wieder auf einen Zirkel gehen und so die Übung abschließen.

Der Zirkel ist auch eine gute Hilfe, wenn das Pferd im Schulterherein im Genick zu hoch kommt und sich in der Halsmuskulatur verspannt. Ein solches Pferd wird dann zunächst auf einem Zirkel wieder im Abwärts gelöst, bevor mit der Lektion neu begonnen wird.

Man kann das Schulterherein auch aus einer Volte oder Ecke entwickeln. Der Grad der

So lässt sich das Schulterherein aus dem Zirkel heraus entwickeln.

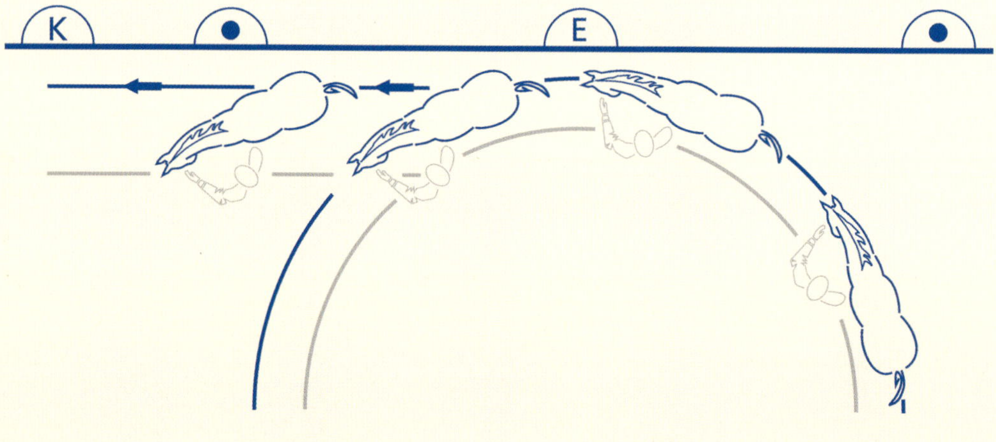

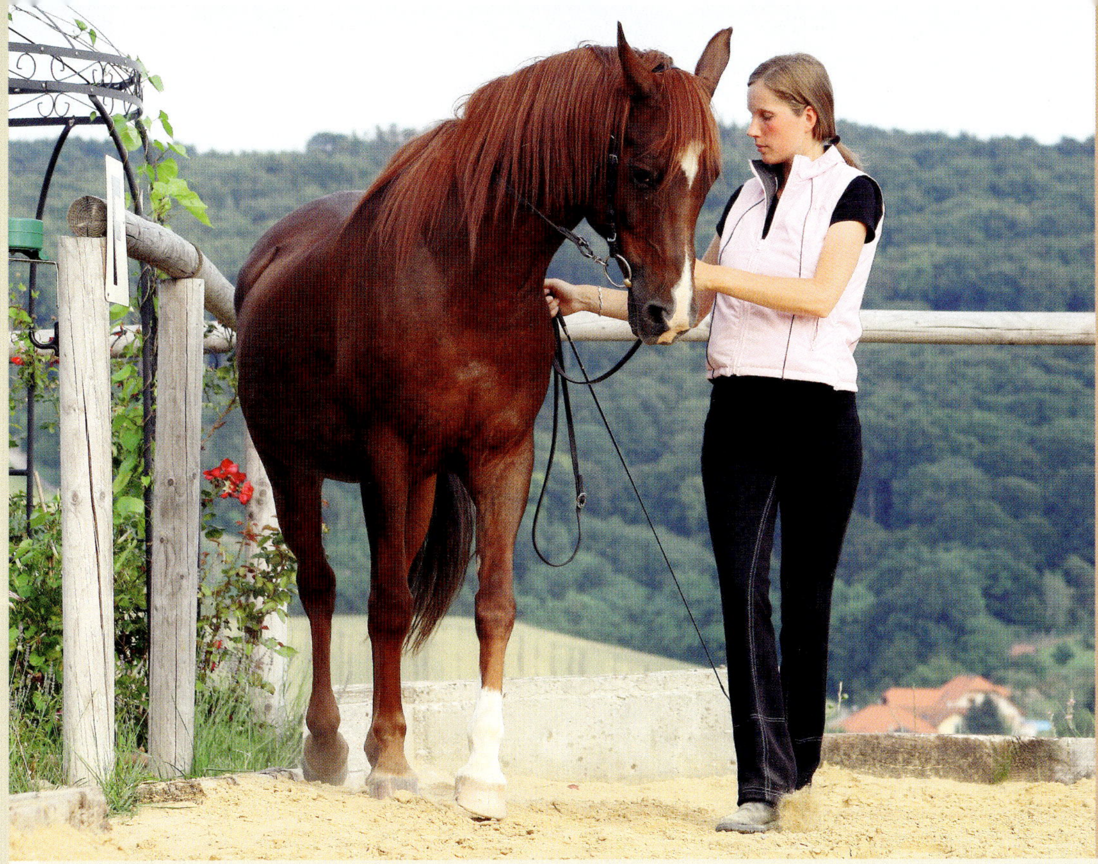

Das innere Hinterbein des Pferdes tritt in Richtung des äußeren Vorderfußes – es befindet sich also auf drei Hufspuren, die Biegung „bricht" nirgends ab, das Pferd schaut in die Bahnmitte, und die Schultern befinden sich etwa in einem 30-Grad-Winkel zur Bande.

Biegung der vorhergehenden Hufschlagfigur bestimmt dann das Schulterherein. Da das Pferd auf einer Volte viel stärker gebogen ist, wird es, ohne diese Biegung aufzugeben, ein Schulterherein auf vier Hufspuren anbieten: „In der vorhergehenden Lektion liegt schon die nächste begründet." Dieser Leitsatz zieht sich wie ein roter Faden durch die Ausbildung, und so kann man schon im Vorhinein erkennen, wie die Qualität der nachfolgenden Übung sein wird. Deshalb ist es umso wichtiger, das Schulterherein sehr sorgfältig vorzubereiten.

Bei Pferden, die dazu neigen, über die Schulter auszubrechen, ist dieser Seitengang nicht selten eine große Herausforderung. Sie dürfen sich nicht überbiegen, damit die Schultern wirklich auf den zweiten Hufschlag kommen. Die Anlehnung am äußeren Zügel muss unbedingt durch die innere Hand unterstützt werden. Wenn die Vorhand in Richtung Bahnmitte genommen wird, muss die Führung der Zügel eindeutig und präzise sein. Ansonsten biegen diese Pferde nur den Hals, bleiben aber mit dem Körper auf einem Hufschlag und legen zusätzliches Gewicht auf die Schultern, was den Sinn der Lektion Schulterherein ad absurdum führt.

Gerade bei großen Warmblütern täuscht allzu oft die Biegung nur ein Schulterherein vor, was vom Sattel aus besonders schwierig zu erkennen ist. Noch immer werden zu häufig die Pferdehälse einfach nach innen gezogen, ohne Kontrolle über die Schultern zu haben.

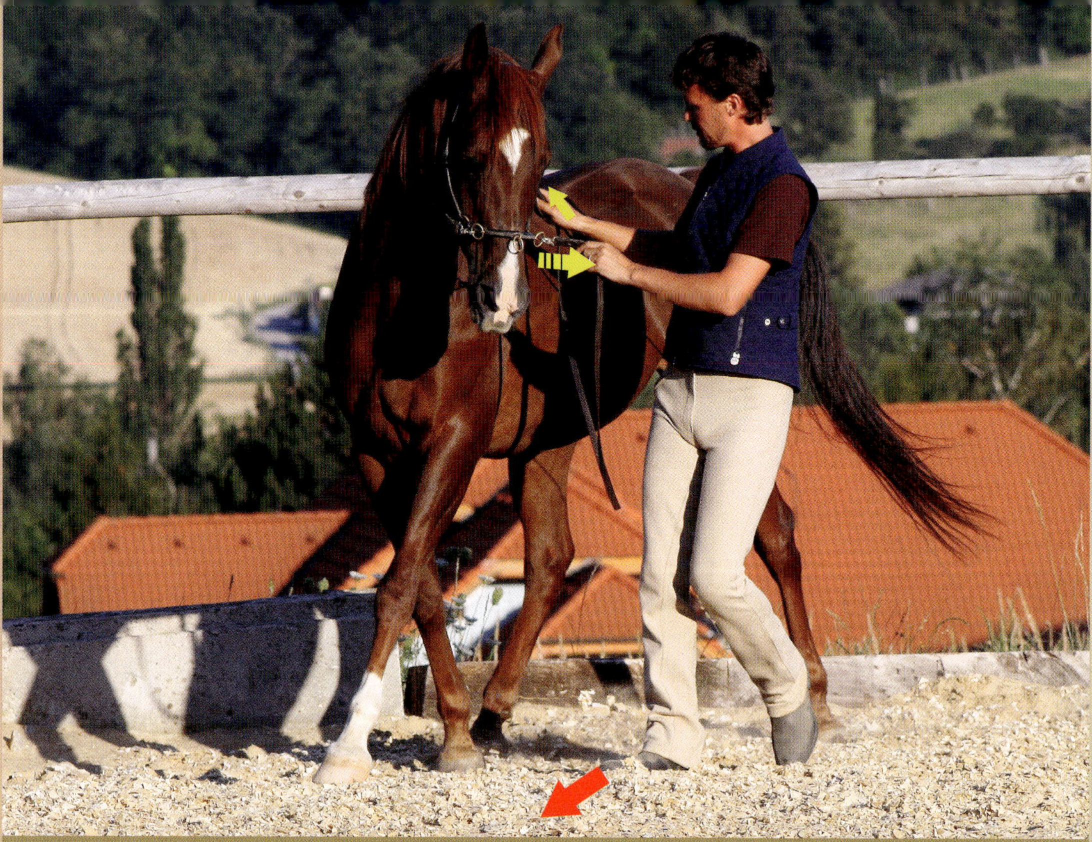

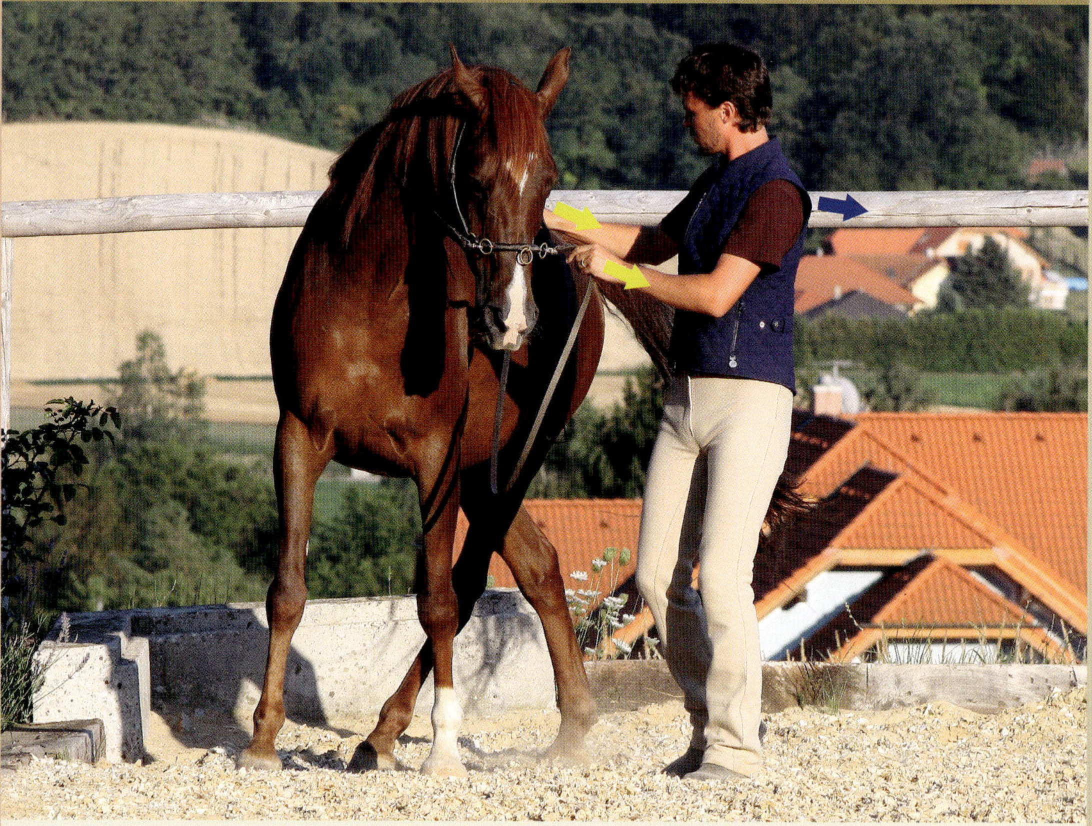

AM KAPPZAUM

Das Schulterherein lässt sich ebenso gut am Kappzaum erarbeiten, wenn das Pferd die Arbeit mit dem gebisslosen Zaum in den Basisübungen bereits kennengelernt hat. Der innere Kappzaumzügel wird zum Stellen und Biegen verwendet, der äußere muss so weit verlängert werden, bis die gewünschte Biegung erreicht ist (gelbe Pfeile). Die Paraden müssen zu einer Selbsthaltung führen, ohne die an ein korrektes Schulterherein nicht zu denken ist. Falls das Pferd sich nicht so gut stellen und biegen lassen will, geht man am besten auf eine Volte und löst auf dieser den Widerstand des Pferdes.

Die Bewegungsrichtung des Ausbilders gibt die des Pferdes vor (roter Pfeil).

Der blaue Pfeil im zweiten Bild deutet an, dass der Ausbilder den Oberkörper etwas zurücknehmen muss, um dem Pferd Platz zu lassen. Dadurch erreicht die Vorhand des Pferdes gar nicht den ersten Hufschlag und entgeht so der Gefahr, an der Bande kleben zu bleiben.

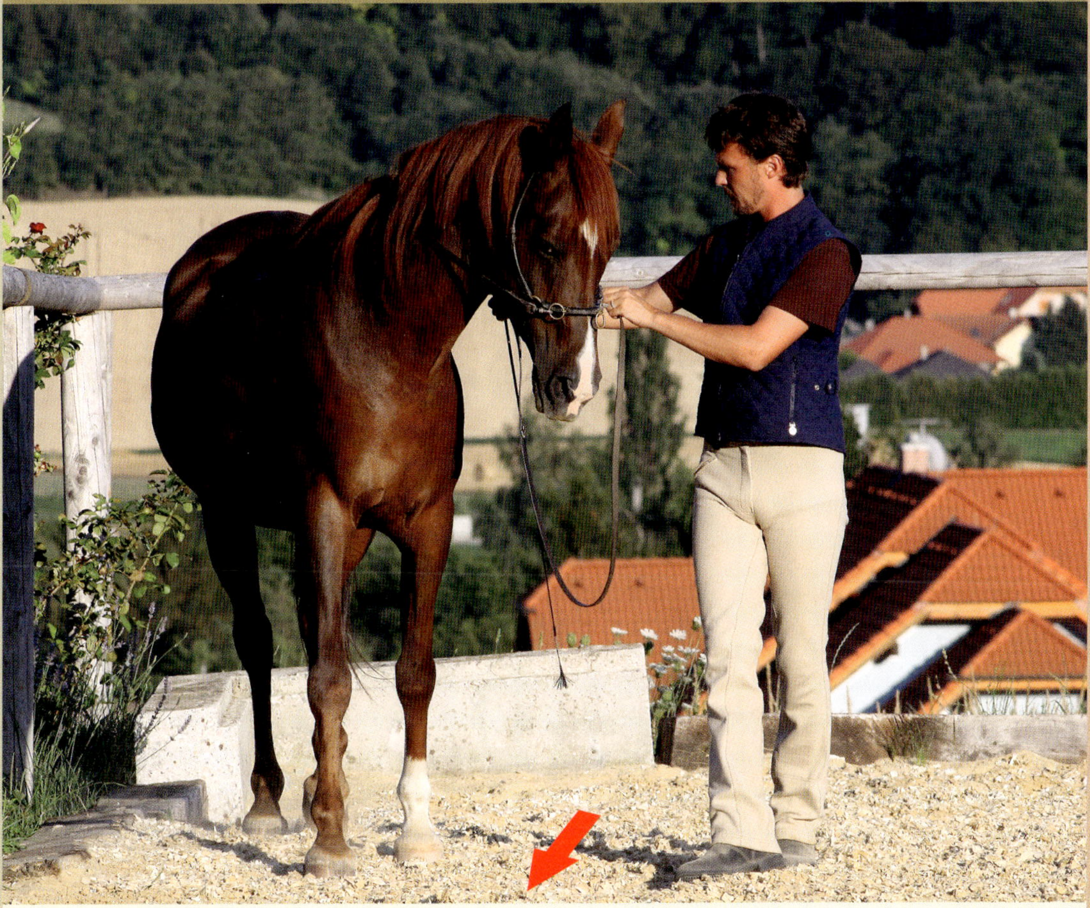

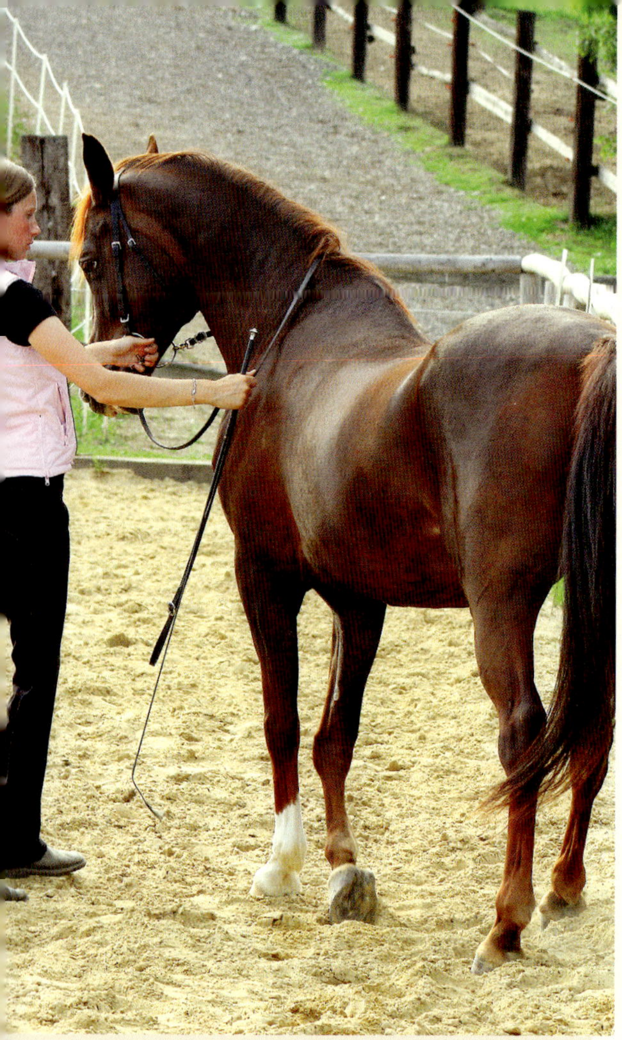

Auch beim Schulterherein auf vier Hufspuren wird das Pferd nicht bedrängt. Der Abstand vom Ausbilder zum Pferd ist so groß, dass die gertenführende Hand genug Bewegungsfreiheit hat, um sehr exakt touchieren zu können. Das Pferd bewegt sich frei und in Selbsthaltung durch diese schwierige Lektion.

Schulterherein auf vier Hufspuren

Beim Schulterherein auf vier Hufspuren sieht man, von hinten betrachtet, dass jedes einzelne Bein eine eigene Hufspur beschreitet – die Schultern sind weit in die Bahn gerichtet (die Schrägabstellung beträgt circa 45 Grad zur Bande).

Vielfach wird diese Ausführung des Schulterherein abgelehnt, doch hat es für die Pferde auch sehr große Vorteile: Die Außenseite des Pferdekörpers wird extrem gedehnt, das Hinterbein tritt zwar nicht mehr in Richtung Schwerpunkt, doch durch die kurzen Tritte unter den Körper. Im Trab kann so auch die Versammlung vorbereitet werden, und bei der Handarbeit ist das Schulterherein auf vier Hufspuren sehr wichtig, da es den Trab vorbereitet, mit dem man vom Boden aus angenehm arbeiten kann. Generell kann man sagen, dass dieses Schulterherein im Schritt durch die große Biegung extrem lösend und im Trab sehr versammelnd wirkt.

Das Konterschulterherein

Beim Schulterherein auf vier Hufspuren kann es vorkommen, dass das Pferd immer wieder in die Bahnmitte drängt, dadurch seine Abstellung aufgibt und dem Menschen den Weg abschneidet. Das einfachste Mittel, dem zu begegnen, ist das Konterschulterherein: Die Bande begrenzt die Richtung, die gertenführende Hand muss die Abstellung des Pferdes erhalten und kann sie gegebenenfalls vergrößern.

Das Pferd ist um den Ausbilder gestellt und gebogen und schaut in Richtung Bande. Die Vorhand befindet sich auf dem zweiten Hufschlag, die Kruppe auf dem dritten. Der erste Hufschlag ist für den Menschen reserviert.

Das Konterschulterherein darf man ruhig in großer Abstellung, auf vier Hufspuren, ausführen lassen. Es unterscheidet sich vom Schulterherein nur in den Ecken. Auf gerader Linie ist es im Prinzip dieselbe Lektion, nur auf einem Kreisbogen entfaltet sich die Wirkung der Konterlektion anders. Hier ist sehr darauf zu achten, dass die Abstellung nicht zu groß wird. Sonst kann das Pferd mit der Vorhand nicht mehr kreuzen und würde stolpern. Der Mensch muss an der Außenseite des Pferdes etwas schneller gehen, weil der Weg ein weiterer ist.

Am besten entwickelt man das Konterschulterherein mit einer Kehrtwendung aus der Ecke am Ende der langen Seite. In dem Moment, wenn die Vorhand nahe am Hufschlag ist, treibt man die Hinterhand seitwärts unter den Pferdekörper – die Hinterhand wird also nicht in die Bahnmitte getrieben, sondern kommt gar nicht erst am Hufschlag an.

Damit die Biegung nicht verloren geht, stellt man sie am besten schon auf der Diagonalen zur Bande her. Wichtig ist, dass das Pferd den Ausbilder auf dem ersten Hufschlag nicht bedrängt. Der Respektabstand muss eingehalten werden.

Durch diese Lektion versteht das Pferd sehr schnell das Schulterherein auf vier Hufspuren und wird dies bald auch zur Bahnmitte hin ausführen können.

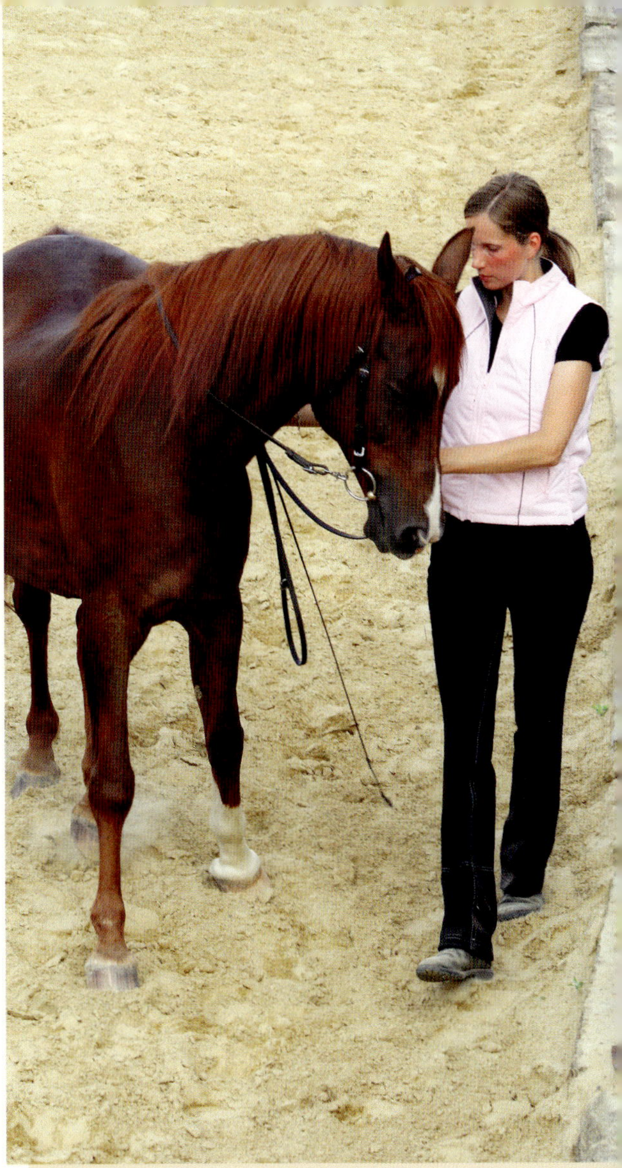

Wichtig beim Konterschulterherein ist, dass das Pferd nicht auf den ersten Hufschlag drängt.

Übungsabfolge zur Weiterentwicklung

In der Handarbeit sind das Schulterherein und das Konterschulterherein sehr wichtig. Gerade die Arbeit auf vier Hufspuren gestaltet sich an der Bande jedoch oft als schwierig, da die Pferde sich durch die Wand häufig etwas bedrängt fühlen. Es empfiehlt sich deshalb, zu Anfang die Abstellung am Hufschlag auf 30 Grad zu beschränken und auf freier Linie die größere Variante zu nehmen. Eine besondere Übung kombiniert diese Elemente und hilft dabei, die Abstellung jederzeit genau bestimmen zu können.

Die Übung setzt sich zusammen aus Schulterherein auf drei Hufspuren, Abwenden auf eine circa 6 Meter große Volte, Schulterherein auf vier Hufspuren auf freier Linie und abschließend einer halben Volte. Sie verlangt die perfekte Koordination der Hilfengebung bei gleichzeitiger Kontrolle des Ausbilders über Schultern und Hinterhand seines Pferdes.

SCHRITT FÜR SCHRITT DURCH DIE ÜBUNG

1. Schulterherein an der langen Seite:
   In der Ecke beginnend, stellt man das Pferd zum Schulterherein auf drei Hufspuren und geht so ein paar Meter an der Bande entlang.
2. Schwenken auf die Volte:
   Nun kommt ein wichtiger Moment: Der Ausbilder muss versuchen, die Hinterhand auf einer halben Volte nach außen zu bringen. Dies entspricht der Übung „Untertreten auf der Volte“ (siehe Seite 83) – mit dem Unterschied, dass er die Schultern nicht nach außen verschiebt, sondern zu sich hereinholt. Die Vorhand ist weiter in die Bahn gerichtet, die Hinterhand geht den größeren Weg. Das innere Hinterbein tritt deshalb etwas hinter dem Schwerpunkt vorbei, damit die Hinterhand näher an die Mittellinie kommt als die Vorhand.
   Die Kombination von Zügeln und Gertenhilfe sieht im Idealfall so aus: Die Innenstellung bleibt noch aus dem Schulterherein erhalten, die beiden Zügel holen die Schultern noch weiter nach innen, und gleichzeitig treibt die gertenführende Hand die Kruppe auf einen größeren Kreisbogen. Die Hinterhand wird so lange „geschwenkt“, bis eine Abstellung erreicht wird, die dem Schulterherein auf vier Hufspuren entspricht.
3. Schulterherein parallel zur langen Seite auf freier Linie:
   Aus dem Schwenken ändert der Ausbilder nun wieder die Richtung und begibt sich auf eine freie Linie parallel zur langen Seite. Das Schulterherein wird nun auf vier Hufspuren fortgeführt. Das Tempo muss unbedingt schon auf der Volte kontrolliert worden sein und darf sich auf freier Linie nicht erhöhen. Paraden am äußeren Zügel, eine beruhigende Stimme und ein bewusst langsames Gehen bringen das Pferd sehr schnell wieder in das gewünschte Tempo. Die Situation erinnert an das Konterschulterherein am Hufschlag, mit dem Unterschied, dass die Bande etwas weiter weg ist und trotzdem noch ihre bremsende Wirkung hat. Wichtig ist, selbst gerade und bestimmt seinen Weg zu gehen, damit das Pferd nicht verunsichert wird.

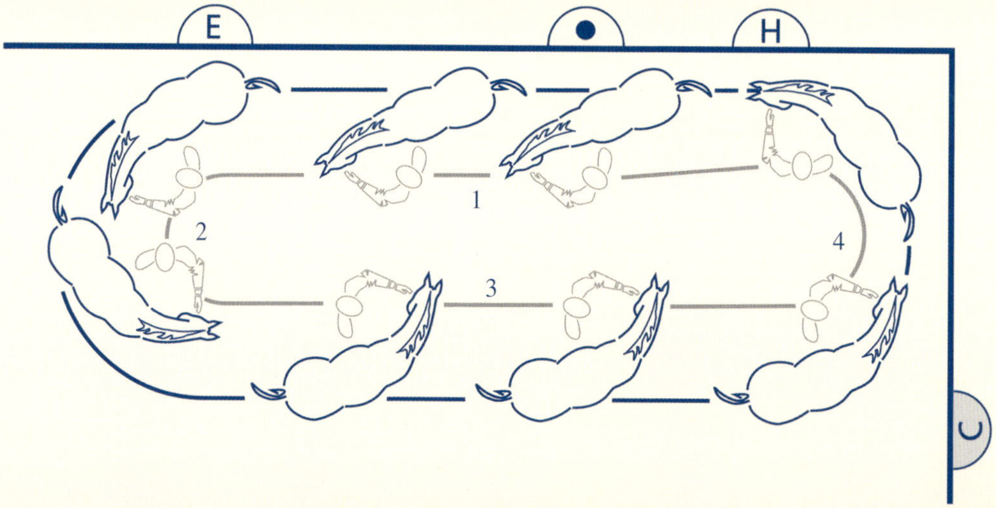

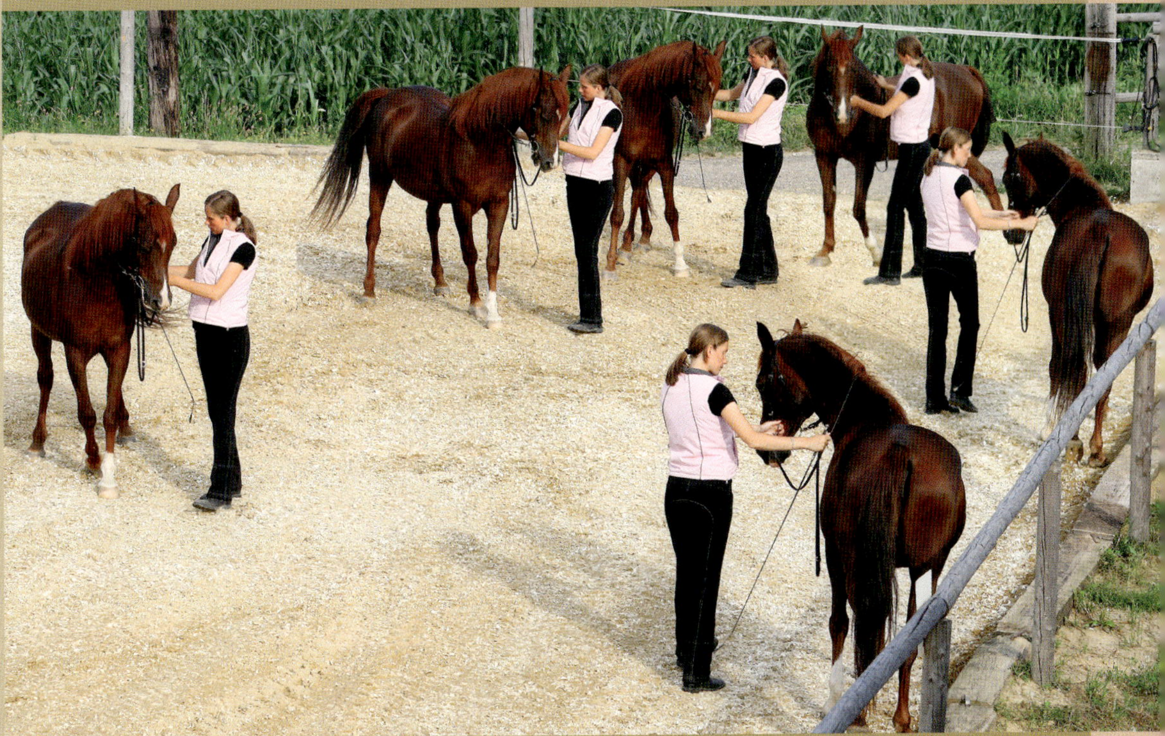

4. Halbe Volte:
   Den Abschluss der Übung bildet eine halbe Volte zurück zum Hufschlag, wo die Übung erneut begonnen werden kann.

   Man darf nicht erwarten, dass das Pferd von Anfang an die Übung in Perfektion ausführen kann. Aber hat es nach einigen Versuchen begriffen, worum es geht, wird ihm die Übung von Mal zu Mal leichterfallen – das gilt übrigens auch für den Menschen, der hier seine fein abgestimmte Hilfengebung trainiert.

   Eine Variation dieser Übung ist die Quadratvolte, bei der die Geraden im Schulterherein jeweils von einer Viertelvolte unterbrochen werden. Die Abstellung im Schulterherein kann von Seite zu Seite variieren, die Ausführung ergibt sich schon in der Viertelvolte.

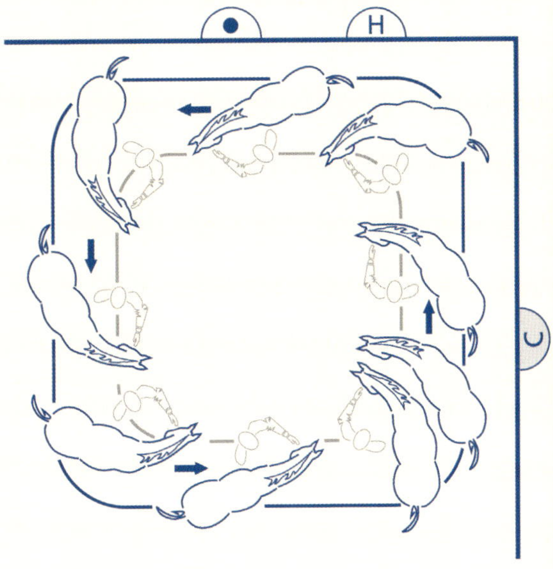

Im Trab

Ein Pferd im normalen Schritt geht normalerweise schon etwas über dem Tempo des Menschen. Durch die Biegungen kann man diese Differenz beseitigen, die Schubkraft wird teilweise in Tragkraft umgewandelt. Der Trab aber ist eigentlich mit einer für den Menschen auf Dauer nicht zu erreichenden Geschwindigkeit verbunden.

Die Lösung des Problems liegt in der Abstellung der Seitengänge und dem dadurch bedingten kürzeren Treten der Hinterhand: je kürzer die Trittlänge, desto geringer die Geschwindigkeit, ohne dass das Pferd schlurft und auf der Vorhand neben dem Menschen herläuft. Als Lektion, um den Trab mit in die Arbeit an der Hand einzuführen, bietet sich das Konterschulterherein an. Die Bande verhindert, dass das Pferd zu sehr nach vorn stürmt, die Gerte kann die Abstellung der Hinterhand kontrollieren und nicht nur seitwärts-, sondern auch vorwärtstreiben.

Die Abstellung auf vier Hufspuren bedingt, dass das Pferd mit den Hinterbeinen kürzer tritt, die Biegung verhindert, dass es sich festmacht, und die Wand kontrolliert das Tempo – so kann man im Notfall auch bei einem stürmisch werdenden Pferd auf harte Paraden gänzlich verzichten.

Die Pferde stellen sich außerdem schnell auf das gewünschte Tempo ein, und der Mensch muss nicht in unkontrollierten Bewegungen hinter dem Pferd herjagen. Er soll nicht im Trab laufen, sondern längere Schritte machen. Ein Laufen animiert die Pferde, noch schneller zu werden, und kann in manchen Fällen den Spieltrieb auslösen.

KURZE REPRISEN

Bei den ersten Versuchen ist es ganz wichtig, das Pferd nur ganz kurz traben zu lassen und, wenn es der Aufforderung nachkommt, sofort die Lektion zu beenden und ausgiebig zu loben.

Das Pferd muss merken, dass es die Trabreprise richtig ausgeführt hat, und wird durch das Lob bestärkt, den Trab immer und immer wieder in genau dieser Manier zu reproduzieren.

Antraben und Durchparieren

Zum Antraben im Konterschulterherein muss man zuerst einmal im eigenen Körper eine größere Spannung aufbauen – als erste Hilfe für das Pferd. Anschließend macht man selbst einen längeren Schritt und gibt ein prägnantes Stimmkommando. Spätestens ein Touchieren mit der Gerte – entweder an der Gurtlage oder ausnahmsweise auch an der Hinterhand – sollte das Pferd antraben lassen.

Die korrekte Abfolge der treibenden Hilfen lassen sich also wie folgt beschreiben:

1. Körperspannung
2. Vorwärtsbewegung
3. Stimme
4. Gerte

Auch hier gilt wieder der Grundsatz: „So viel wie nötig, so wenig wie möglich."

Ganz besonders im Trab ist es wichtig, dass das Pferd den Menschen auf dem ersten Hufschlag nicht bedrängt. Der Respekt vor dem Menschen sollte deshalb schon im Vorhinein geklärt sein. Damit das Pferd mit der Hinterhand

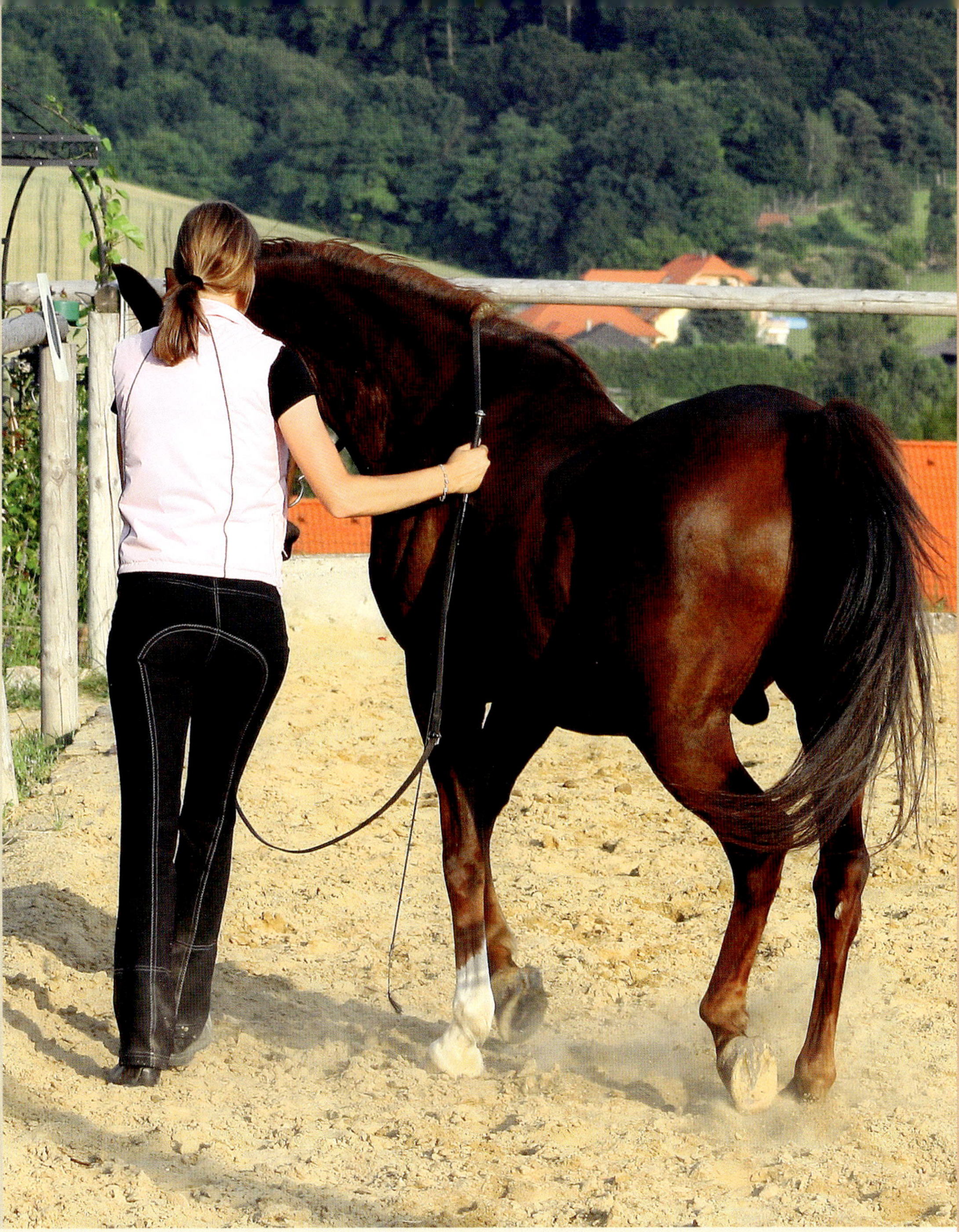

Auch im Trab biegt der innere Zügel weiterhin das Pferd, der äußere Zügel ist in Anlehnung und erhält die erreichte Längsbiegung. Bei diesem im Trab schon gefestigten Pferd wird die Gerte passiv geführt, das Pferd braucht keine Hilfe zum Weitertraben.

nicht auf den Hufschlag drängt, sorgt der innere Zügel für etwas mehr Biegung und die Gerte gleichzeitig für eine größere Abstellung. Das Durchparieren zum Schritt ist mit den Hilfen zur Haltparade vergleichbar. Meist genügt ein tiefes Ausatmen, unterstützt durch ein lang gezogenes Stimmkommando wie „Scheee-ritt".

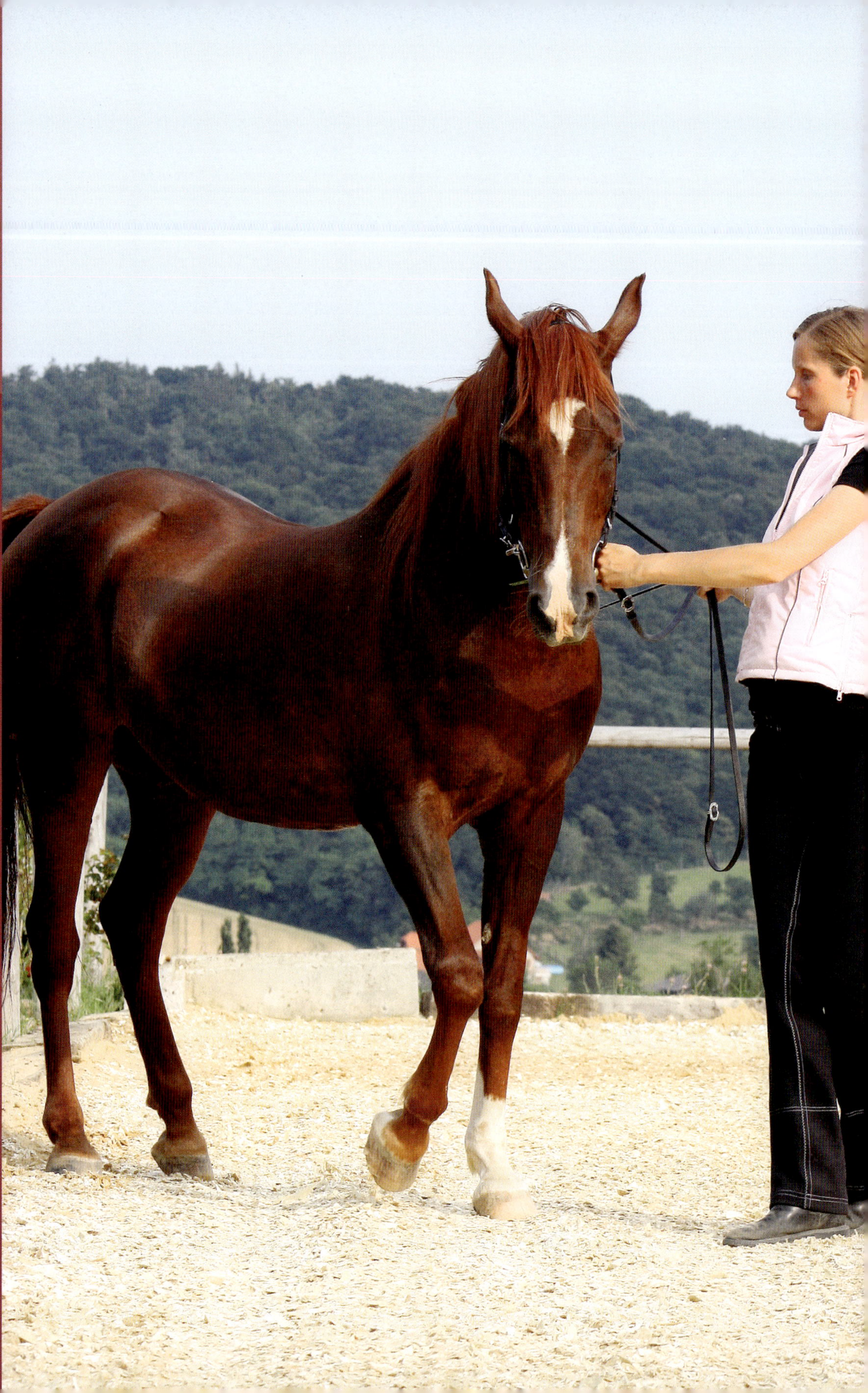

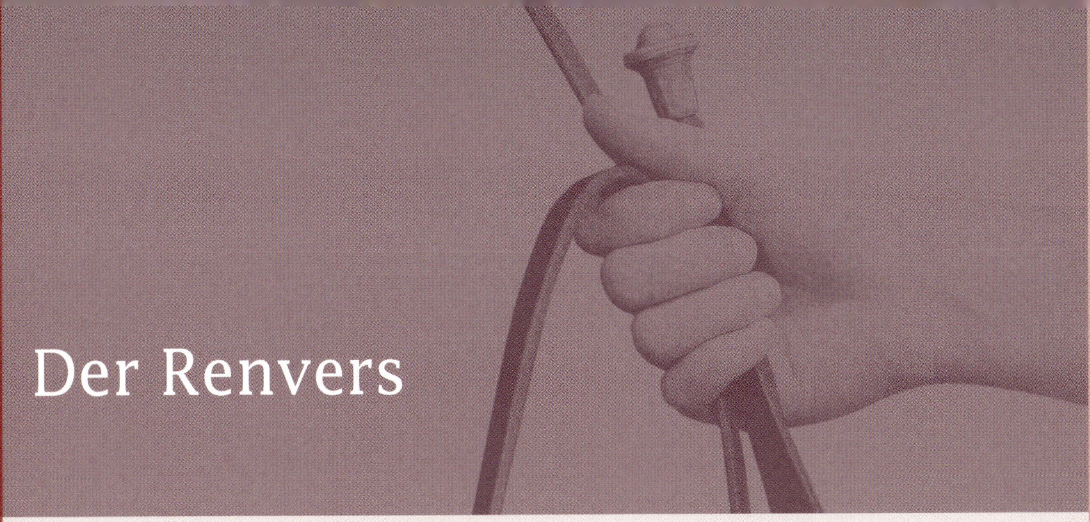

Der Renvers

Vorbereitung

Der Renvers wird in der Handarbeit vor seiner Konterlektion, dem Travers, erarbeitet. Der Mensch befindet sich auf dem dritten Hufschlag, die Vorhand des Pferdes auf dem zweiten und die Hinterhand auf dem ersten. Das Pferd ist in Bewegungsrichtung gestellt und gebogen.

Die in diesem Buch beschriebenen Übungen stammen teilweise aus der französischen

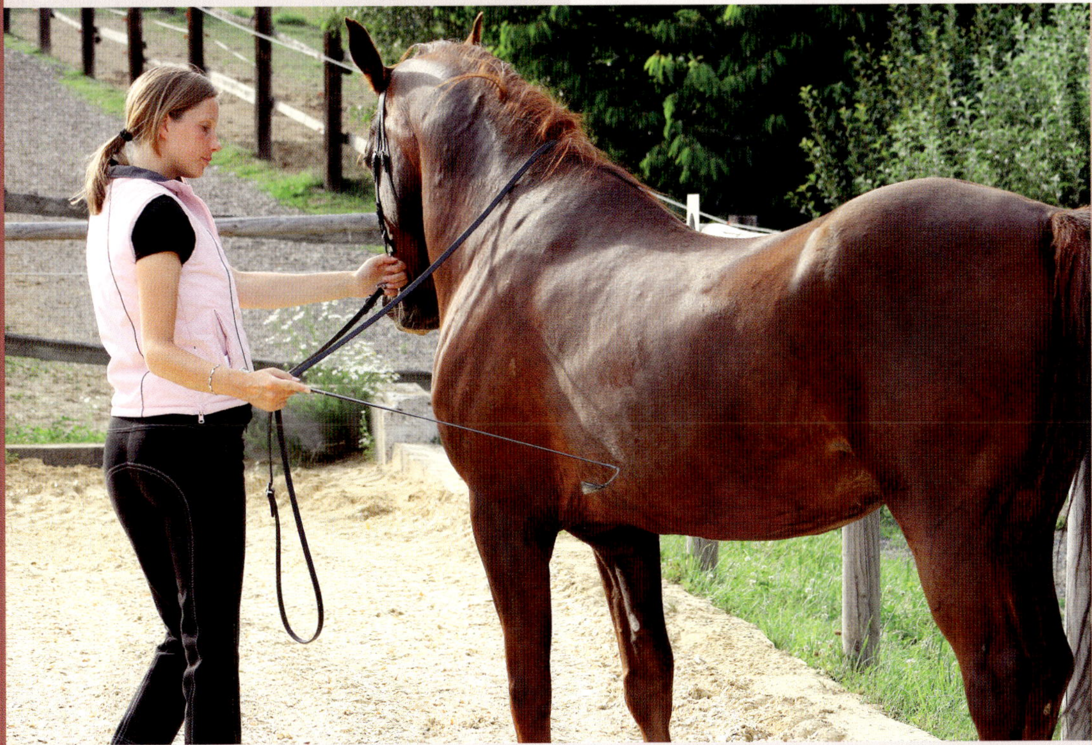

Der Renvers von hinten gesehen:
Der Mensch befindet sich auf der Außenseite des Pferdes, in der Abbildung kontrolliert die linke Hand den äußeren Zügel, die rechte den inneren und die Gerte. Das Pferd schaut in Bewegungsrichtung und ist rechts gebogen.

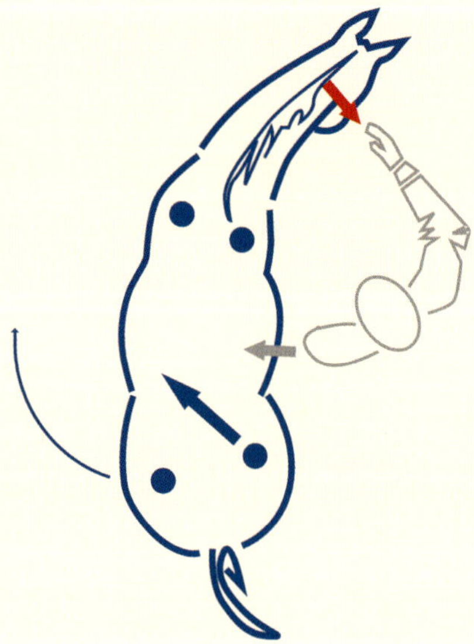

Stellung und Biegung nach innen (roter Pfeil) sowie die Hilfe mit der gertenführenden Hand (grauer Pfeil) lassen das Pferd mit der Hinterhand weichen.

Reitkunst. Die Arbeit an der Hand erhebt durch die Biegungen auf der Stelle den Anspruch, Balance vor der Bewegung entstehen zu lassen und nicht umgekehrt. Dies ist deshalb ein wichtiger Punkt, da die Vierbeiner uns hinsichtlich der Vorwärtsbewegung weit überlegen sind. Gymnastizierung und Training müssen deshalb auf anderem Wege erfolgen – durch ein Geschmeidigmachen der Muskulatur, eine spezielle Bewegungstherapie und die Entwicklung der Tragkraft.

Die französische Reitkunst bedient sich dieser Grundsätzevor allem im Sattel, in der Arbeit vom Boden aus kommen gewisse Teilelemente immer wieder vor und lassen ein Pferd enorm davon profitieren. François Baucher, ein umstrittener französischer Reitmeister, ersann eine sehr gute Übung, mit deren Hilfe das Pferd relativ einfach einen Zugang zu dem schwierigen Seitengang Renvers findet. Sie bereitet das Pferd in wenigen Schritten darauf vor, anders als beim Schulterherein nun das äußere Hinterbein unter seinen Körper zu bringen und in Richtung seiner Biegung zu gehen.

Schritt 1: Die Vorhandwendung

Eines sei vorausgeschickt: Diese Übung ist Mittel zum Zweck und nicht Selbstzweck. Normalerweise soll man mit der treibenden Hilfe das innere Hinterbein nicht nach außen am Schwerpunkt vorbei treten lassen – hier liegt eine Ausnahme vor. Das Pferd muss im Halten nach innen gestellt und gebogen werden, um anschließend mit der gertenführenden Hand etwas hinter der Gurtlage die Hinterhand des Pferdes weichen zu lassen.

Die Hinterhand soll dabei um die Vorhand treten, wobei diese fast auf der Stelle stehen bleibt. Versteht das Pferd die seitwärtstreibende Hilfe nicht, kann man die Biegung nach innen erhöhen und gleichzeitig mit der Hand oder mit einem Finger am Bauch des Pferdes nachhelfen. Diese sehr punktuelle Hilfe wirkt meist hervorragend und dürfte dem Pferd auch schon vom Putzplatz bekannt sein. Auch da muss es ja links oder rechts mit der Kruppe schwenken können.

Sobald das Pferd dem Gerten- oder Fingerdruck nachgibt, muss diese Hilfe unverzüglich aussetzen und erst zum nächsten Weichen erneut erfolgen. Der innere Zügel hält den Pferdekopf nach innen, muss aber ebenfalls nachgeben, wenn das Pferd korrekt reagiert. Der äußere Zügel bleibt unbedingt in Anlehnung, auch wenn die seitwärtstreibende Hilfe gegeben wird.

Schritt 2:
Die Erweiterung

Lässt sich das Pferd die Kruppe leicht verschieben, ist es an der Zeit, einen Schritt näher an den Renvers zu kommen. Das Pferd wird dazu im Halten geradegestellt, und der Ausbilder lässt die Kruppe abermals weichen.

Das Besondere ist, dass der Mensch nun allmählich beginnt, seine Hilfen zu wechseln. In der Erweiterung der Vorhandwendung wird der innere Zügel zum äußeren und umgekehrt. Die treibende Hilfe bleibt dabei unverändert: Die Gerte oder die Hand treibt die Hinterhand um die Vorhand.

Der innere Zügel bekommt die Hauptaufgabe, die Biegung des Pferdes nach innen zu verhindern – da das Pferd dies von der Vorhandwendung gewohnt ist, wird es dies zunächst sofort versuchen. Innerer Zügel und äußere Hand sind dann dafür zuständig, den Kopf des Pferdes so gerade wie möglich zu halten und trotzdem die Hinterhand weichen zu lassen.

Die Aufgabe der zügel- und gertenführenden Hand wird sicherlich anfangs eine große Herausforderung für den noch ungeübten Ausbilder sein. Die Hand muss abwärtsgeführt werden, damit der Zügel wirken kann, und gleichzeitig treibend eingesetzt werden – die Meisterprüfung des Handarbeiters! Die wichtigste Unterstützung ist die andere Hand, die den Kopf des Pferdes gerade halten kann.

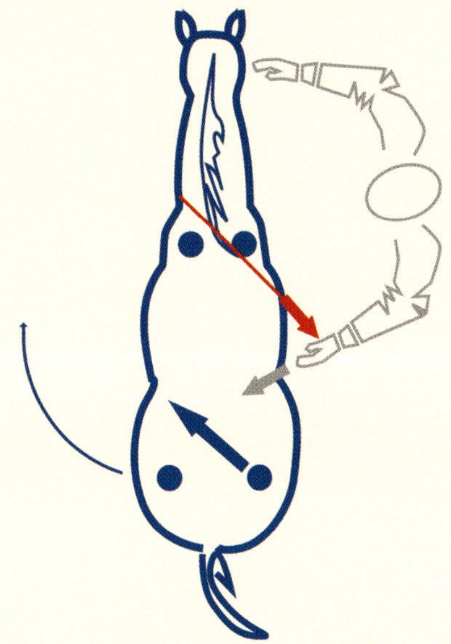

Die zügel- und gertenführende Hand bekommt im Renvers eine Doppelaufgabe: am Zügel die Biegung zu verhindern (roter Pfeil) und an der Gurtlage die Hinterhand zum Weichen zu bringen (grauer Pfeil).

Schritt 3:
Der Renvers auf der Volte

Das Pferd soll sich nun, in Bewegungsrichtung gestellt, auf einer Volte bewegen. Die Hinterhand beschreibt dabei einen größeren Kreisbogen als die Vorhand. Dies ist die Vollendung der Vorhandwendung, in Bewegung gesetzt. Die Hilfen haben gewechselt, das Pferd ist vom Ausbilder weg gebogen, das ehemals innere Hinterbein des Pferdes wird zum äußeren – der Renvers ist geboren.

Die treibende Hilfe ist noch immer dieselbe. Die Gerte treibt nun aber das äußere Hinterbein

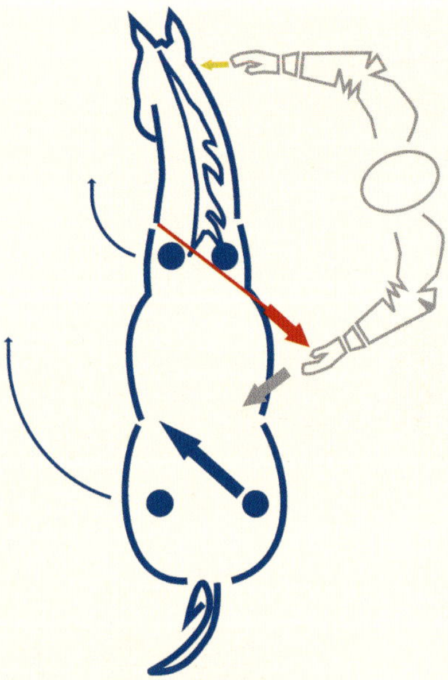

Logische Folge dank guter Vorbereitung: die Renverswendung in korrekter Stellung und Biegung.

unter den Pferdekörper. Dabei ist der Zeitpunkt wichtig: In dem Moment, wenn das Hinterbein im Begriff ist, abzufußen, berühren die Gerte oder die Hand das Pferd und begleiten das Bein vorwärts-seitwärts unter den Körper. Bei erfolgter Reaktion wird die Hilfe ausgesetzt und setzt erst wieder beim nächsten Schritt mit diesem Bein ein.

Am Zügel ist der Wechsel von der inneren zur äußeren Hilfe vollendet. Der Ausbilder kontrolliert mit dem neuen inneren Zügel die Stellung und Biegung, der äußere Zügel wirkt unterstützend.

Der Körper des Ausbilders soll nun einen ganz kleinen Kreisbogen vollführen, damit sich das Pferd in Bewegung setzt und ebenfalls in einem Bogen schreitet. Nach und nach kann der Bogen größer werden, wobei die Hinterhand des Pferdes immer noch den größeren Weg gehen muss.

Der Renvers geradeaus

So wie das Schulterherein die Schlüssellektion zur Gymnastizierung ist, ist der Renvers ein weiterer Baustein zu einem gesunden, selbstbewussten und motivierten Pferd. Der Renvers beeinflusst den Ausdruck des Pferdes so enorm, dass man oft meint, ein anderes Pferd vor sich zu haben. Die Lastaufnahme der Hinterhand wird fortgesetzt, die Biegung und Dehnung der Muskulatur bringt ein noch ausdrucksstärkeres, prächtiger erscheinendes Pferd mit sich.

Mit dem Renvers komplettiert man auch die Hilfengebung bei der Handarbeit. Wenn das Pferd diesen Seitengang erlernt hat, kennt es sämtliche Hilfen des Menschen, versteht ihren Sinn und Zweck und ist bereit, auch unter dem Sattel all diese Bewegungen nachzuvollziehen. Das heißt: Wenn man mit der Ausbildung an der Hand bis zum Renvers gekommen ist, steht der Weg zu allen weiteren Lektionen weit offen. Man muss nur noch den ersten Schritt machen …

Am einfachsten erarbeitet man den Renvers auf der geraden Linie, indem man die bereits bekannte Renversvolte am Hufschlag gerade weiterlaufen lässt. Entscheidend hierbei ist die zielstrebige Richtung, die der Ausbilder aus der Volte auf die ganze Bahn einschlägt.

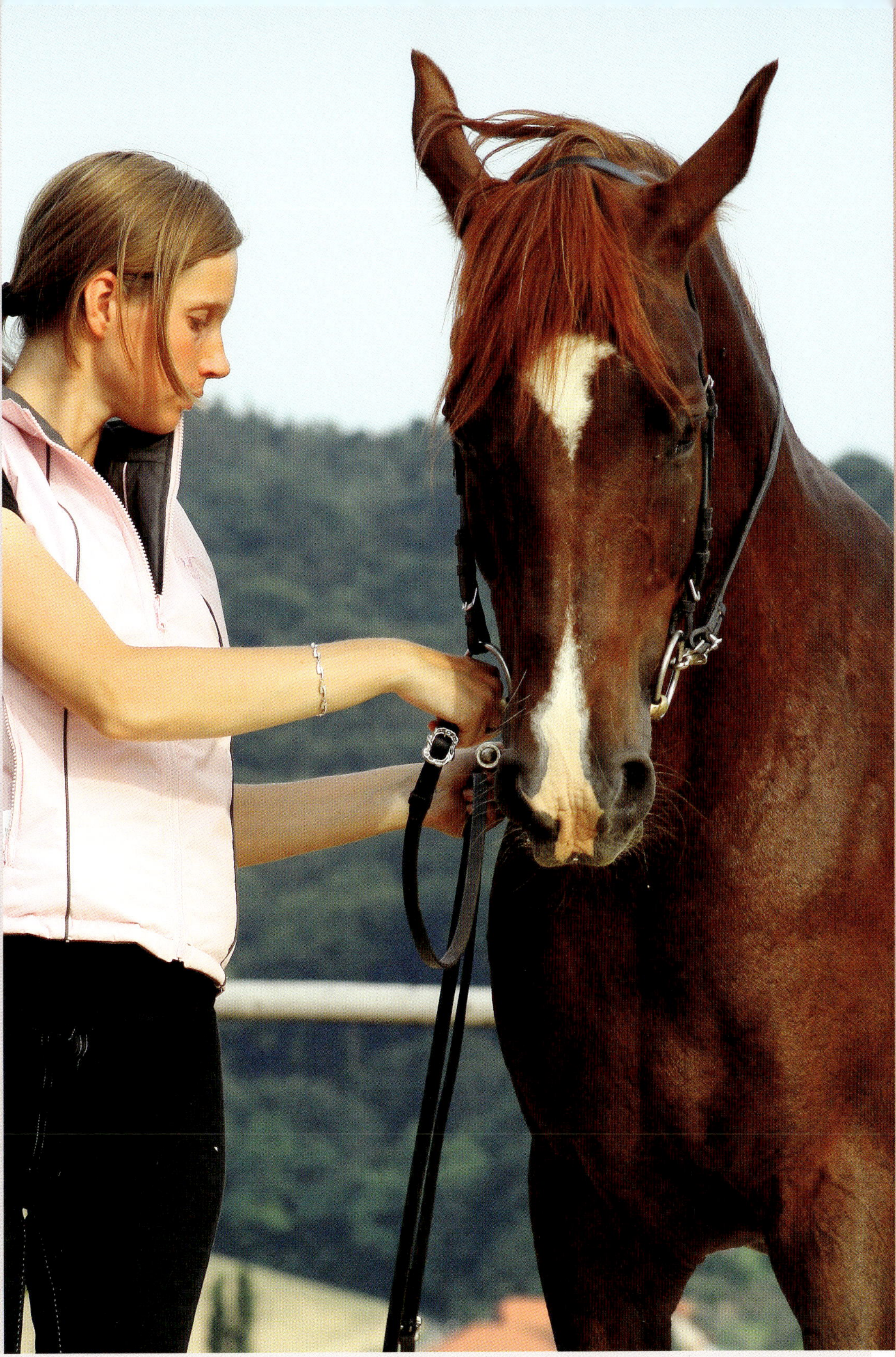

Ein Pferd gewinnt im Renvers oft enorm an Aufrichtung und Ausdruck.

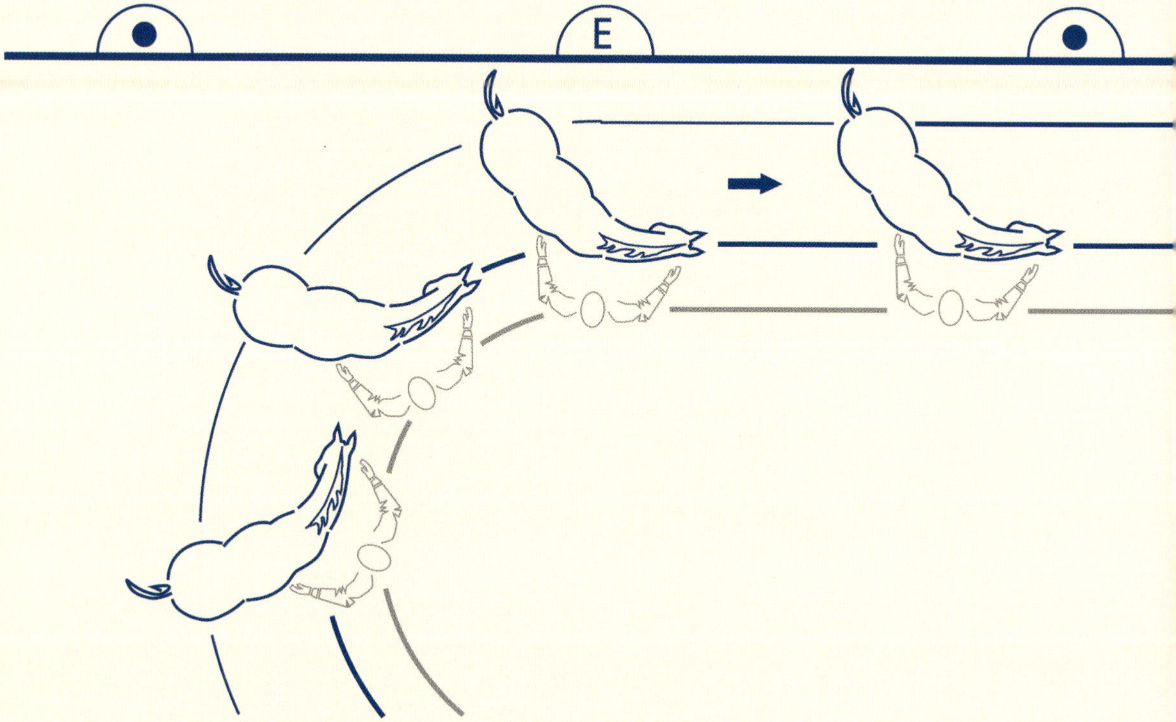

Aus dem Renvers auf der Volte kann der Renvers geradeaus leicht entwickelt werden.

Die Begrenzung durch die Bande hilft der Orientierung, sodass diese Übung keine große Herausforderung für Pferd und Mensch ist.

Die Abstellung soll im Renvers bei der Handarbeit vier Hufspuren betragen, wobei diese Übung im langsamen Schritt sehr versammelnd wirkt. Durch die kurzen Tritte und die durch den Renvers bedingte Aufrichtung ist der Weg zum versammelten Trab geebnet. Bevor man sich aber dem Trab widmet, muss der Renvers im Schritt schon gefestigt sein und das Pferd locker und gelöst der Zügeleinwirkung und der Gerte nachkommen. Man muss dem Pferd außerdem viel Platz lassen, damit es wirklich die Abstellung zeigen kann, die man von ihm fordert.

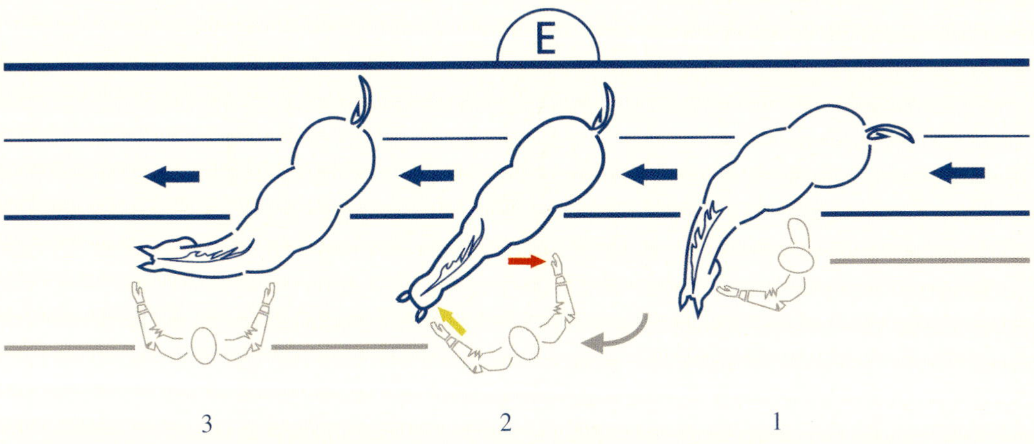

RENVERS AUS DEM SCHULTERHEREIN

Eine weitere Möglichkeit, den Renvers zu entwickeln, ist das Umbiegen aus dem Schulterherein. Dazu geht man an der langen Seite am Hufschlag im Schulterherein mit großer Abstellung in einem langsamen, fast zeitlupenartigen Schritt. Nun beginnt man das Pferd umzubiegen. Ganz vorsichtig stellt man es am äußeren Zügel (roter Pfeil) durch sanfte Paraden in die neue Bewegungsrichtung. Der innere Zügel (gelber Pfeil) unterstützt drückend dieses Vorhaben. Die Gerte legt man hinter den Gurt und treibt weiterhin das innere Hinterbein seitwärts.

Gleichzeitig muss man einen längeren Schritt in Richtung Bahnmitte gehen (grauer Pfeil) um trotz der Dehnung der Halsmuskulatur den Kontakt zum Pferdemaul nicht zu verlieren.

Schließlich haben die Hilfen gewechselt, das Pferd ist in einer neuen Balance vom Ausbilder weg gebogen und bewegt sich im Renvers entlang der Bande.

Dieser Weg, den Renvers zu entwickeln, ist sehr elegant und erlaubt mit begabten Pferden eine schnellere Vorgehensweise. Nichtsdestotrotz muss man mit dieser Methode vorsichtig sein, damit sich das Pferd wirklich umbiegt, sich nicht nur in der Halswirbelsäule verbiegt und die Hüfte nicht mitnimmt. Gerade bei Pferden mit kurzem Hals wird es sehr schwer sein, den Renvers so zu entwickeln. Sie können sich so fest machen, dass es unmöglich wird, die Hilfen umzukehren und den äußeren zum inneren Zügel zu machen. Hier empfiehlt sich die Erarbeitung aus der Renversvolte.

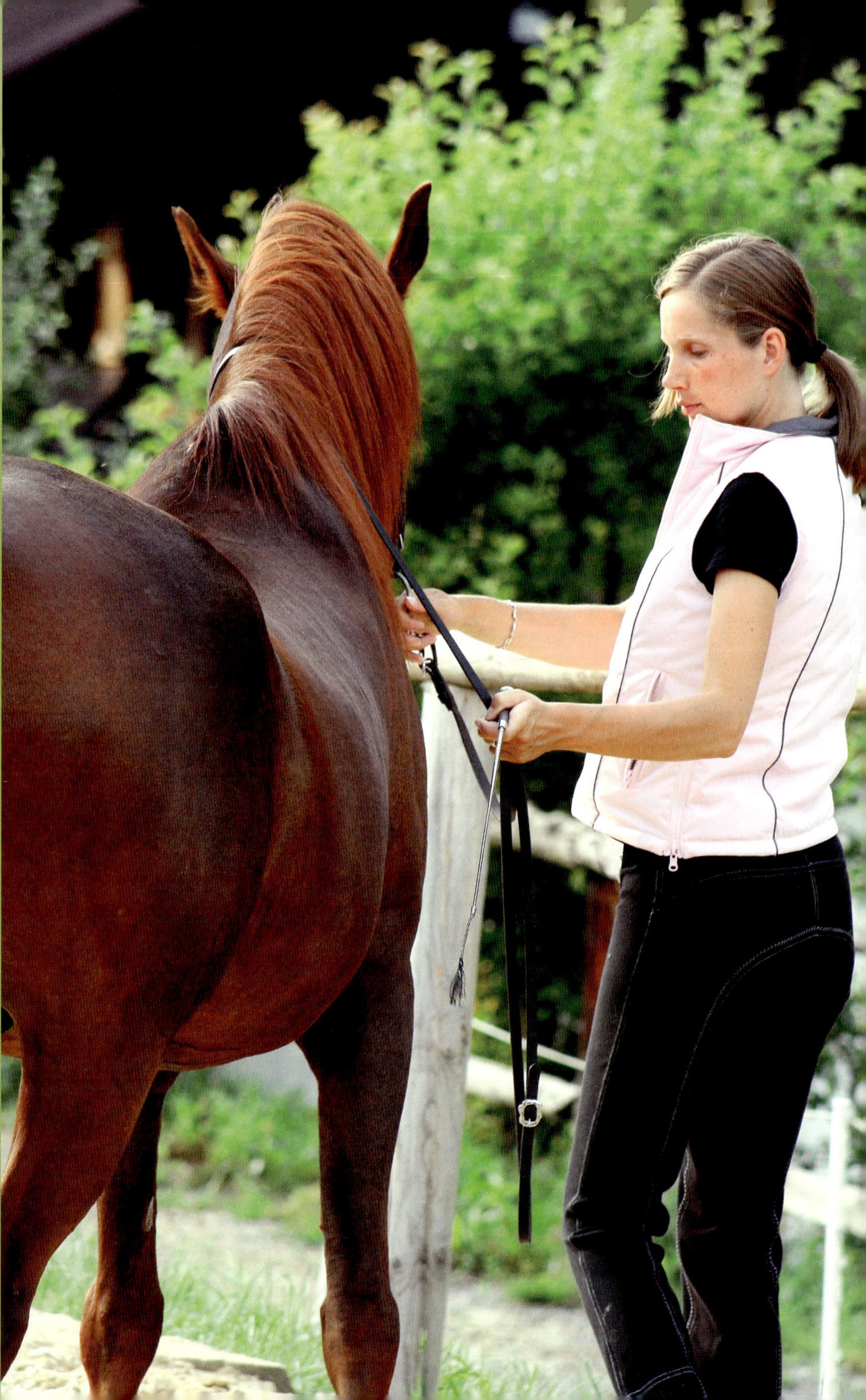

Der Travers

Ausführung

Der Travers unterscheidet sich vom Renvers nur dadurch, dass sich die Bande an der Außenseite des Pferdes befindet. Auch im Travers ist das Pferd in Bewegungsrichtung gestellt und gebogen, die Hinterhand befindet sich jedoch näher zur Bahnmitte. Der Ausbilder geht auf dem ersten Hufschlag, die Vorhand des Pferdes auf dem zweiten und die Hinterhand auf dem dritten.

Die geringere Abstellung macht eine maximale gleichmäßige Biegung möglich. Der äußere Hinterfuß kommt weit unter den Schwerpunkt und nimmt dadurch deutlich Last auf. Demgegenüber kreuzen beim Renvers auf vier Hufspuren oder bei der Traversale auch die Vorderbeine, dadurch ist das Pferd mehr im Hals gebogen als im restlichen Körper. Dann besteht auch die Gefahr, dass sich das

Der Travers wird auf drei Hufspuren ausgeführt. Die Hinterhand kreuzt, die Vorhand soll gerade nach vorn gerichtet sein.

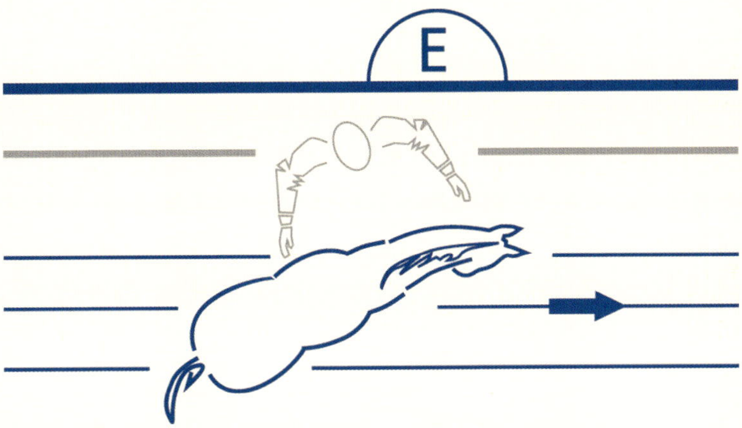

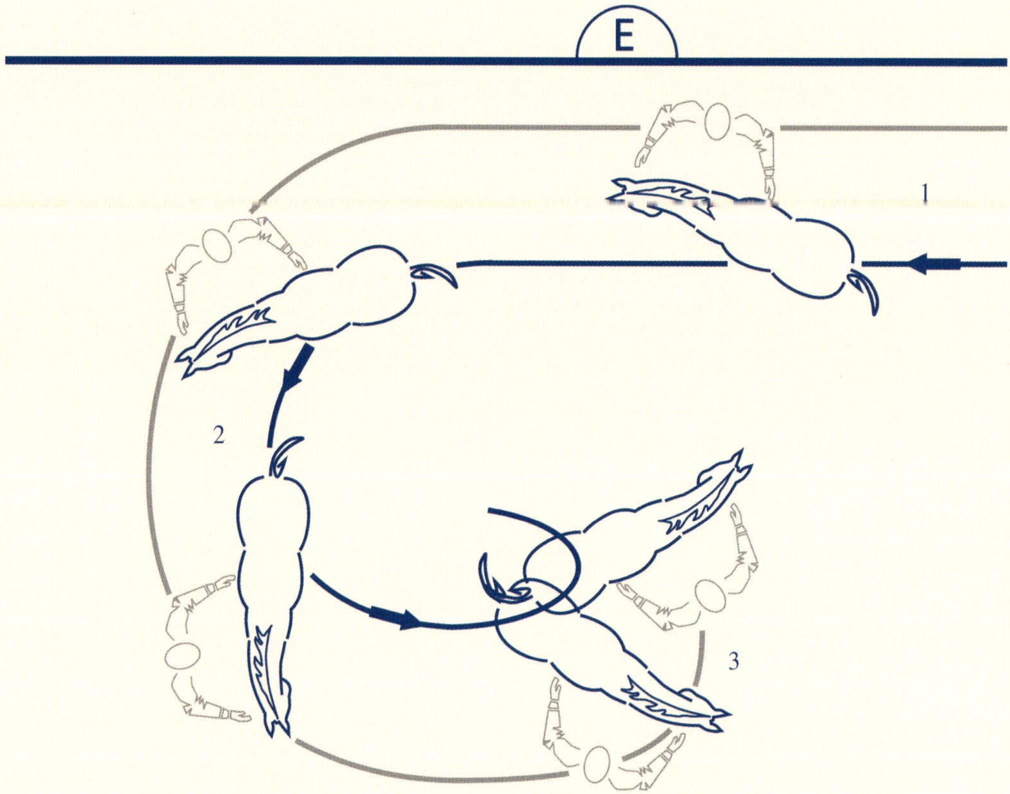

Travers geradeaus (1), dann eine Volte (2) – so entwickelt sich die Schrittpirouette (3).

Pferd ausschließlich im Hals biegt und die innere Hüfte nicht richtig nach vorn nimmt. Anders bei Pferden mit eher kurzem Rücken: Bei ihnen darf die Abstellung ruhig etwas größer gehalten werden, denn durch den kurzen Rücken treten sie sehr selten am Schwerpunkt vorbei.

Da der erste Hufschlag für den Menschen reserviert ist, dieser sich also an der Außenseite des Pferdes befindet, fehlt bei diesem Seitengang der innere Schenkel. Deshalb muss man sehr aufpassen, dass die Kruppe nicht zu sehr in die Bahnmitte ausweicht. Sollte das passieren, muss man schneller vorwärtsgehen und dadurch die Biegung zurücknehmen.

Das im Renvers gefestigte Pferd wird mit dem Travers keine Schwierigkeiten haben und kann sehr bald in Richtung Schrittpirouette geführt werden.

Vom Travers auf der Volte zur Schrittpirouette

Auch die Pirouette ist kein Selbstzweck. Sie soll das Pferd versammeln, aufrichten und die gesamte Hinterhand kräftigen. Wie bei allen Übungen geht es nicht um die Lektion, sondern um die Balance des Pferdes. In den verschiedenen Übungen ändert sich aus der Sicht des Pferdes ganz einfach das Gleichgewicht. Der Mensch hilft dem Pferd, eine Haltung einzunehmen, in der es bereit ist, Bewegungen in verschiedenen Balancestadien auszuführen – so auch in der Schrittpirouette.

Zur Entwicklung begibt man sich vom Travers geradeaus auf eine Volte. Das Pferd muss weiterhin mit der Hinterhand den kleineren Kreis gehen. Diese Volte wird nun verkleinert, bis man schließlich bei der Schrittpirouette landet.

Durch diese Übung kann man sehr gut das äußere Hinterbein kontrollieren, das auch in der Pirouette weiter unter den Körper treten muss und dadurch sein gymnastisches Potenzial vollkommen ausschöpft.

Wieder ist mit guter Vorbereitung die Lektion eigentlich schon gelungen. In diesem Fall muss das Verkleinern der Volte sorgfältig erarbeitet werden und wird so zur Pirouette, der Wendung um die Hinterhand, führen.

Der Travers auf der Volte muss sehr langsam im Tempo sein, man muss Schritt für Schritt kontrollieren und das Pferd jederzeit anhalten können. Die Abstellung wird im Unterschied zum Travers geradeaus größer, die Halsbiegung sollte aber nicht zunehmen, da die Pirouette in einer fortgeschrittenen Aufrichtung ausgeführt wird, die durch eine starke Halsbiegung blockiert würde: Je mehr sich das Pferd aufrichtet, desto geringer wird die Halsbiegung.

Die Gerte beeinflusst aktiv das äußere Hinterbein – der Moment des Touchierens sollte etwas früher einsetzen als normalerweise. Die Übung geht gezielt in Richtung Versammlung, und das Pferd muss dazu animiert werden, fleißig mit den Hinterbeinen zu treten. Die Berührung erfolgt kurz vor dem Abfußen des äußeren Hinterbeins und regt es deshalb zum zeitigen Abfußen an.

Je kleiner die Volte wird, desto mehr muss sich der Ausbilder in Richtung Pferdehals bewegen. Die Vorhand des Pferdes soll einen großen Bogen um die Hinterhand beschreiben, und der Mensch muss, weil er sich an der Außenseite des Pferdes an der Vorhand befindet, diese Wendung mitmachen. Die Grundposition an der Schulter des Pferdes wird ebenfalls aufgegeben, man begibt sich weiter nach vorn an den Kopf. In der Schrittpirouette geht der Mensch immer vorwärts-seitwärts.

Bei dieser Lektion wird es das erste Mal ganz wichtig, das Pferd aufzurichten. Wie bei der Basisarbeit beschrieben, kann man das Pferd durch einen Zügelanzug Richtung Maulwinkel aktiv aufrichten und dadurch auch gleichzeitig verhalten.

Das aktive Aufrichten des Pferdehalses ist in der konventionellen Reiterei ein Tabu, weil die Sorge über einen nach unten durchgedrückten Rücken groß ist. In der französischen Reiterei dagegen wird das Aufrichten des Halses exzessiv betrieben und stellt einen sehr wichtigen Eckpfeiler dar.

Bei der Handarbeit geht man einen Mittelweg: Das Pferd soll die aufrichtende Hilfe kennen. Bei Bedarf, wie in diesem Falle, kann der Ausbilder auf diese zurückgreifen, um seinem Pferd noch besser zu helfen.

Wenn man sich nun auf der Volte befindet und diese verkleinert, gibt man mit dem äußeren Zügel Aufwärtsparaden. Das Pferd wird sich dementsprechend verhalten und den Hals aus dem Widerrist erheben. Die treibende Hilfe darf nicht fehlen, damit das Pferd versteht,

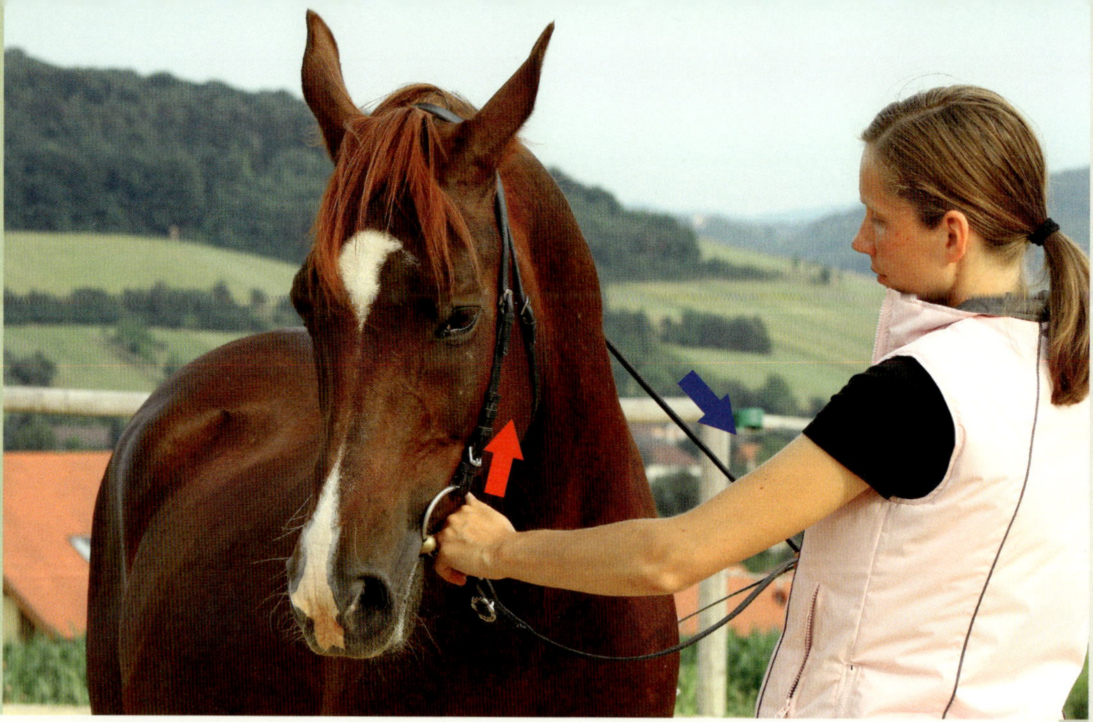

Diese Hilfen sind für die Pirouette notwendig:
Der rote Pfeil zeigt die Aufwärtsparade des äußeren Zügels. Er wirkt verhaltend und aufrichtend. Der blaue Pfeil weist auf die Anlehnung am inneren Zügel hin: Das Annehmen stellt die Biegung wieder her, immer wirkt der Außenzügel unterstützend.

Die Gertenhilfe (gelber Pfeil) darf hier ausnahmsweise an der Flanke des Pferdes eingesetzt werden.
Der Ausbilder muss sich selbst aufrichten und dann konsequent und zielgerichtet die Vorhand um die Hinterhand führen.

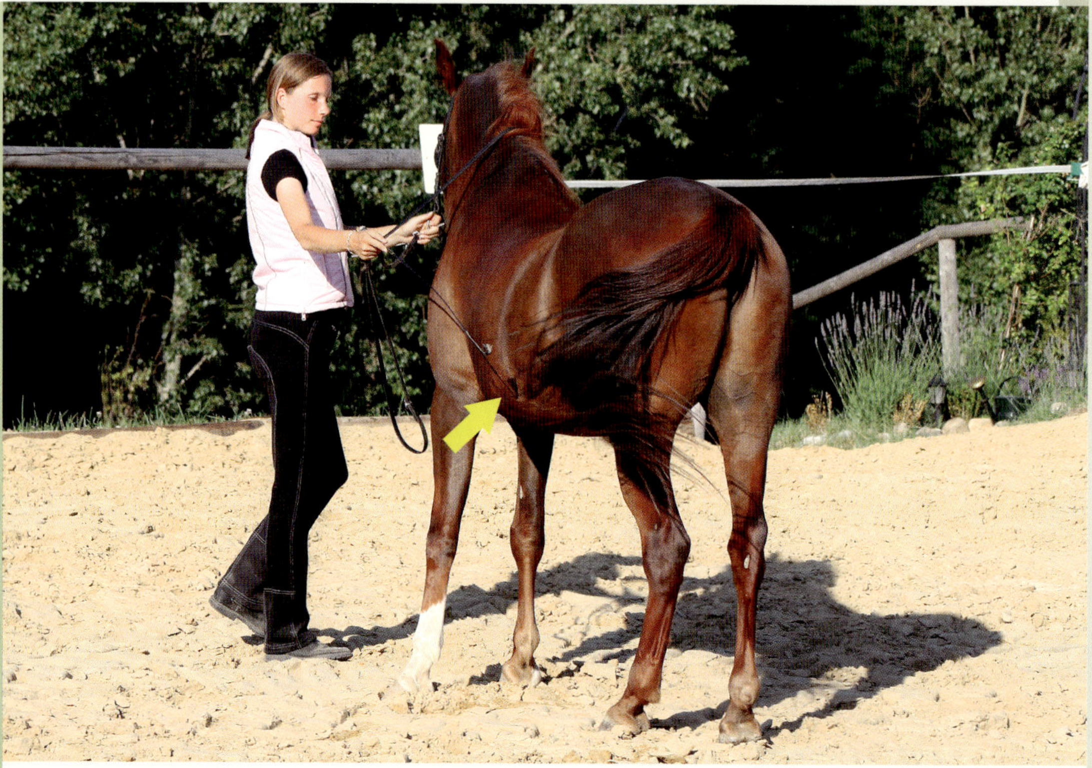

dass es sich aufrichten soll, gleichzeitig aber mit der Hinterhand aktiv bleibt.

Man darf dem Pferd in der Pirouette anfangs nicht zu viel abverlangen. Zwei bis drei Tritte, dann muss die Lektion sofort beendet werden, das Pferd darf seinen Hals strecken, und ein deutliches Lob vom Ausbilder hilft, die ausgeführte Bewegung zu festigen.

Falls das Pferd mit den Hinterbeinen zu drehen beginnt, anstatt zu treten, muss man unverzüglich die Volte wieder vergrößern, den Travers wieder herstellen und erneut mit der Lektion beginnen. Wie weit die Volte verkleinert werden darf, ist vom Pferd abhängig. Anfangs sollte man nicht übertreiben und die Volte nur bis auf ein paar Meter verkleinern – in diesem Falle ist weniger oft mehr.

Erst wenn das Pferd versiert in der Ausführung der verkleinerten Volte ist, darf man einen Schritt weiter hineingehen. Wie eingangs erwähnt geht es nicht um die perfekte Pirouette. Schon der Weg dorthin hält alles an Gymnastik bereit, was das Pferd brauchen kann.

Travers aus dem Schulterherein

Eine weitere Möglichkeit, den Travers zu entwickeln, besteht darin, das Pferd aus dem Schulterherein an der Bande zum Travers umzuformen. Vorteil dieser Methode ist, dass man das Pferd nicht umzustellen braucht.

Die Biegung im Travers bleibt dieselbe wie im Schulterherein. Man verschiebt den gesamten Pferdekörper, indem man die Schulter mit der Biegung auf den ersten Hufschlag bringt. Dazu nimmt der Ausbilder seine äußere

Aus dem Schulterherein (1) wird das Pferd Schritt für Schritt in den Travers (3) verschoben.

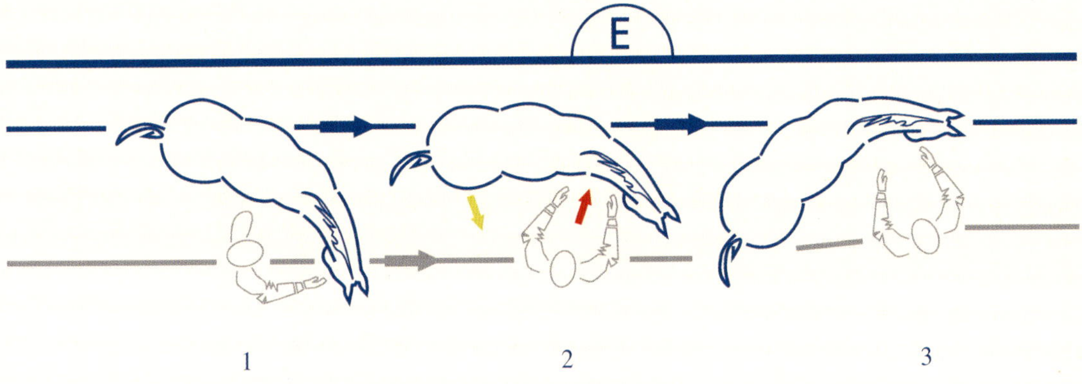

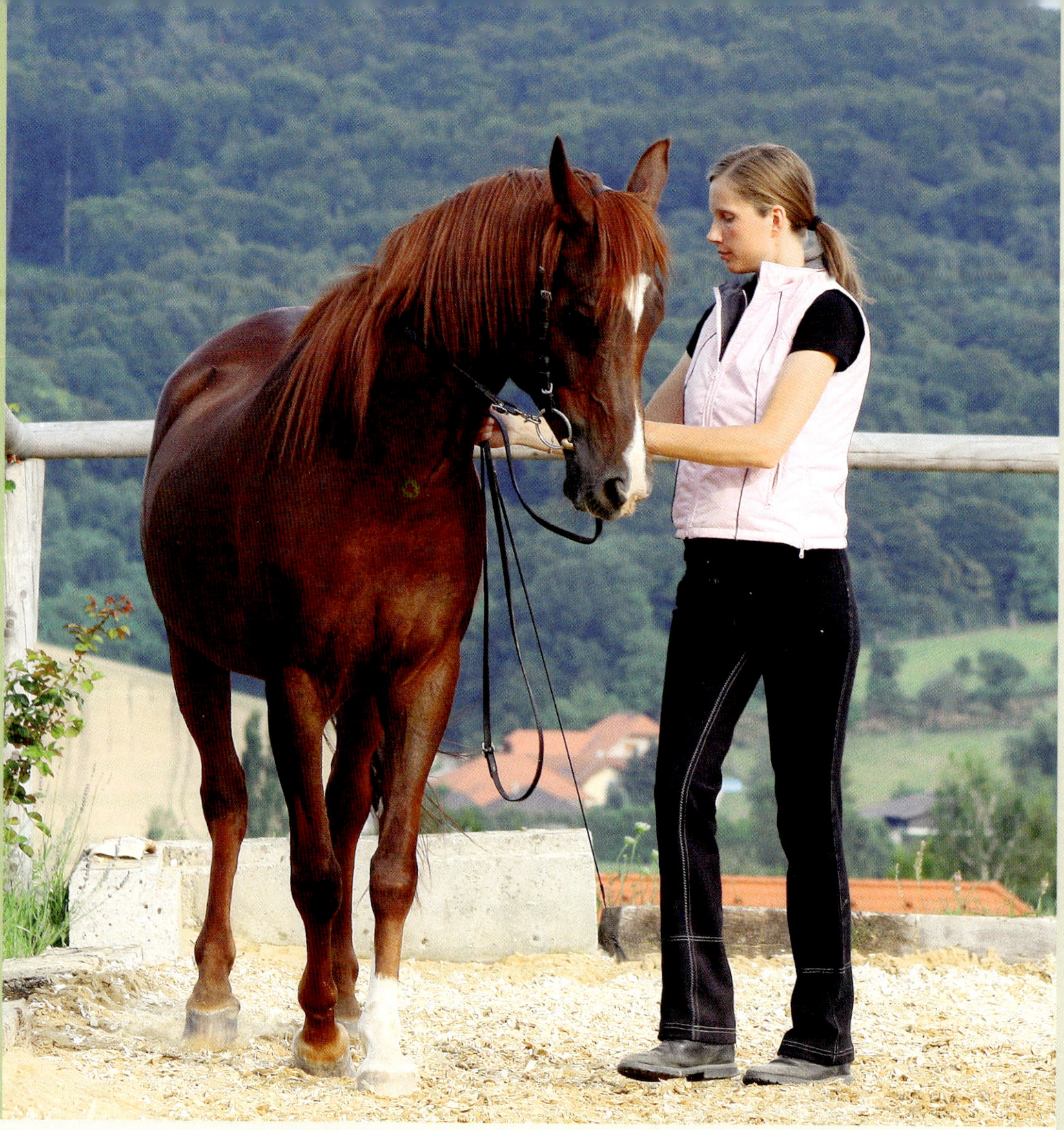

Beim Schulterherein muss die Abstellung vor dem Wechsel in den Travers nicht allzu groß sein, damit man die Schultern des Pferdes nicht so weit auf den Hufschlag bringen muss und die innere Hüfte des Pferdes wirklich etwas weiter vorgeschoben ist als die äußere.

Hand in Richtung Pferdehals, dreht seine äußere Schulter zum Pferd und bewegt sich somit langsam um die eigene Achse. Da das Pferd seine Biegung beibehält, kommt es so direkt in eine neue Balance – in den Travers, wobei die Hinterhand automatisch in die Bahnmitte genommen wird.

Der Mensch befindet sich nun an der Innenseite des Pferdes, hält die Schultern des Pferdes am Hufschlag und kann so wesentlich besser die Stellung und Biegung kontrollieren.

Der Nachteil ist, dass man außen eine Begrenzung braucht. Damit ist diese Art des Travers auf den Hufschlag reduziert und wird eigentlich in der Handarbeit ausschließlich zur Geraderichtung in der Piaffe verwendet. In allen anderen Fällen ist die Position an der Außenseite des Pferdes zu bevorzugen.

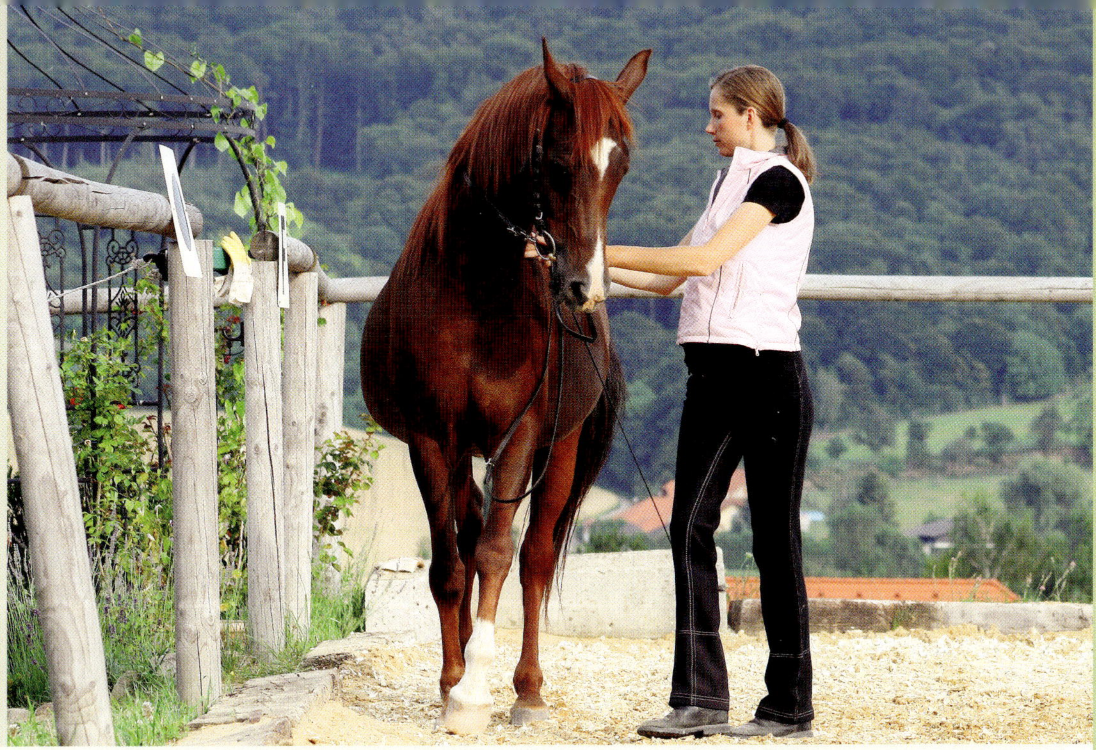

Zur Verschiebung des gesamten Pferdekörpers dreht der Mensch seinen Oberkörper entgegen der Bewegungsrichtung und begibt sich gleichzeitig in Richtung Pferdeschulter. Mit einer Hand an der Halswirbelsäule erhält man die sanfte Biegung aufrecht.

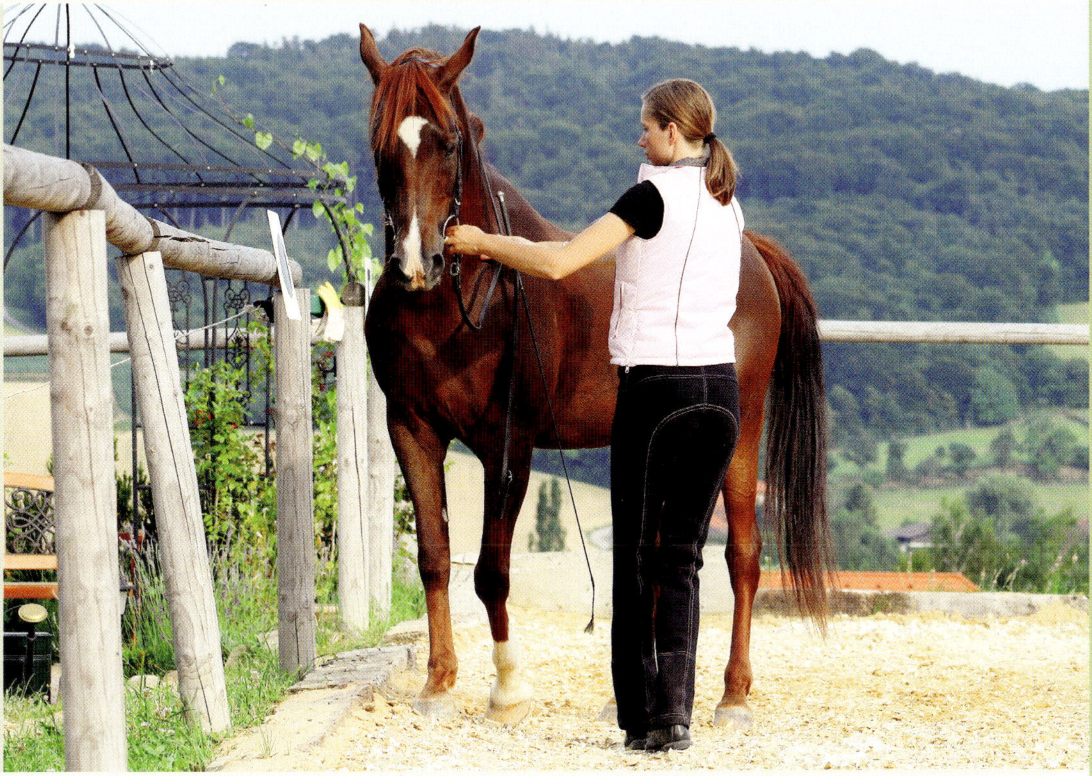

Der Wechsel vom Schulterherein zum Travers hat geklappt. Der Ausbilder geht rückwärts und erhält mit der linken Hand am Hals die Biegung aufrecht. Der gestreckte Arm hält das Pferd auf Distanz, die Bande bildet eine natürliche Barriere nach außen.

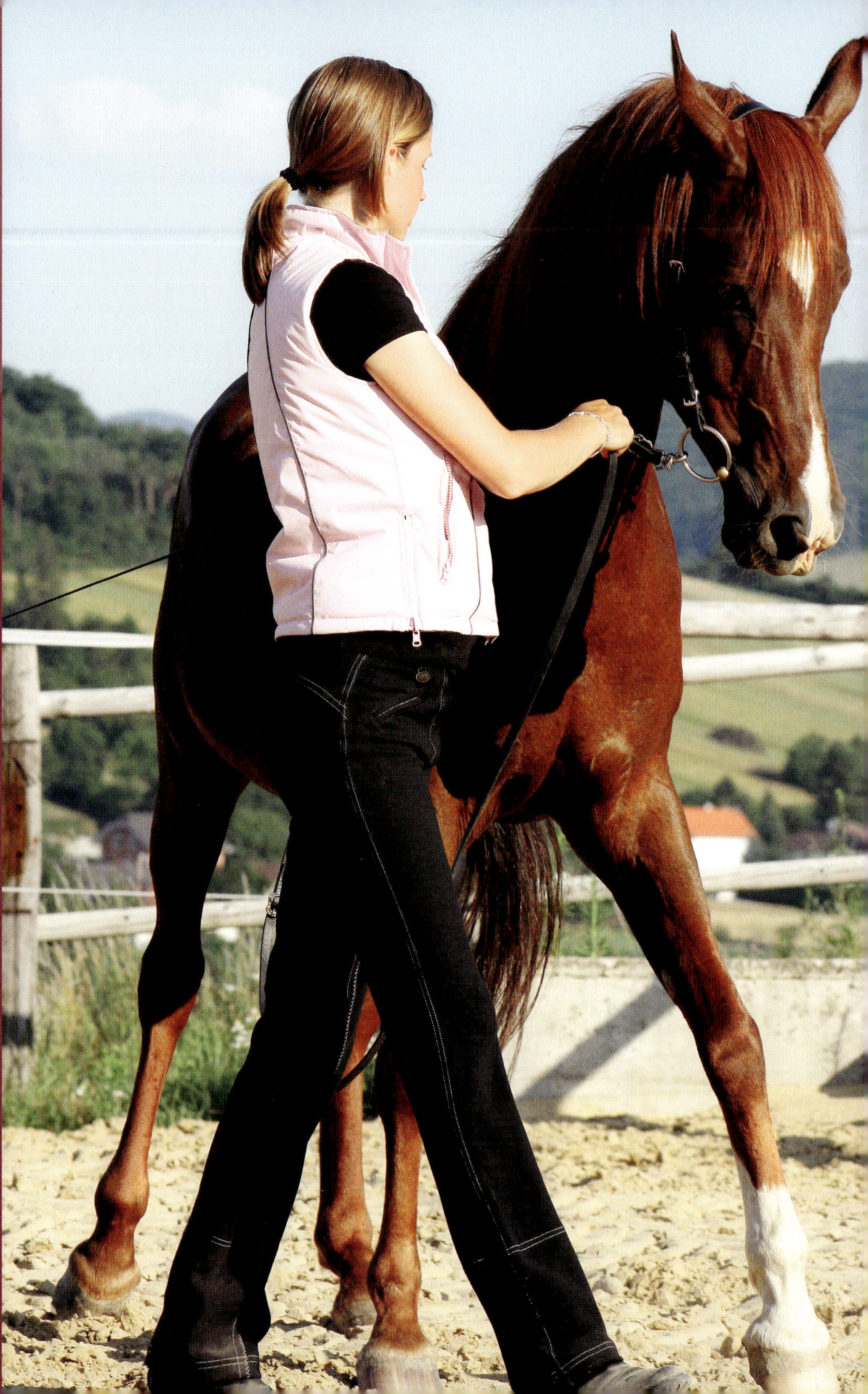

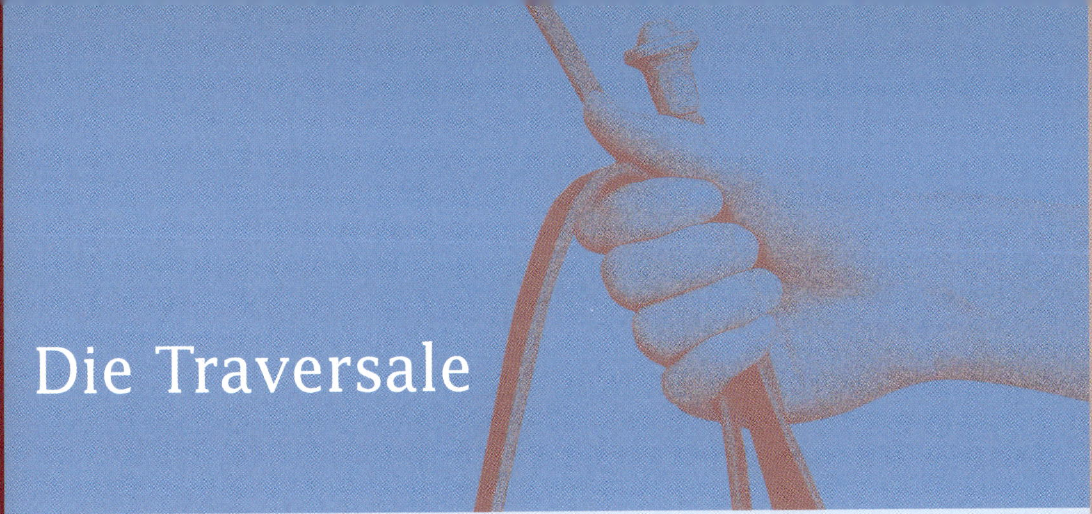

Die Traversale

Das innere Bild

Die Traversale ist sehr eng mit Travers und Renvers verwandt. Das Pferd kennt diese Seitengänge bereits und wird deshalb die Traversale sehr leicht lernen können.

Die eigentliche Schwierigkeit liegt im Fehlen jeglicher Begrenzungen – die Traversalverschiebung findet mitten im Viereck statt, keine Bande kann dem Pferd helfen, nur der Mensch befindet sich an seiner Außenseite.

In der Traversale ist das Pferd in Bewegungsrichtung gestellt und gebogen. Die Abstellung beträgt wie im Renvers vier Hufspuren, Vor- und Hinterhand kreuzen. Wie bei der gerittenen Traversale soll die Vorhand führen, das heißt, von oben oder von vorn gesehen ein Stück vor der Hinterhand in Bewegungsrichtung sein.

Dieser Seitengang wird auf einer Diagonalen parallel zur Bahnbegrenzung ausgeführt. Dabei ist es enorm wichtig, schon zu Beginn den Weg im Kopf zu haben – das erleichtert die Orientierung im Viereck sehr. Das „innere

Die Traversale nach links: Brust- und Lendenwirbelsäule des Pferdes befinden sich annähernd auf einer parallelen Linie zur Bande.

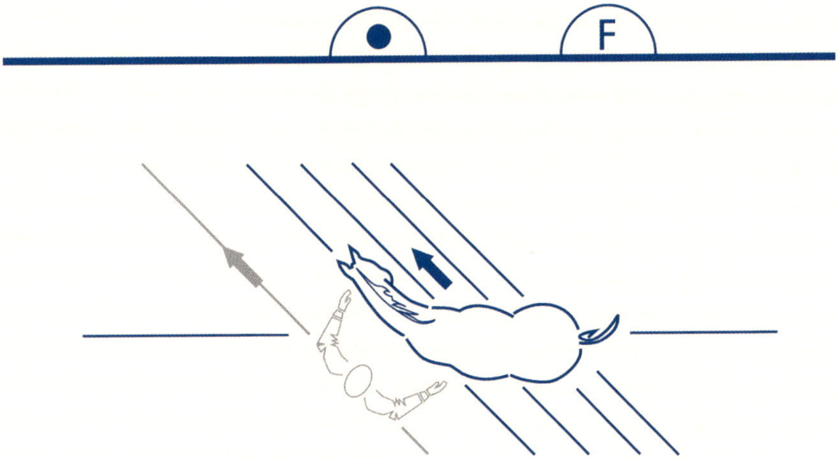

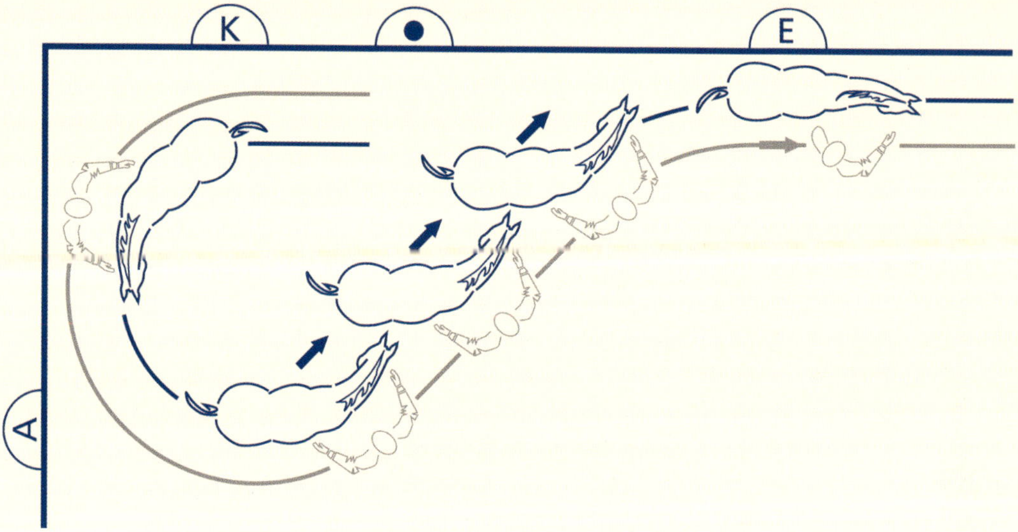

Die Entwicklung der Traversale aus einer Kehrtwendung.

Bild" einer Traversale verhilft hier meistens zu einer korrekten Ausführung der Lektion. Außerdem kann man einen Punkt an der Bande fokussieren und zielgerichtet darauf zugehen. Wenn dem Pferd die Richtung einmal klar ist, wird es dank der Vorbereitung in den anderen Seitengängen die Traversale schon bald in all ihrer Ausstrahlung ausführen können.

Vorbereitung und Ausführung

Am einfachsten entwickelt man die Traversalverschiebung aus einem Handwechsel. „Aus der Ecke kehrt" eignet sich deshalb am besten, weil der Weg zur Bahnbegrenzung ziemlich kurz ist und das Pferd zu Beginn die Traversale nicht so lange ausführen muss.

Der Ausbilder muss an der langen Seite außen gehen, dann stimmt die Position in der Traversale. Anschließend befindet man sich wieder an der Innenseite und kann wieder am Hufschlag entlanggehen. Zur Vorbereitung dient eine halbe Volte. Das Pferd wird vom Ausbilder weg gebogen, die Hilfen rahmen den Pferdekörper ein. Erreicht das Pferd in dieser Biegung die Parallellinie zur Wand, wird die Hinterhand seitwärtsgetrieben. Dies veranlasst das äußere Hinterbein, tief seitwärts-vorwärts unter den Körper zu treten. Die Zügel kontrollieren die Schulter, die Gerte die Kruppe. Das Pferd traversiert nun auf einer Diagonalen bis zur Bande und wird dort wieder nach innen gestellt.

Hat das Pferd die Verschiebung gemeistert, muss man am Hufschlag zügig vorwärtsgehen, damit der Ausgang der Traversale mit noch mehr Schwung durchgeführt wird. Dadurch lernt das Pferd nach und nach, bereits in der Traversale den Schwung und die klare Vorwärtstendenz beizubehalten.

Gegebenenfalls notwendige Korrekturen ergeben sich in diesem Ausbildungsstadium automatisch: Je nach Bedarf kann man die Schultern des Pferdes nach rechts oder links verschieben, die Hinterhand weiter untertreiben und so die Abstellung korrigieren. Das Auge für das Erkennen einer korrekten Bewegung

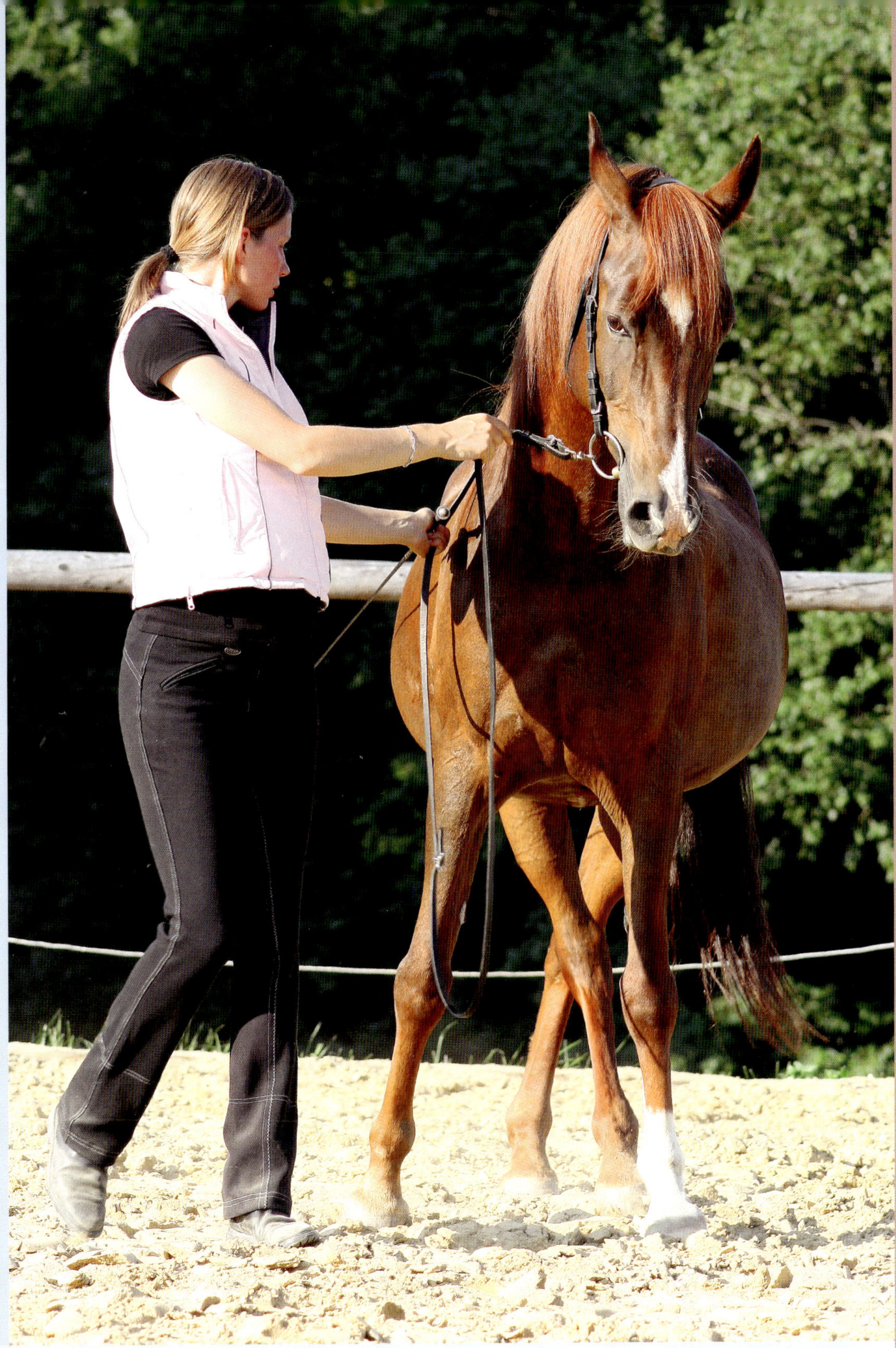

Die Traversalverschiebung: eine Reifeprüfung für das Pferd.

ist mittlerweile geschult, und so bedarf es lediglich der Übung, um den Ausdruck des Pferdes noch weiter zu stärken und so das damit einhergehende Selbstbewusstsein in ungeahnte Höhen zu befördern.

Durch die erlernten Lektionen ist das Pferd in einem perfekten Gleichgewicht und bald bereit, auch Lektionen der Hohen Schule zu erlernen – so man dies möchte. Wohin der Weg auch führt: Die neu gewonnene Balance und Geschmeidigkeit des Pferdes wird sich nicht nur im Viereck in purer Lebensfreude äußern.

AUCH IM TRAB

Wenn man den Trab aus dem Konterschulterherein entwickelt und das Pferd sich dadurch an das Tempo gewöhnt hat, steht der Ausführung aller Seitengänge im Trab nichts mehr im Wege.
Und mit jeder Übungseinheit kommt man dem versammelten Trab näher. Eine wunderschöne Trabtraversale kann ein sehr erhebender Moment in der Ausbildung sein, und das Pferd wird dies ebenso empfinden.

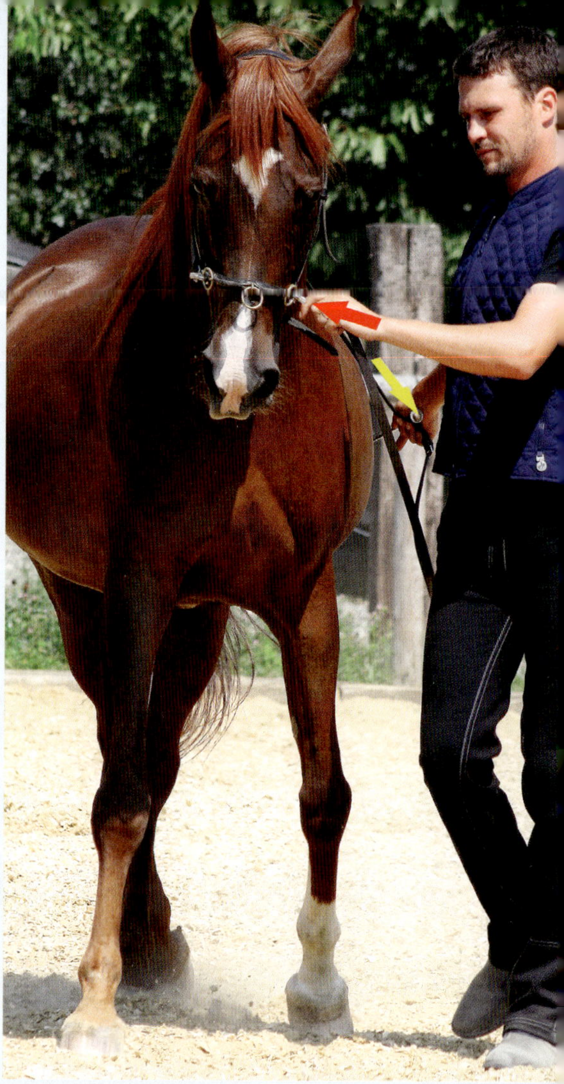

Das Pferd kreuzt mit Hinter- und Vorhand, ist aber zu gerade gestellt. Die rechte Hand (gelber Pfeil) muss aus lockerem Handgelenk impulsartig Richtung Erdboden geführt werden, um das Pferd umzubiegen. Gleichzeitig kontrolliert sie die Schulter, damit die Abstellung in Verbindung mit der Gertenhilfe nicht verloren geht. Die linke Hand (roter Pfeil) unterstützt die Tätigkeit der linken Hand.

Die Traversale auf Kappzaum

Die größte Schwierigkeit bei der Traversale mit dem Kappzaum besteht darin, eine vernünftige Biegung weg vom Menschen aufrechtzuerhalten. Dafür ist es unabdingbar, dass das Pferd leicht auf das Umstellen reagiert. Der Kappzaum kann nur Impulse geben, die dem Pferd in die neue Biegung helfen. Solange man für das Umstellen noch mit der gertenführenden Hand nach oben einwirken muss, ist es noch zu früh für die Traversale. Man muss dann die Anforderungen reduzieren und Zirkel und Volten an der Außenseite des Pferdes gehen, damit dem Pferd die Biegung weg vom Menschen in Fleisch und Blut übergeht. Erst dann kann man die Traversale wie beschrieben entwickeln.

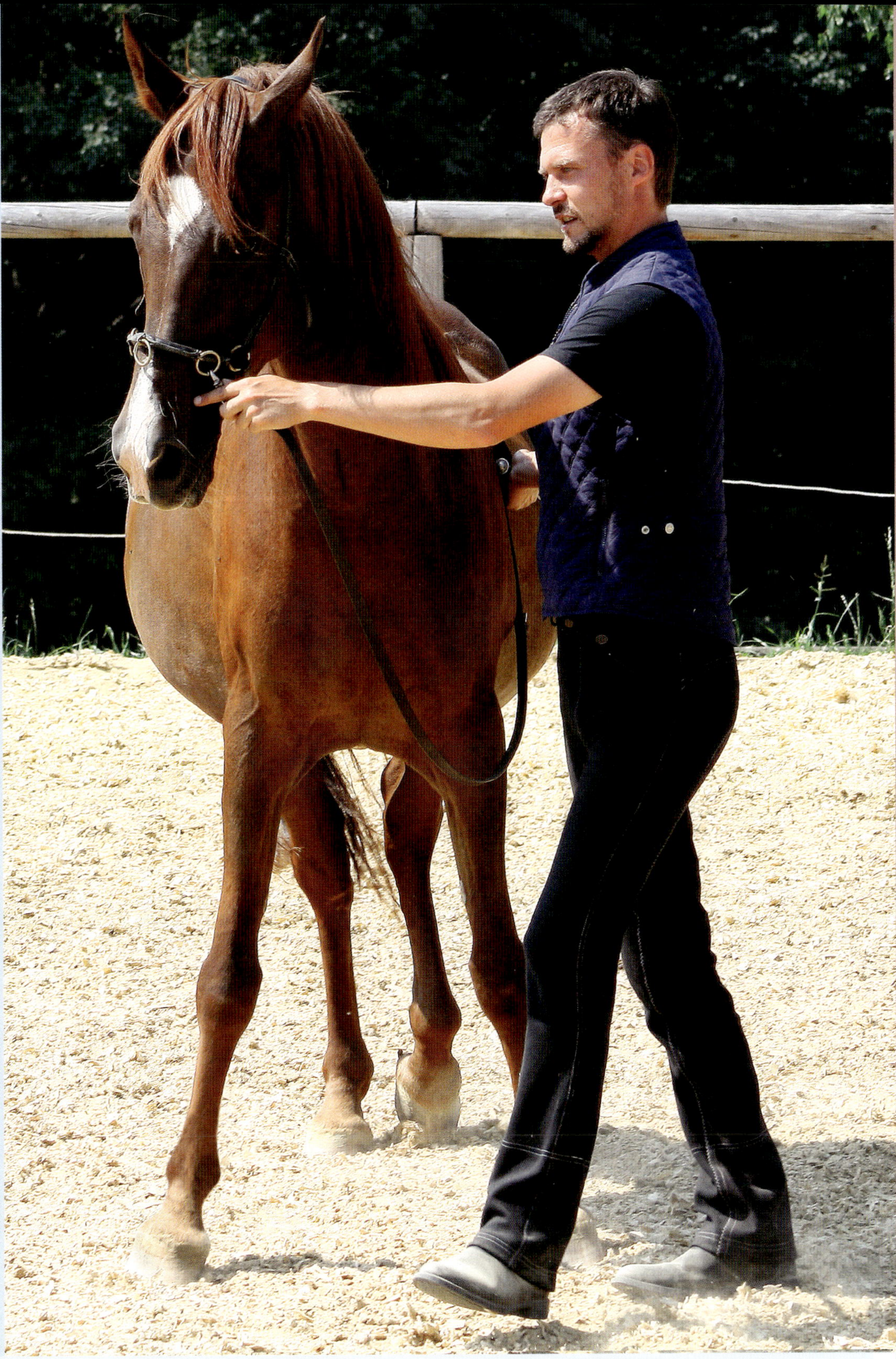

Nach der Korrektur im Bild links zeigt das Pferd nun eine schöne Schritttraversale mit guter Biegung.

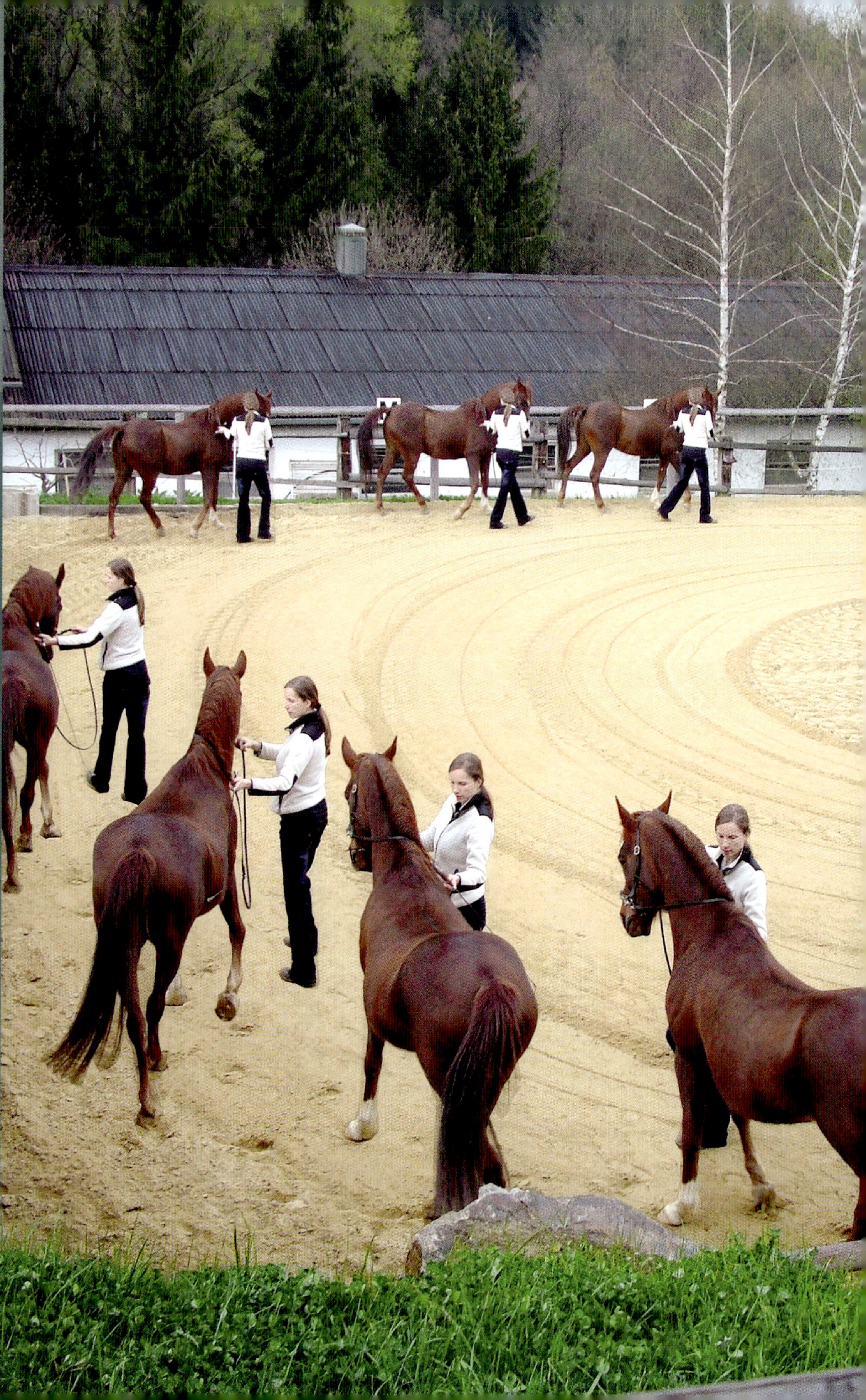

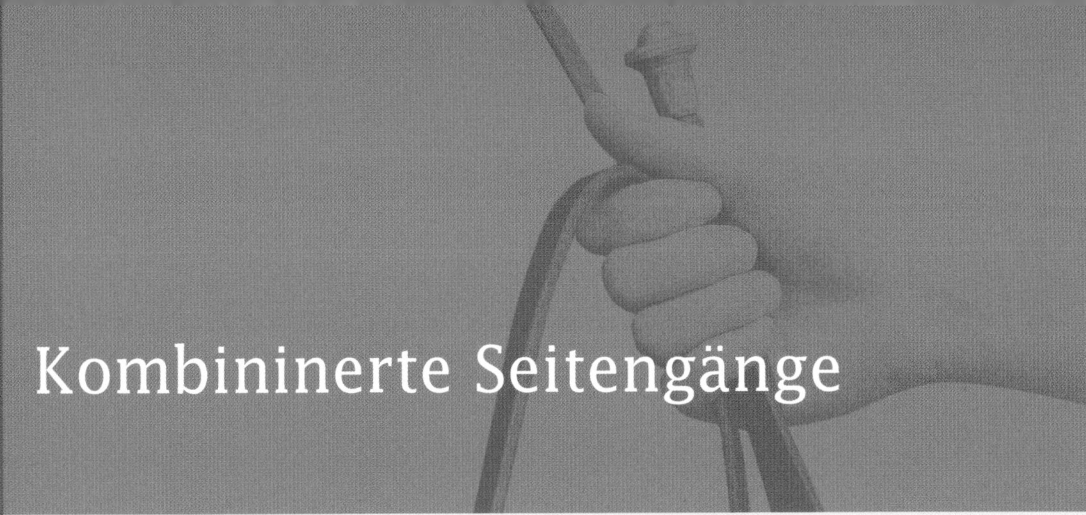

Kombininerte Seitengänge

Vielfältige Variationen

Die Kombination der Seitengänge ist das Salz in der Suppe der Gymnastizierung. Nun, da das Pferd alle Seitengänge beherrscht, kann man an deren Perfektionierung arbeiten. Die Variationen sind mannigfaltig, denn das Viereck ist groß.

Einzig und allein die Position des Menschen links oder rechts vom Pferd begrenzt die Möglichkeiten. Man kann im Schulterherein nicht an der äußeren Seite des Pferdes sein und im Travers nicht auf der inneren. Deshalb sollte man sich vorher vergewissern, welche Kombination der Seitengänge infrage kommt.

Im Folgenden werden einige Beispiele für solche Verbindungen zwischen den einzelnen Seitengängen gezeigt, die selbstverständlich sowohl an der Hand als auch unter dem Sattel ausgeführt werden können.

Sie sind für sehr geübte und fortgeschrittene Pferde zu empfehlen und stellen für Mensch und Pferd eine große Herausforderung dar.

Teile davon kann man aber auch schon als Neuling verwenden, und wenn man mit den Übungen beginnt, sollte man sich ohnehin zuerst einmal Teilbereiche herauspicken und diese dann Schritt für Schritt üben, bevor man sie zusammensetzt.

Wichtig ist auch, die Leistungsfähigkeit seines Pferdes richtig einzuschätzen, denn allzu schnell wird ein Pferd überfordert. Da ist es oft besser, anstatt einer Pirouette eine Volte zu gehen, um einem müden Pferd nicht auch noch einen Muskelkater zu bescheren. Nichtsdestotrotz werden die folgenden Übungen nicht nur den Körper von Mensch und Pferd fordern, sondern auch den Geist. Denn der schnelle Wechsel von einem Seitengang zum nächsten ist auch eine enorme Anstrengung für den Kopf.

Gymnastizieren heißt, sich weiterzuentwickeln – und das nicht nur körperlich, sondern auch geistig!

Schlangenlinien durch die Bahn mit Seitengängen

Man beginnt mit Schulterherein an der kurzen Seite und übernimmt die Biegung auf dem ersten Bogen. Auf der kurzen Geraden stellt man das Pferd gerade, bevor man am zweiten

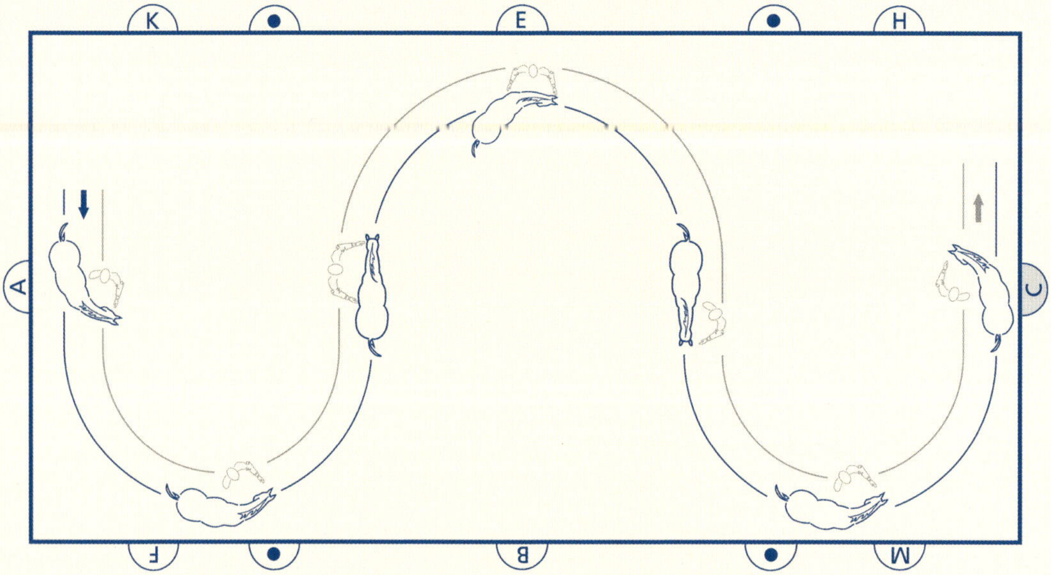

Schlangenlinien durch die Bahn mit Seitengängen

Bogen den Travers auf einer Volte verlangt. Die Hinterhand muss den kleineren Weg gehen, das Pferd ist vom Ausbilder weg gebogen, der sich an der äußeren Seite des Pferdes befindet. Die anschließende Gerade nutzt man wieder zur Geraderichtung.

Bevor man nun zum dritten Bogen gelangt, stellt man das Pferd wieder nach innen, damit man es dann geschmeidig dem Grad des Bogens entsprechend biegen kann. Am Ausgang des letzten Bogens nimmt man die Schultern des Pferdes noch etwas zu sich herein, die Vorhand geht also noch ein Stück in die Volte, bis man fließend an der kurzen Seite wieder in das Schulterherein kommt.

Einfache und doppelte Schlangenlinie mit Seitengängen

Bei der einfachen Schlangenlinie gilt es, das Hauptaugenmerk auf die Traversalverschiebung zu richten. In dem Moment, in dem man das Pferd sowieso umbiegen muss (1), leitet man die Traversale ein (2). Man muss nun nur noch die Hinterhand des Pferdes parallel zur Bande verschieben und erhält eine Traversale.

Die doppelte Schlangenlinie birgt gleich zwei Möglichkeiten für einen Seitengang: Nach der Ecke stellt man das Pferd nicht um, sondern lässt es um sich gebogen. Wenn man nun die Richtung ändert, entsteht fast automatisch ein Schulterherein (3) auf einer kurzen Diagonale zur Wand. Von dort aus (4) begibt man sich wieder in Richtung Bahnmitte, um am nächsten Bogen wieder ein paar Tritte in der Traversale zu verlangen (5).

Die Acht mit Seitengängen

Der Zirkel eignet sich optimal, um sich an erste Kombinationen der Seitengänge auf einem Kreisbogen heranzuwagen: Ein Zirkel wird im

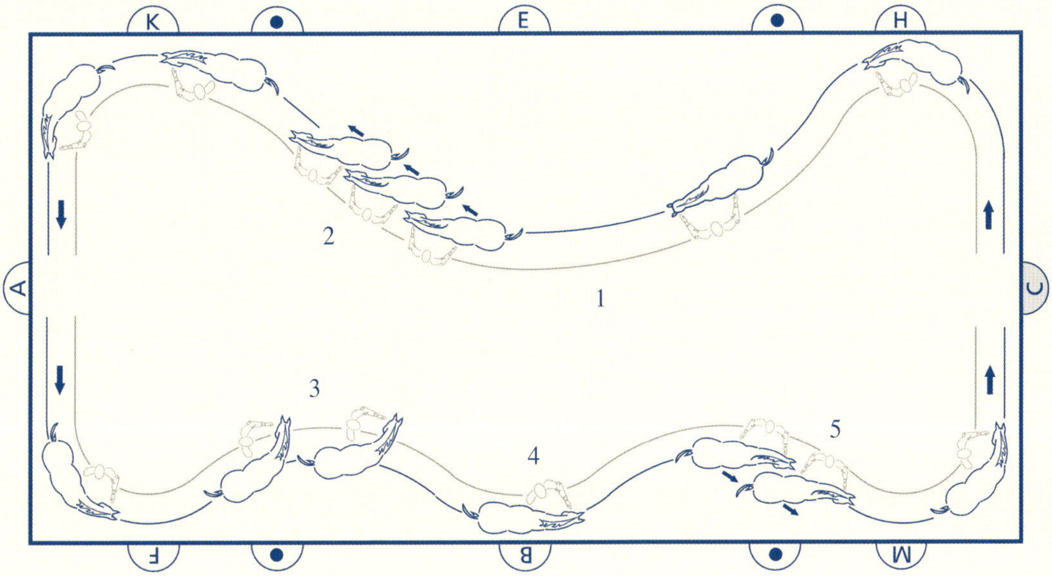

Einfache und doppelte Schlangenlinie mit Seitengängen

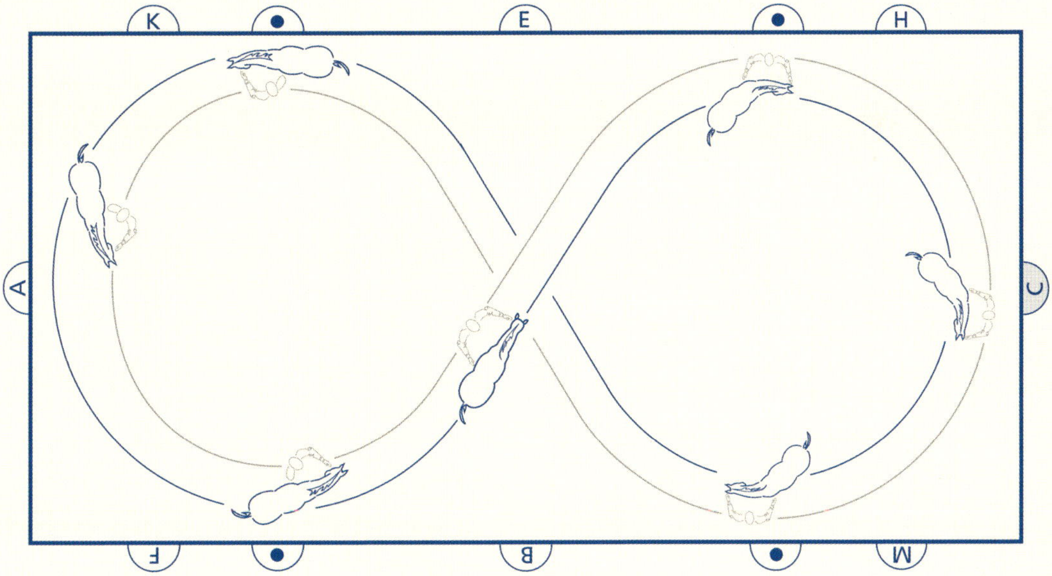

Die Acht mit Seitengängen

Schulterherein verlangt, der zweite im Travers. Dies ist die einfachste Art und Weise, diese beiden Seitwärtsbewegungen zu verbinden. Die Wechsellinie ist besonders wichtig, denn hier richtet man das Pferd immer gerade und bereitet es auf den neuen Seitengang vor.

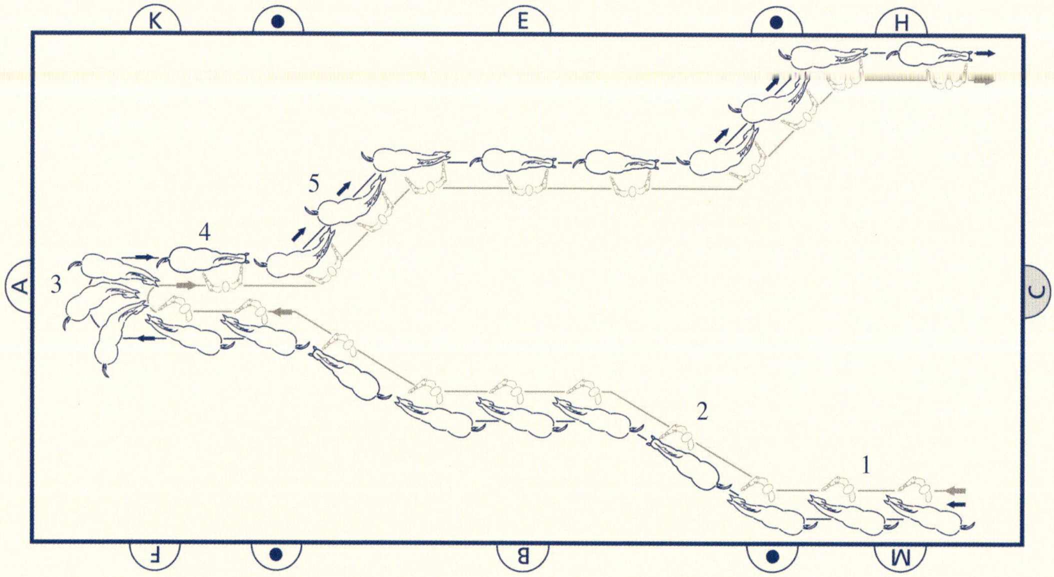

Schulterherein und Traversale

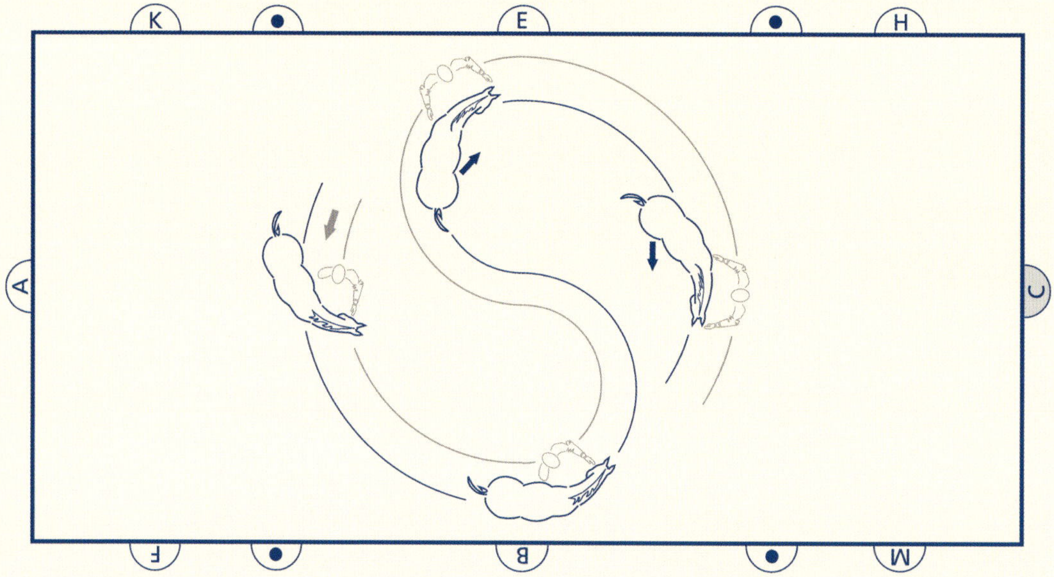

In kombinierten Seitengängen durch den Zirkel wechseln

Zwei weitere Kombinationsmöglichkeiten von Seitengängen auf der Acht sind:

- Schulterherein am ersten Bogen, Konterschulterherein am zweiten,
- Travers am ersten Bogen, Renvers am zweiten.

Diese beiden Varianten benötigen keine Geraderichtung am Wechselpunkt, denn das Pferd bleibt unverändert gestellt und gebogen; es ändert sich nur die Bewegungsrichtung.

Schulterherein und Traversale

Aus dem Schulterherein (1) geht man in Richtung Bahnmitte und stellt das Pferd auf der Diagonalen gerade (2). Dann folgen wieder einige Schritte im Schulterherein. Am Ende des Vierecks macht man eine Vorhandwendung (3), um aus dem Geradeaus (4) zur Traversale (5) überzugehen. Dies wiederholt man, bis man wieder am ersten Hufschlag angelangt ist.

In kombinierten Seitengängen durch den Zirkel wechseln

Beim Wechsel durch den Zirkel kann man sehr elegant zwei Seitengänge miteinander kombinieren. Aus dem Schulterherein am Zirkel wechselt man durch diesen. Auf der Wechsellinie stellt man das Pferd um, und noch bevor die Hinterhand den neuen Zirkel erreicht hat, lässt man die Kruppe seitwärtsgehen – der Travers auf dem Zirkel. Weitere Varianten dieser Übung sind, vom Renvers zum Travers zu wechseln oder vom Konterschulterherein zum Schulterherein. In diesen Fällen muss man das Pferd auf der Wechsellinie nicht umstellen, was die Aufgabe zu Beginn sehr erleichtert.

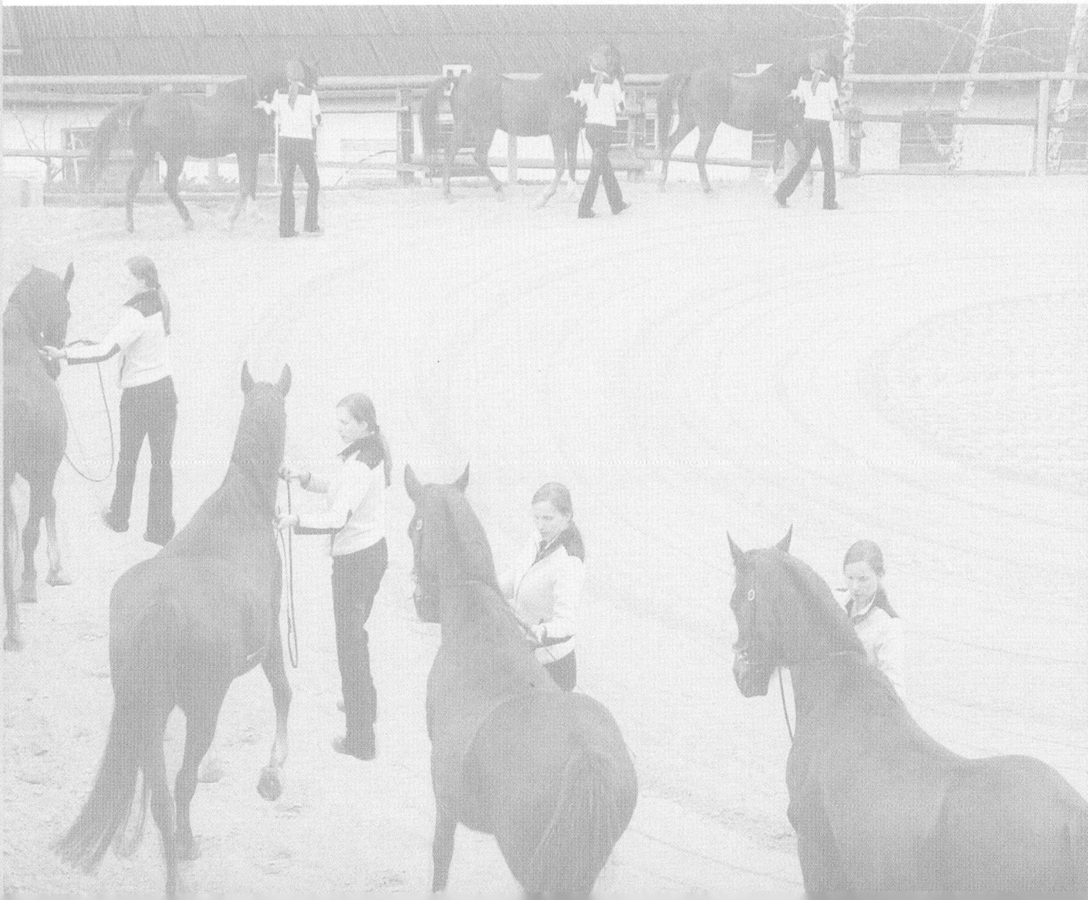

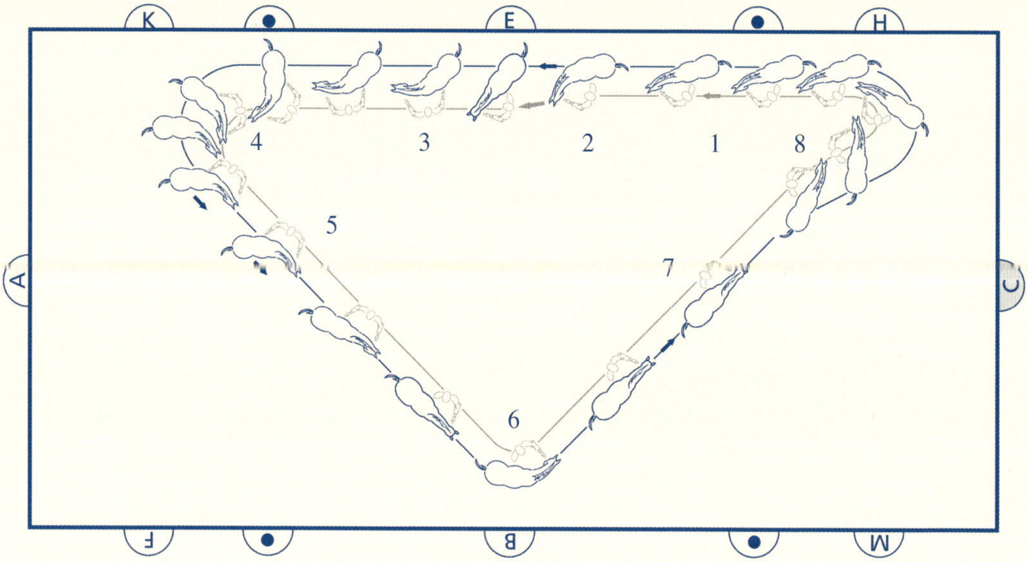

Das Dreieck

Das Dreieck

Mit zwei Diagonalen und einer Geraden lassen sich auch Seitengänge und Wendungen wunderbar miteinander kombinieren.

Im Schulterherein auf drei Hufspuren (1) erhöht man die Abstellung des Pferdes. Das Schulterherein auf vier Hufspuren (2) bereitet die Umstellung zum Renvers vor (3).

Die Bewegungsrichtung des Pferdes ändert sich nicht, aber die Stellung und die Biegung. Die Hilfen wechseln, der Mensch befindet sich nun an der Außenseite des Pferdes.

Eine Renverswendung (4) folgt, und wenn die Abstellung für die kommende Traversale (5) erreicht ist, begibt man sich auf die Diagonale. Am Ende der Diagonalen richtet man das Pferd gerade, und aus einer Viertelvolte (6) geht es zurück zum Hufschlag.

Auf dieser Diagonalen soll das Pferd ganz gerade gehen (7), und erst kurz vor Erreichen des Hufschlags stellt man es zum Schulterherein und durchschreitet die Viertelvolte in diesem Seitengang (8), um das Dreieck zu komplettieren und wieder an der langen Seite zu landen.

Diese Übung kann man in verschiedenen Variationen ausführen, wobei die Position des Ausbilders innerhalb oder außerhalb des imaginären Dreiecks Grenzen schafft. Wenn sich der Mensch außen befindet, ist diese Abfolge möglich:

An der langen Seite stellt man das Pferd vom Konterschulterherein zum Travers um, geht am Ende der Seite in eine Pirouette, lässt das Pferd dann auf der Diagonalen geradeaus gehen, dann folgt eine Viertelvolte zur nächsten Diagonalen, die in einer Traversale begangen wird. Eine enge Traverswendung beschließt wieder das Dreieck.

Wichtig ist, dass man das Pferd immer auf der Länge einer Diagonalen geraderichtet, damit es zwischen den Seitengängen und Wendungen den Schwung nicht verliert.

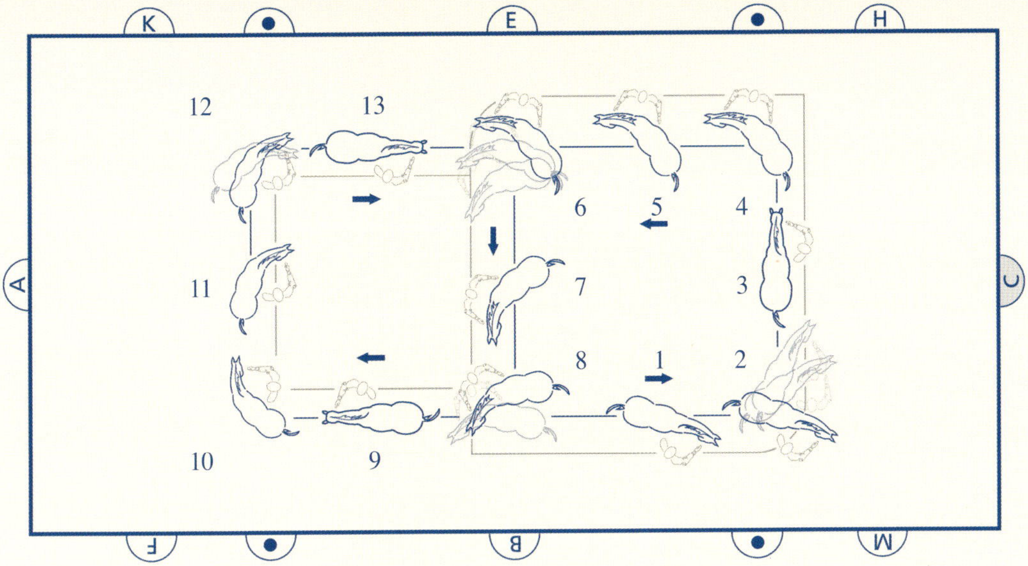

Die Acht im Quadrat

Die Acht im Quadrat

Die Acht im Quadrat ist eine Erweiterung der Quadratvolte. Sie ist sehr nützlich, um Seitengänge mit Pirouetten zu verbinden.

Man beginnt im Konterschulterherein (1) und darf die Abstellung nicht zu groß wählen – sie sollte sich auf drei Hufspuren beschränken, damit man die Wendung um die Hinterhand in Konterstellung (2) korrekt durchführen kann.

Man muss dabei sehr zügig um die Hinterhand des Pferdes gehen, da sonst das innere Vorderbein nicht mehr vor dem äußeren kreuzen kann und das Pferd stolpern oder hinter dem äußeren Vorderbein kreuzen würde. Anschließend führt man die Schulter des Pferdes wieder auf die Linie des Quadrats, um es geradezurichten (3).

Bereits vor der Ecke biegt man das Pferd weg von sich, damit man in der Viertelvolte (4) das Pferd schon für den Travers (5) vorbereitet.

Am Ende der Seite richtet man das Pferd auf, verhält es dadurch, damit es für die folgende Viertelpirouette um das innere Hinterbein (6) vorbereitet ist.

Es geht weiter im Travers (7). Am Ende der Seite muss man die Schultern des Pferdes gut zurückhalten und gleichzeitig die Hinterhand unter den Pferdekörper treiben, damit der Richtungswechsel im Renvers (8) klappt. Die Wendung darf nicht zu lange ausgeführt werden. Zwei bis drei Tritte reichen, damit man das Pferd sofort wieder geraderichten (9) kann.

Nun befindet man sich auf der Innenseite des Quadrats und des Pferdes. Es folgt eine Viertelvolte (10), die den anschließenden Seitengang schon vorbereiten muss. Die Schultern des Pferdes lässt man im Ausgang der Viertelvolte schon etwas weiter zu sich hereinkommen, sodass man das kommende Schulterherein (11) bis zum Ende der Seite ausführen kann.

Die Ecke wird mit einer Wendung um die Vorhand in Schulterhereinstellung (12) ausgeführt. Das Geraderichten (13) beendet einen Umlauf in der Acht und kann von dort nach Belieben fortgesetzt werden.

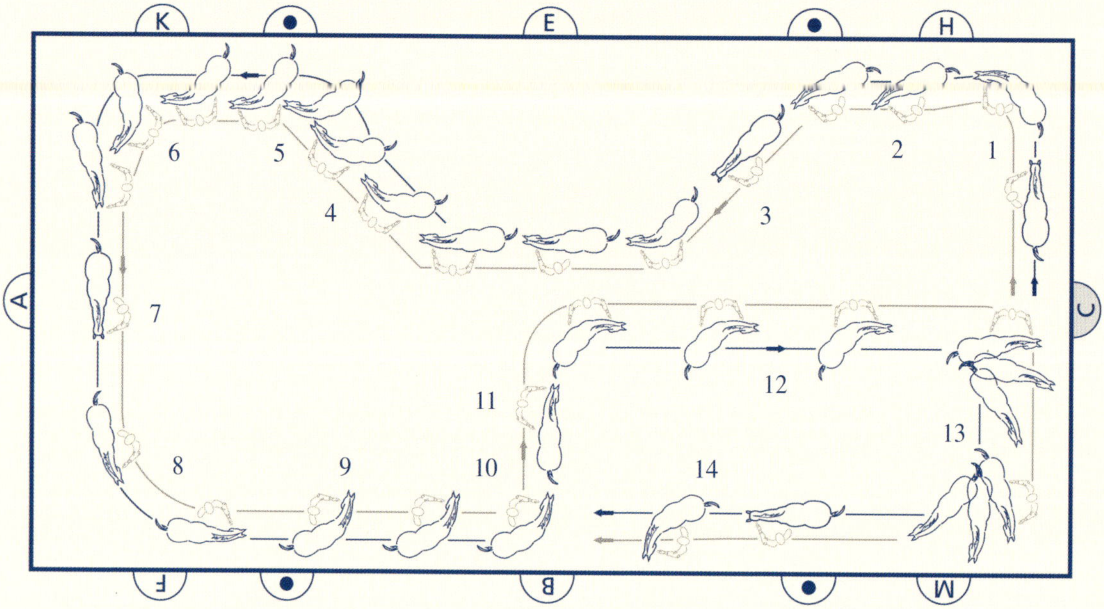

In Seitengängen durch das ganze Viereck

In Seitengängen durch das ganze Viereck

Um das gesamte Viereck auszunutzen, kann man elegant alle Seitengänge miteinander verbinden. Teilelemente können jederzeit herausgenommen und in die Arbeit integriert werden.

Damit nicht das sogenannte „Seitengangsyndrom“ entsteht, bei dem das Pferd nicht mehr geradeaus gehen kann, muss man von Anfang an größten Wert auf das korrekte Geraderichten legen. Deshalb gehören zu allen Kombinationen immer wieder Phasen, bei denen man das Pferd geradeaus führt.

Von der kurzen Seite geht es tief durch die Ecke (1). Das Pferd wird deutlich gebogen und kann daraus sogleich in das Schulterherein (2) gleiten.

Damit man immer die Gewähr hat, den gesamten Pferdekörper vom Hufschlag wegzubringen, geht man aus dem Schulterherein auf eine kurze Diagonale (3), wo man das Pferd geraderichtet und ihm anschließend eine neue Stellung weg vom Menschen gibt, um die Traversale (4) perfekt vorzubereiten.

Aus dieser Traversalverschiebung wechselt man sogleich zum Renvers (5). Die Vorhand des Pferdes kommt nicht am Hufschlag an, sondern wird in der Bahn gehalten.

In der nun folgenden Viertel-Renversvolte (6) ist das Pferd noch immer weg vom Ausbilder gestellt. Die Hinterhand geht den größeren Bogen als die Vorhand. Den Hufschlag an der kurzen Seite kann man nutzen, um das Pferd wieder geradezurichten (7). In der Ecke wird das Pferd auf einer Viertelvolte (8) nach innen gebogen und gestellt, um an der langen Seite im Schulterherein (9) weiterzugehen.

Bei der halben Bahn (10) wendet man in Richtung Mittelpunkt und bereitet auf der kurzen Wechsellinie und auf der folgenden Viertelvolte (11) den Travers (12) vor. Diesen setzt man bis kurz vor dem Hufschlag an der kurzen Seite fort, um mit zwei Viertel-Schrittpirouetten (13) wieder an den Hufschlag zu gelangen.

Dort befindet man sich auf dem ersten Hufschlag, richtet das Pferd auf dem zweiten Hufschlag gerade und beendet den Seitengang-Reigen mit einem Konterschulterherein (14).

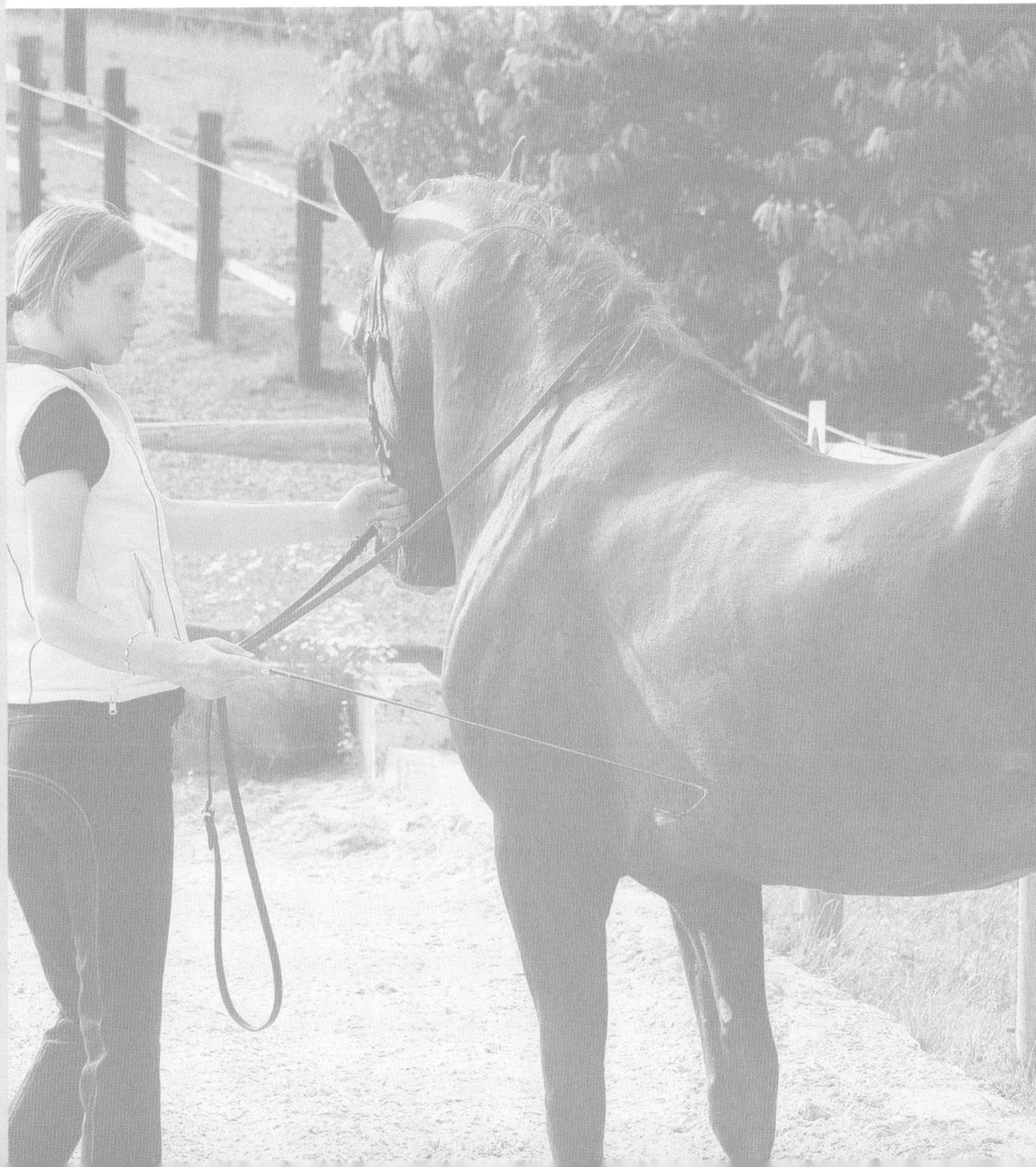

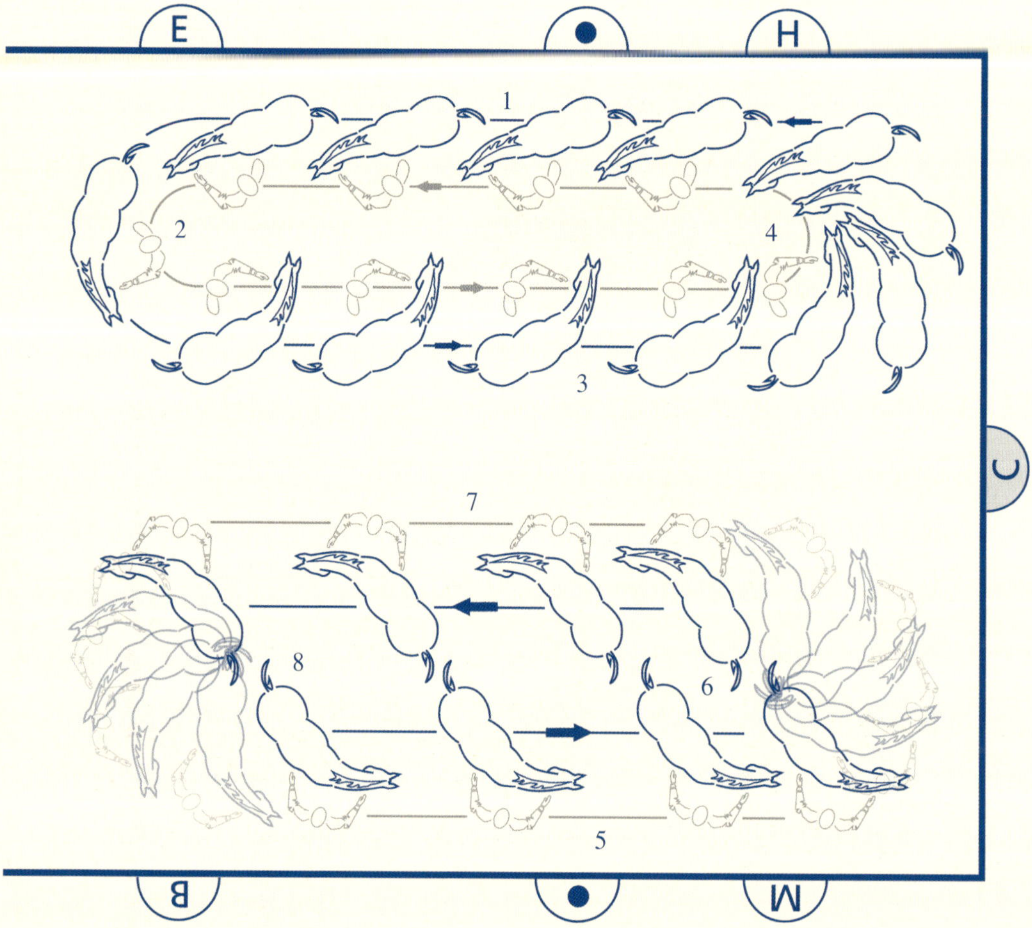

Die kombinierten Passaden

Die kombinierten Passaden

Weitere Kombinationen von Seitengängen sind hier gezeigt. Wichtig ist, auch dabei nicht zu vergessen, das Pferd zwischendurch im frischen Vorwärts geradeaus gehen zu lassen.

1 Schulterherein auf drei Hufspuren
2 halbe Volte
3 Konterschulterherein auf vier Hufspuren
4 Schwenken auf der halben Volte
5 Travers
6 Pirouette
7 Renvers
8 Pirouette

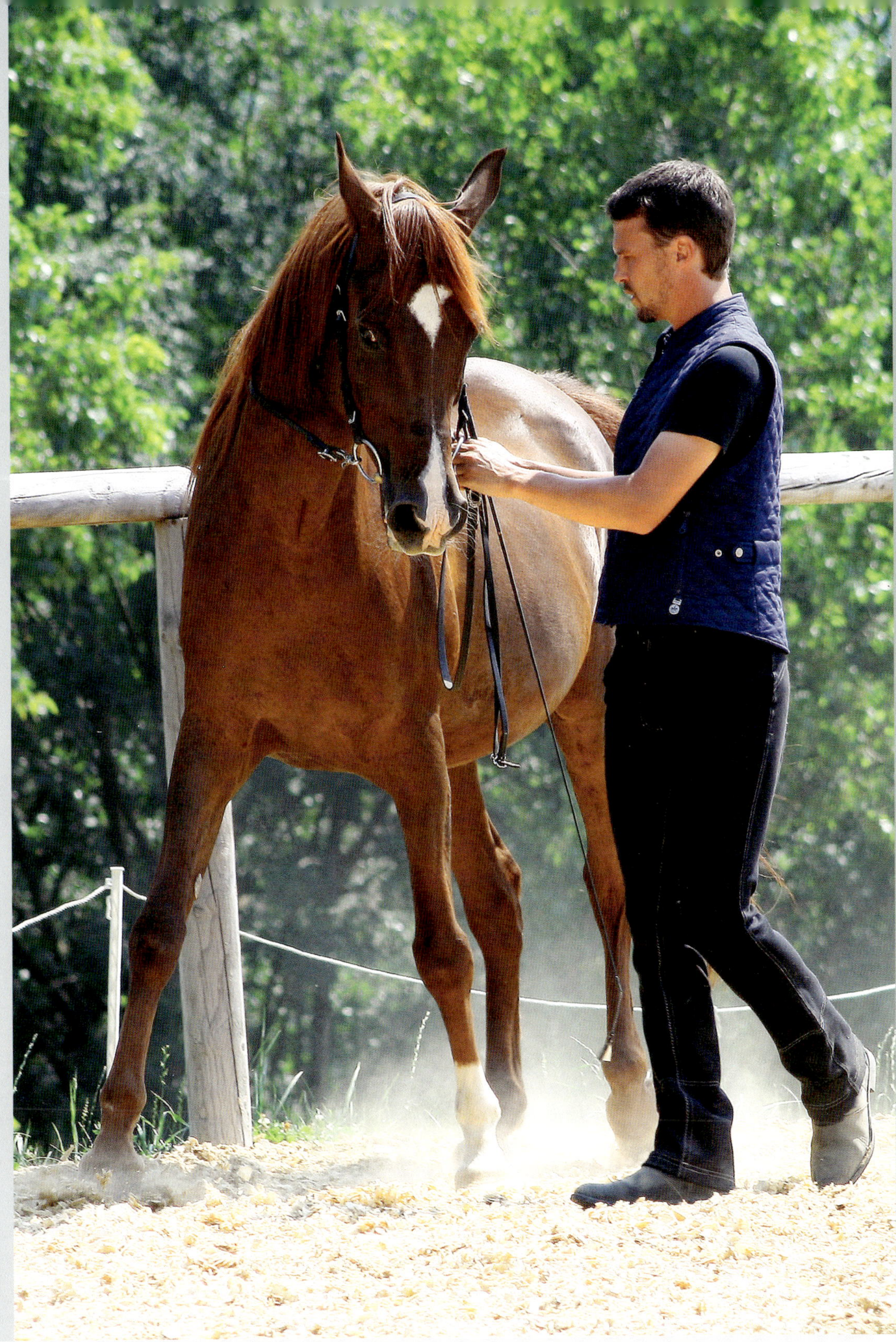

Dank der gewissenhaften Vorbereitung präsentiert sich das gymnastizierte Pferd sicher in allen Seitengängen.

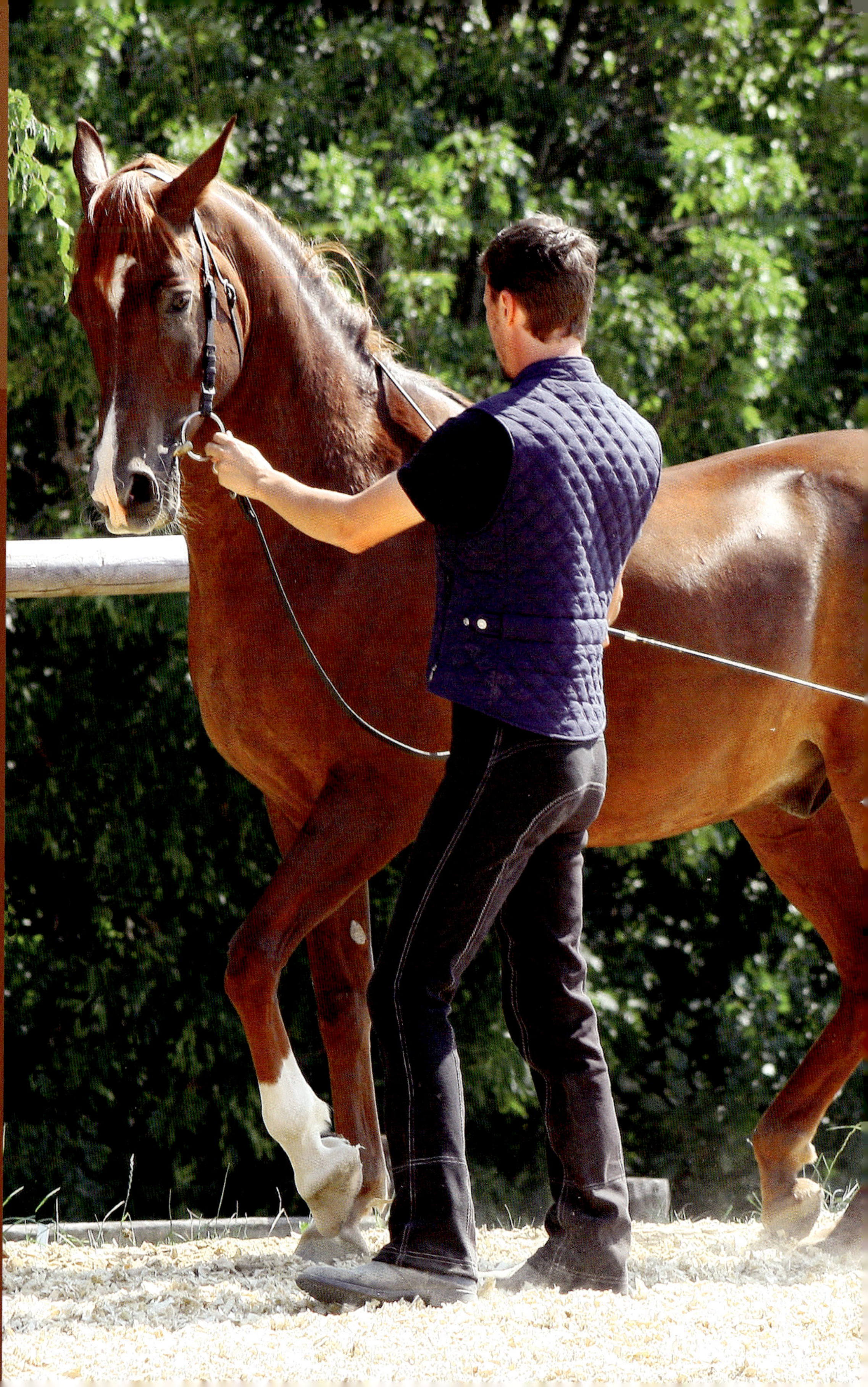

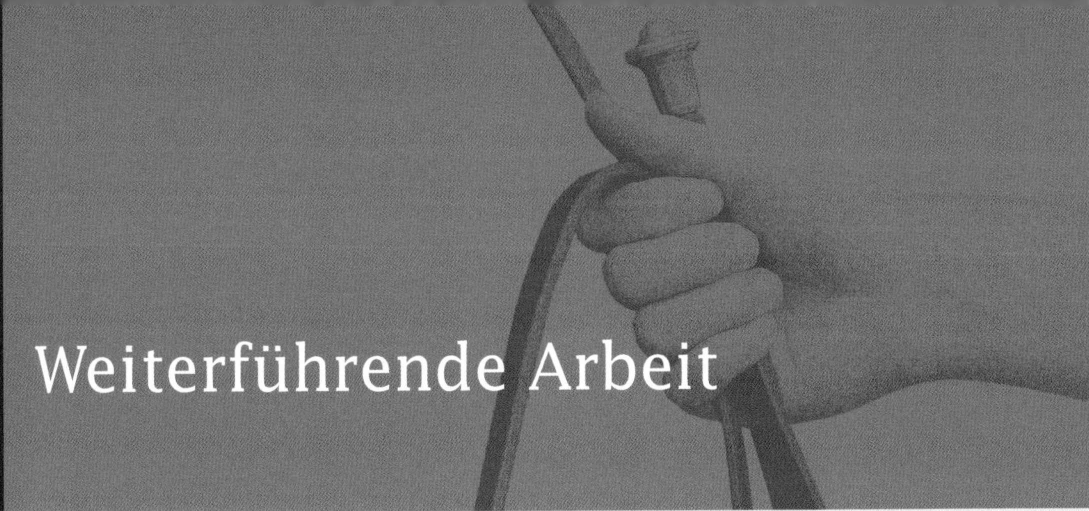

Weiterführende Arbeit

Ausstrahlung und Freude

Mit der weiterführenden Arbeit wird die Kommunikation mit dem Pferd immer feiner, die Zügelhilfen bestehen nur noch aus einem Vibrieren. Das Pferd geht in besserer Balance vorwärts und lernt, sich auf der Stelle zu mobilisieren. Das Genick rundet sich allmählich, und das Pferd wird sich auf die Hanken setzen.

Pferd und Ausbilder haben durch den durchlaufenen Ausbildungsweg Erfahrung und Routine gewonnen, Fehler sind minimiert, und die diffizile Arbeit an der Versammlung darf in Angriff genommen werden. Es gibt eine große Anzahl an Übungen, durch die das Pferd in der Hinterhand immer mobiler und die Aufrichtung immer höher wird.

Man darf nicht vergessen, dass es auch bei der fortgeschrittenen Arbeit nicht um die Lektionen an sich geht, sondern um den Weg dorthin. Das Gleichgewicht befähigt das Pferd, sich auf die Hanken zu setzen und immer leichter in der Vorhand zu werden.

Gerade bei den versammelten Übungen geht der Ehrgeiz des Menschen meist auf Kosten des Pferdes. Eine perfekte Piaffe muss nicht das Ergebnis sein. Nicht jedes Pferd ist überhaupt anatomisch dazu in der Lage. Im Endeffekt geht es immer um die Freude und die Ausstrahlung des Pferdes, ob in einem Seitengang oder in hoher Versammlung.

BASISARBEIT FÜR BAROCKPFERDE

Auch ein barockes Pferd wird nicht „auf den Hanken" geboren. Auch bei Vertretern dieser Rassen muss die Muskulatur für die Versammlung vorbereitet und entwickelt werden.

Die Handarbeit ist hervorragend dazu geeignet, zunächst an der Geraderichtung zu arbeiten und dem Pferd aufzuzeigen, dass es dem nachgebenden Zügel in die Tiefe folgen soll, bevor man nach und nach die versammelten Lektionen erarbeitet und schließlich dank der anatomischen Voraussetzungen des Barockpferdes oft bis zur Perfektion reifen lassen kann.

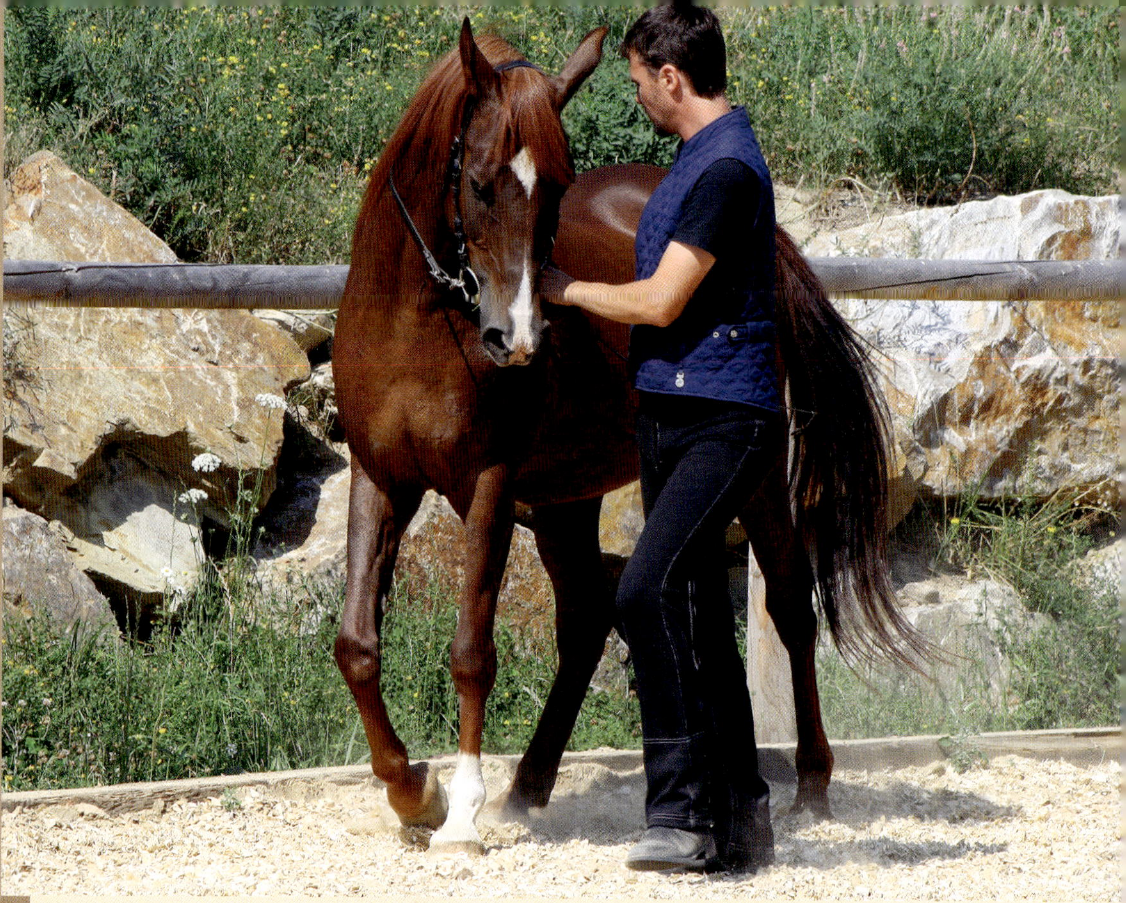

Übergang vom Schritt zum Trab im Schulterherein:
Der richtige Moment zum Antraben ist dann gekommen, wenn das Pferd gerade mit dem äußeren Hinterbein vorgeschwungen ist. Das innere befindet sich in der Stützphase und kommt im nächsten Takt unter den Pferdekörper. Stellung und Biegung im Schulterherein sind erreicht, die innere Hüfte wird sich im nächsten Schritt absenken und gibt die Bewegungsrichtung des Hinterbeins vor.
Der Ausbilder macht einen energischen Schritt nach vorn, gibt ein Stimmkommando und setzt die Gerte ein, um das innere Bein zum kürzeren Treten zu animieren. Dadurch kann sich der erste Trabtritt entwickeln. Gleichzeitig gibt das Touchieren dem Pferd die vermehrte Spannung, die es zum Traben braucht.

Übergänge

Um die Wirkung der vorgestellten Seitengangkombinationen noch um ein Vielfaches zu verstärken, kann man dort auch Übergänge zwischen Schritt und Trab einbauen.

Das Antraben im Seitengang

Beim Antraben in einem Seitengang darf die gewonnene Abstellung nicht aufgegeben werden. Das Pferd soll den Seitengang im Trab mit derselben Qualität ausführen wie im Schritt.

Dazu ist es wichtig, darauf zu achten, mit welchem Hinterbein das Pferd zuerst zur neuen Gangart ansetzt. Im Schulterherein und im Konterschulterherein muss man das innere Hinterbein zum Antraben animieren, im Travers, Renvers und in der Traversale das äußere. Das Stimmkommando muss mittlerweile ausreichen, um das Pferd anzutraben. Unterstützend kann man nun die Gerte am jeweiligen Hinterbein einsetzen. Das Timing dieser

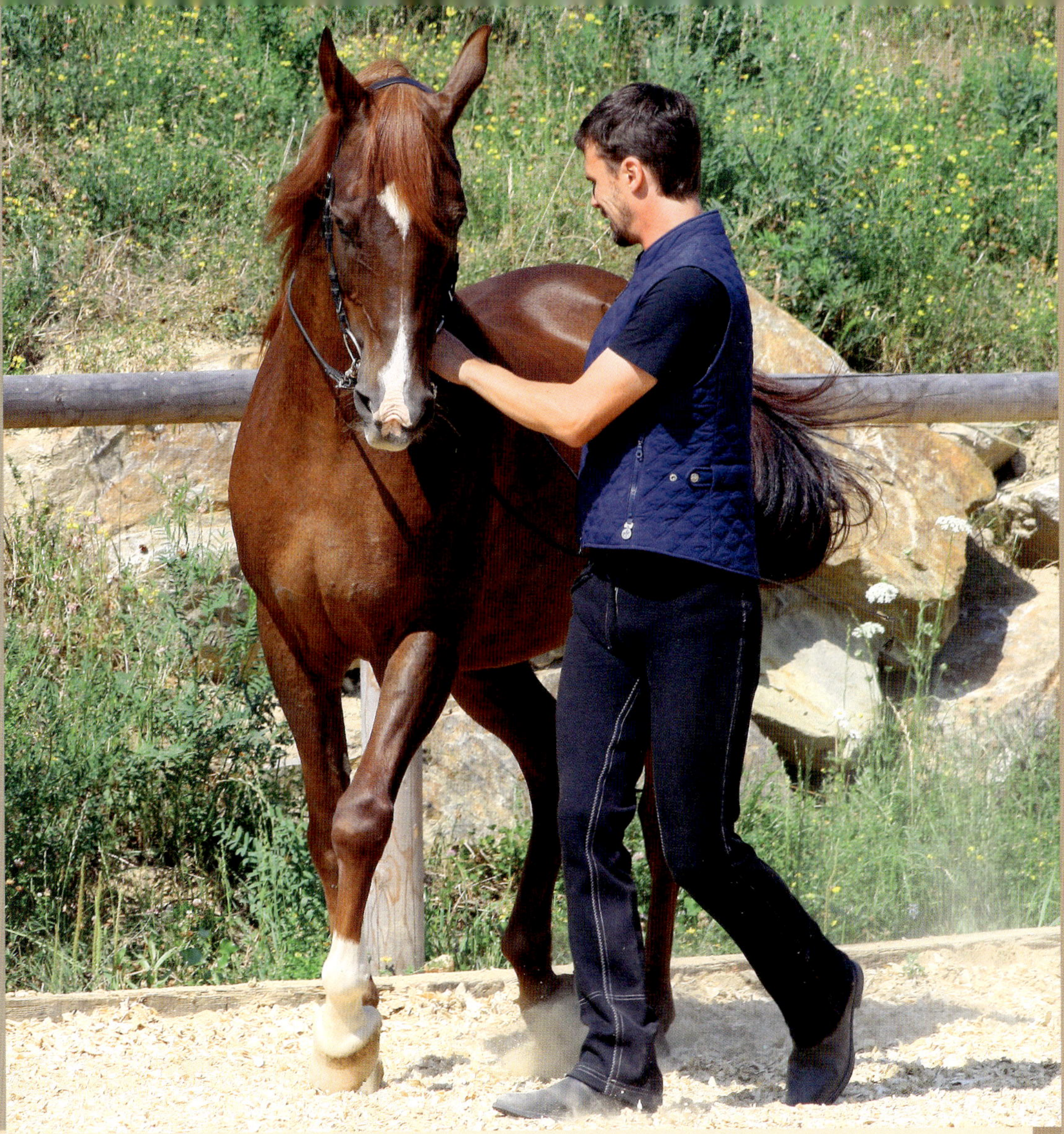

In diesem Moment greift bereits das diagonale Beinpaar vor, das Pferd behält Stellung und Biegung und ist dadurch sofort im Trabschulterherein.

Aufforderung ist sehr wichtig, damit das Pferd in dem Moment zum Trab ansetzt, wenn das Hinterbein im Begriff ist, nach vorn zu schwingen. Dann ist durch die Hüftstellung die Abstellung gewährleistet, und das Pferd wird den Seitengang beibehalten.

Das Parieren im Seitengang

Auch beim Übergang vom Trab zum Schritt innerhalb des Seitengangs muss man unbedingt auf die Schrittfolge achten. Der Trab ist ein Zweitakt, was bedeutet, dass sich die diagonalen Beinpaare gleichzeitig und gleichmäßig bewegen.

Der richtige Moment zum Übergang ist gekommen, wenn das innere Hinterbein abfußt. Exakt in diesem Moment bleibt der Fluss der Bewegung erhalten, und der Seitengang kann im Schritt fortgesetzt werden. Die halbe Parade hierzu setzt sich aus mehreren Schritten

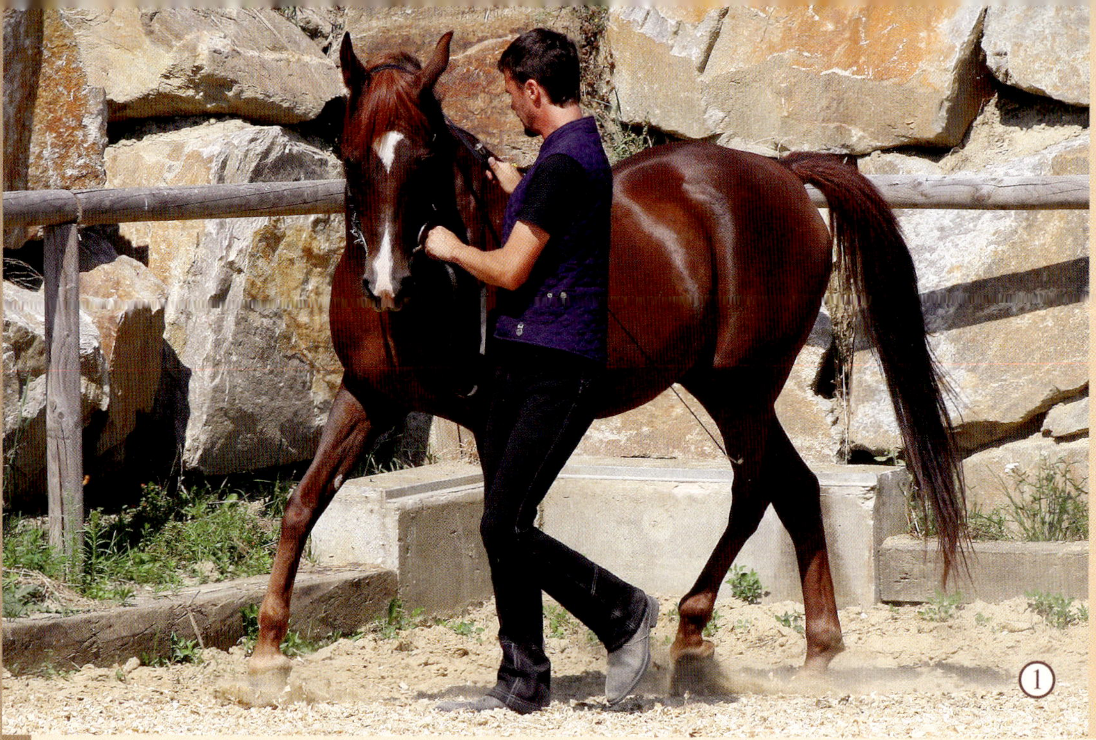

Übergang vom Trab zum Schritt im Schulterherein:
Die Vorbereitung zum Übergang ist bereits abgeschlossen. Das Pferd schwingt im Diagonaltakt des Trabes mit dem inneren Hinterbein nach vorn, ist aber schon bereit für eine neue Balance – den Schritt. Die finale halbe Parade lässt das Pferd auf dem inneren Hinterbein etwas länger verweilen, sodass es unmittelbar in den Schritt kommt.

Hier ist die Schrittphase schon erkennbar. Die Hand des Ausbilders begleitet den Kopf des Pferdes in eine etwas tiefere Position, denn der Rahmen muss im Schritt ein wenig größer sein als im Trab. Durch eine leicht vorgehende Hand im Moment des Übergangs lässt man dem längeren Hals Platz. Die beibehaltene Stellung und Biegung aus dem Schulterherein lässt das innere Hinterbein auch im Schrittübergang unter den Schwerpunkt fußen.

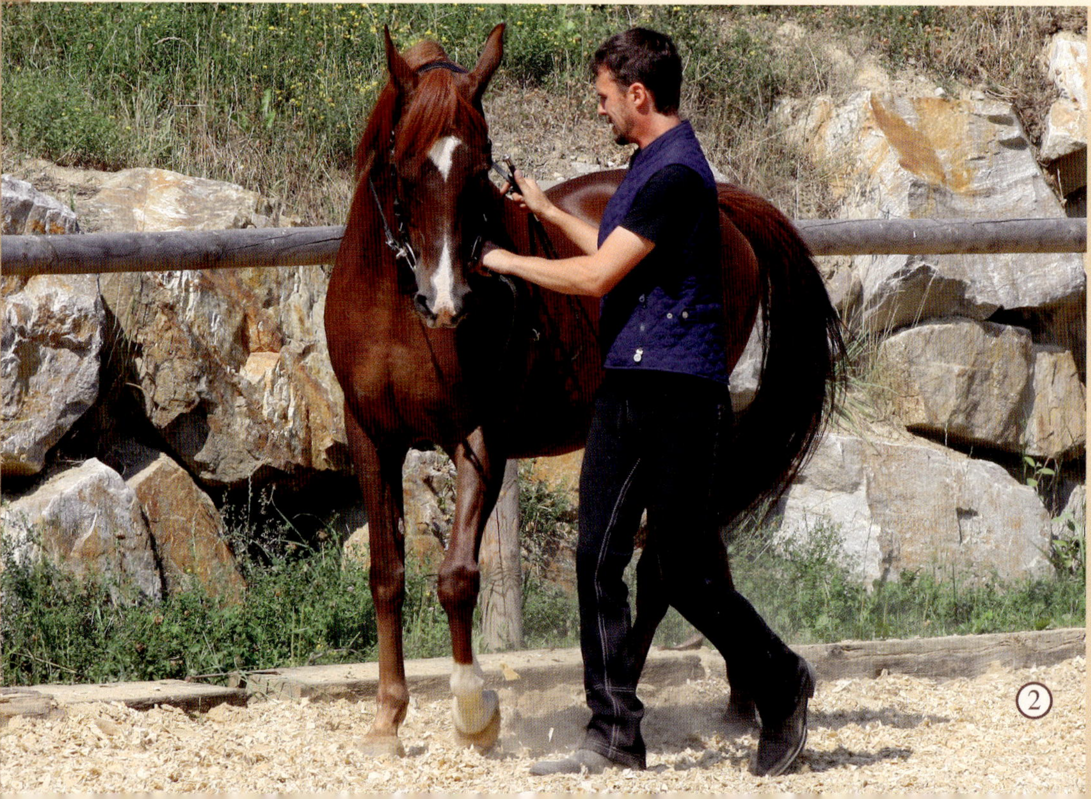

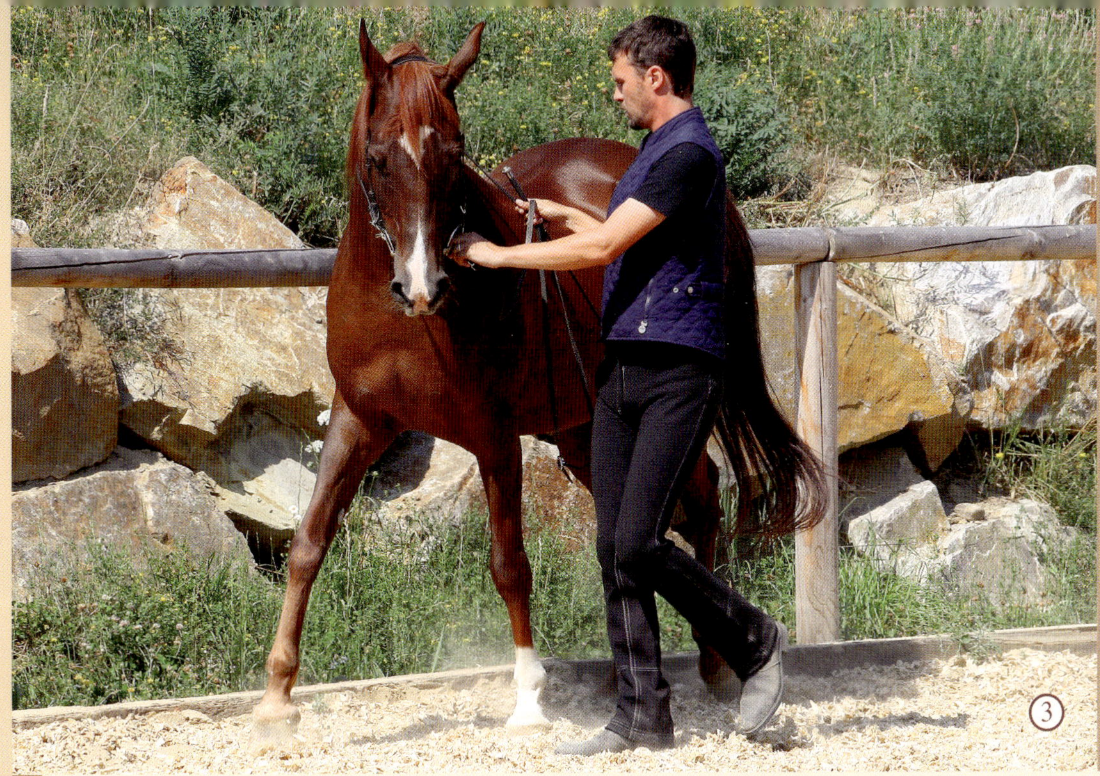

Der Schritttakt ist hergestellt, das Pferd hat das Schulterherein nicht aufgegeben und kann sogleich weiter im Seitwärts gearbeitet werden. Es ist sehr wichtig, den Übergang nicht durch Anzüge des inneren Zügels herbeizuführen, damit das Pferd sich nicht verwirft. Die Bilder zeigen, dass der innere Zügel nie zurückgezogen wird, sondern wirklich nur den äußeren etwas unterstützt.

zusammen: Der äußere Zügel bereitet das Pferd auf den Schritt vor – kleine, sanfte Paraden machen das Pferd aufmerksam, der innere Zügel darf bei der Handarbeit auch ein wenig „klingeln", damit sich das Pferd nicht fälschlicherweise umstellt.

Es folgt ein beruhigendes Stimmkommando und ein leichtes Zurücknehmen des Oberkörpers vom Ausbilder. Das Aufmerksammachen des Pferdes kann auch durch ein Stimmkommando – zum Beispiel „Achtung" – unterstützt werden.

Die Schaukel

Eine weitere Übung auf dem Weg in die Versammlung ist die Schaukel. Damit man das volle Potenzial dieser Übung ausschöpfen kann, muss das Pferd die folgenden Voraussetzungen erfüllen, aus denen sich die Schaukel zusammensetzt:

1. gezählter Schritt
2. versammeltes Halten
3. Rückwärtsrichten

Die Schaukel ist eine sich abwechselnde Vorwärts- und Rückwärtsbewegung des Pferdes, die im Laufe der Zeit so weit entwickelt wird, dass es im Rückwärtsrichten seinen Schwerpunkt in Richtung Hanken verschiebt, um dann in dieser neuen Balance vorwärtszugehen.

Der Ausbilder muss seine Körpersprache immer subtiler gestalten, sodass am Ende ein leichtes Zurücknehmen des Oberkörpers reicht, um das Pferd versammelt rückwärtsgehen zu lassen. Ein leichtes Vornehmen des Oberkörpers bringt dann das Pferd sofort aus dem Rückwärts wieder nach vorn. Verkürzt man die

Abfolge zwischen Vorwärts und Rückwärts immer mehr, ergibt sich daraus eine erste sanfte Mobilisation auf der Stelle.

1. Der gezählte Schritt

Ein Meilenstein der gymnastizierenden Handarbeit ist der sehr langsame, getragene Schritt. Jeder einzelne Tritt muss vom Ausbilder kontrolliert und bestimmt werden können, das Pferd beschreitet eine Gratwanderung zwischen Langsamkeit und Fleiß.

Das Pferd muss zunächst lernen, auf minimale Paraden am Zügel sein Tempo zu verlangsamen. Dazu soll die Zügelhand des Ausbilders von unten nach oben „vibrieren" – nicht mehr, aber auch nicht weniger. Diese kleinen Signale machen das Pferd erst einmal aufmerksam; bei den ersten Versuchen wird es wahrscheinlich die Paraden als Haltparade verstehen und dementsprechend reagieren. Nun muss mit der Gerte nachgetrieben werden, um dem Pferd klarzumachen, dass es nur sein Tempo verlangsamen soll – ein schmaler Grat, der bei jedem Pferd anders verläuft.

Das Vibrieren muss sich in einem winzigen Rahmen abspielen, der Ausbilder „zittert" mit seinem Unterarm und gibt somit feine Signale an die Trense weiter, die von unten nach oben erfolgen, damit sich das Pferd etwas aufrichtet, während der Schritt immer langsamer wird.

Auf diese Weise lernt das Pferd eine sehr feine Zügelhilfe kennen, welche die Vorhand verhält und etwas aufrichtet.

Die zweite Komponente muss der Fleiß der Hinterhand sein. Anfangs genügt es, das Pferd aus dem unerwünschten Halt vorwärtszuschicken, damit es seinen Schritt nur verlangsamt, aber nicht stehen bleibt. Dies ist in der ersten Phase die Hauptaufgabe der Gerte.

Hat das Pferd die Zügelhilfen verstanden und verhält sich prompt und leicht, bekommt die treibende Gertenhilfe eine höhere Priorität: Nun ist es an der Zeit, die Hinterhand fleißig zu machen. Die Gerte muss nun in der Manier einer winzigen Zügelparade ebenso elektrisierend und vibrierend an der Flanke des Pferdes eingesetzt werden – es geht also nicht um gezieltes Touchieren einzelner Beine, sondern um ein Beleben der gesamten Hinterhand. Sobald das Pferd richtig reagiert und das Tempo der Hinterhand erhöht, muss die Gertenhilfe aussetzen und das Pferd ausgiebig gelobt werden.

Ein bis drei fleißigere Schritte mit der Hinterhand genügen vorerst. Wenn das Pferd mit zu viel Schub nach vorn reagiert, wird sich das sofort in der Zügelhand bemerkbar machen. Die Stimme des Ausbilders muss nun beruhigen und gleichzeitig die Intensität der Zügelvibration etwas erhöhen, bis das Pferd wieder zu einem langsameren Tempo kommt.

Anfangs muss man eine Menge Geduld beweisen, bis das Pferd versteht, was von ihm gefordert wird, aber schon bald kann der gezählte Schritt in das Repertoire der Bewegungen aufgenommen werden.

2. Das versammelte Halten

Hat das Pferd den gezählten Schritt gelernt, muss man daraus nur noch anhalten, und es bleibt versammelt stehen. Tut es das nicht, kann man im Halt das Pferd aufrichten, die Zügelhilfe Richtung Maulwinkel kennt es ja schon. Im Idealfall sollte sich die Haltparade jedoch aus dem vorangegangenen Schritt ergeben.

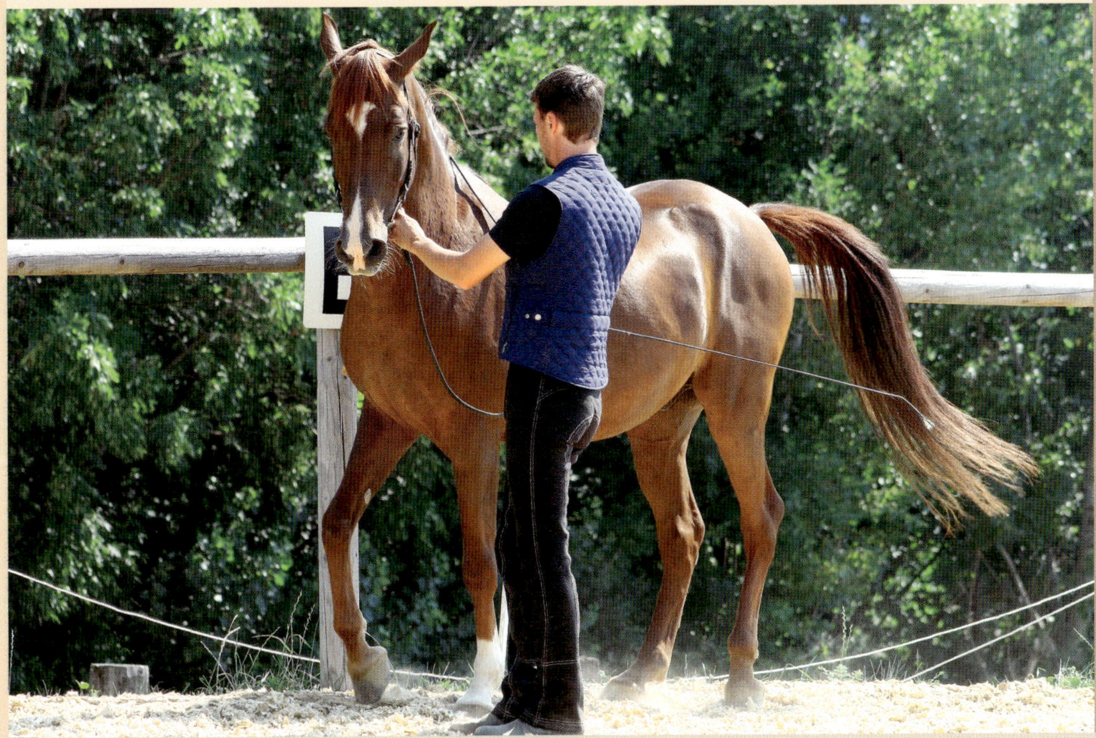

Aus dem gezählten Schritt ergibt sich …

… die anschließende Haltparade: Eine Lektion bringt die nächste hervor.

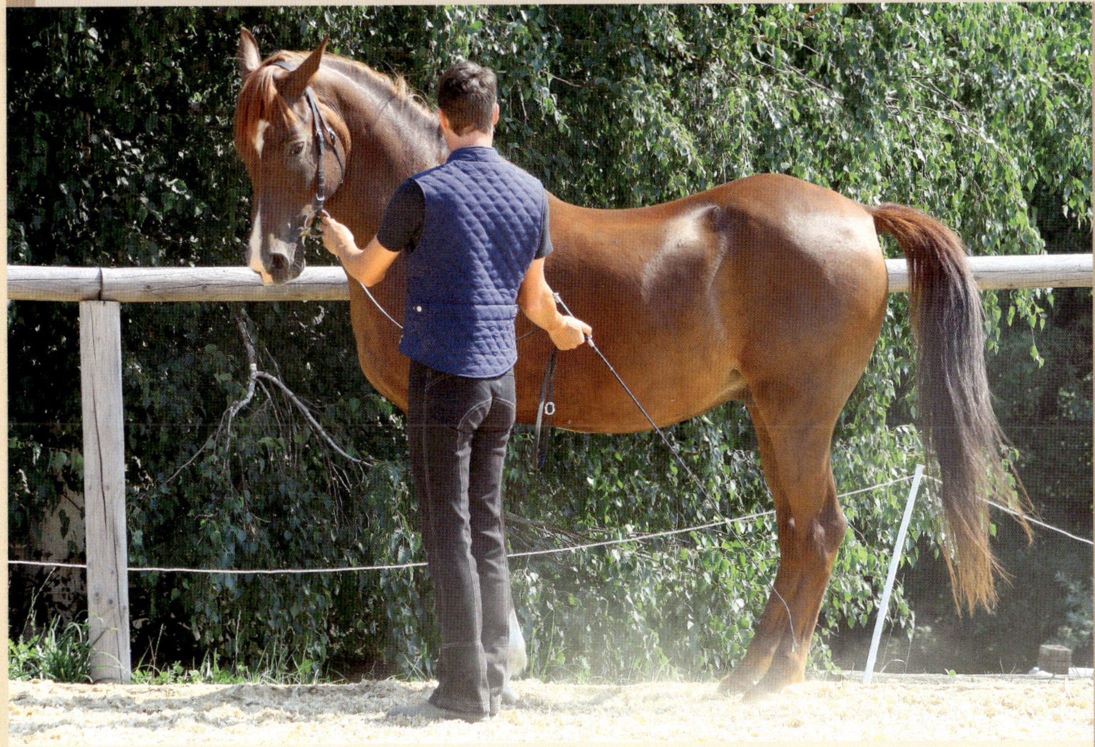

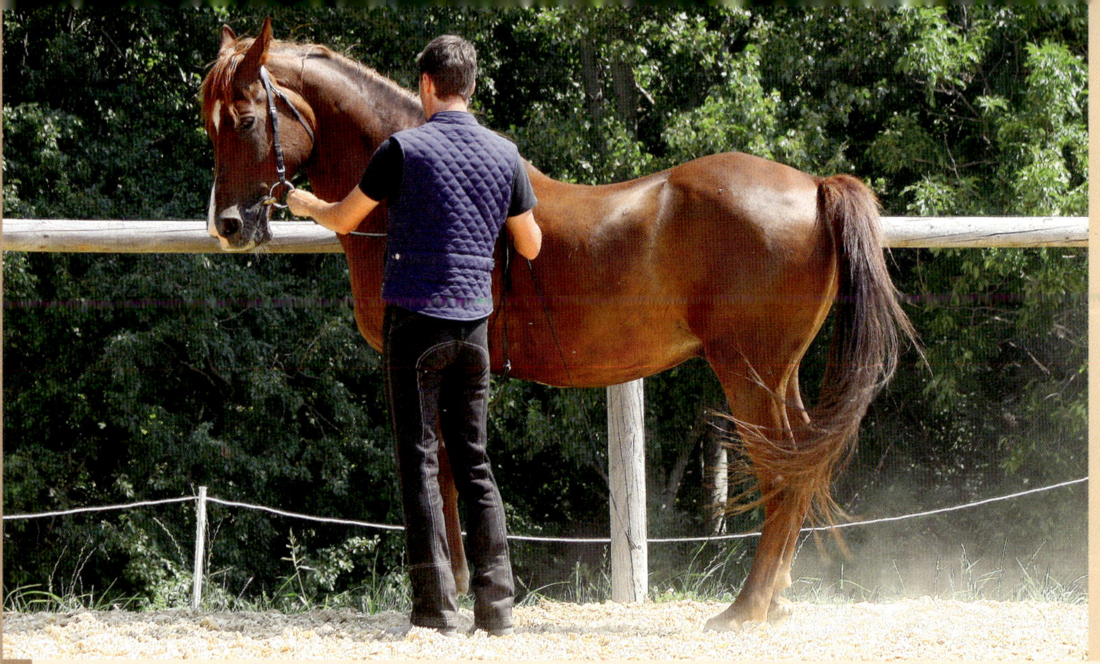

Die Körpersprache des Menschen ist bei der Schaukel die wichtigste Hilfe. Im versammelten Halt erkennt man die Grundposition, wobei die Gerte in dieser Phase der Ausbildung ruhig waagerecht stehen darf, damit die für die Schaukel erforderliche Grundspannung bestehen bleibt. Der Oberkörper des Ausbilders ist frontal zum Pferd gerichtet.

3. Rückwärtsrichten

Im versammelten Halt braucht der Ausbilder nun einfach nur mit denselben winzigen Paraden wie im gezählten Schritt zu beginnen, seinen Oberkörper etwas zum Pferd hinzudrehen und die Richtung der neuen Bewegung anzudeuten.

Die eigenen Beine muss man etwas breiter stellen, damit man die eigene Gewichtsverlagerung korrekt ausführen kann. Aus dieser Position verlangt man nun ein oder zwei Tritte rückwärts. Die Stimmhilfe sollte diese Aufforderung mit dem vom Pferd schon erlernten Kommando zum Rückwärtsrichten unterstützen.

Das Pferd darf im langsamen Rückwärtsrichten nicht mit der Stirn-Nasen-Linie hinter die Senkrechte kommen – es soll ja seinen Schwerpunkt nach hinten verlagern und nicht einfach rückwärtsstürmen.

Die Ziele

Hat das Pferd diese drei Schritte erlernt, dann ist es bereit für die Ausführung der Schaukel. Es ist leicht in der Vorhand und befindet sich in einer Versammlung, ohne dass es jemals mit harten Hilfen „zusammengepresst“ wurde. Die vorbereitenden Übungen für die Schaukel eignen sich also hervorragend, um das Pferd auf die Hanken zu setzen, während es in Selbsthaltung bleibt.

Durch das versammelte Rückwärtsrichten verschiebt das Pferd sein Gleichgewicht immer mehr in Richtung Hinterhand, die angestrebte Gewichtsentlastung der Vorhand wird sehr schnell Realität, und der Muskelaufbau des gesamten Bewegungsapparats wird ideal unterstützt.

Ein weiteres Ziel ergibt sich aus der immer feiner werdenden Kommunikation zwischen Mensch und Pferd. Die Hilfen reduzieren sich auf ein Minimum.

Das Pferd lernt in der Schaukel neben seiner Balance auch, seine Aufmerksamkeit zu schulen. Kleinste Regungen vom Ausbilder müssen vom Pferd erkannt und entsprechend

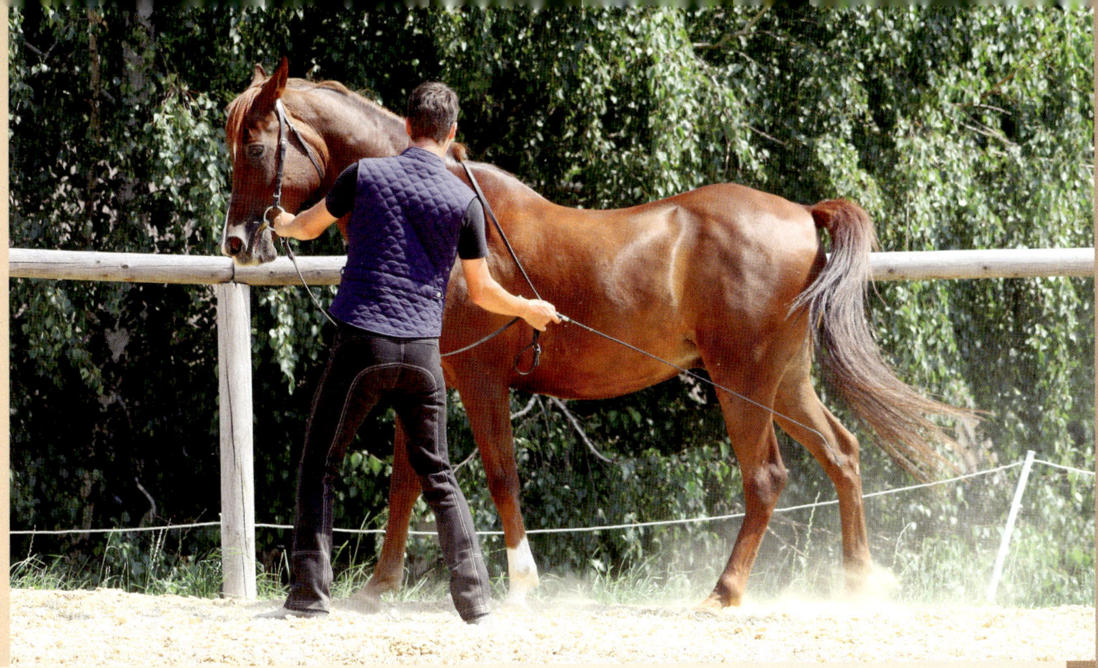

Für das Rückwärtsrichten sollte es mittlerweile genügen, den Oberkörper etwas in die Bewegungsrichtung zu verschieben. Die Trenseneinwirkung muss präzise, leicht und fein bleiben. Dank der gespreizten Beinposition kann der Ausbilder den eigenen Schwerpunkt leicht nach vorn oder nach hinten verschieben. Das Pferd muss nun seinen Schwerpunkt ebenfalls verlagern. Wenige Tritte reichen aus, dann muss die Gerte bereit sein, das Pferd sofort wieder vorwärtszuschicken.

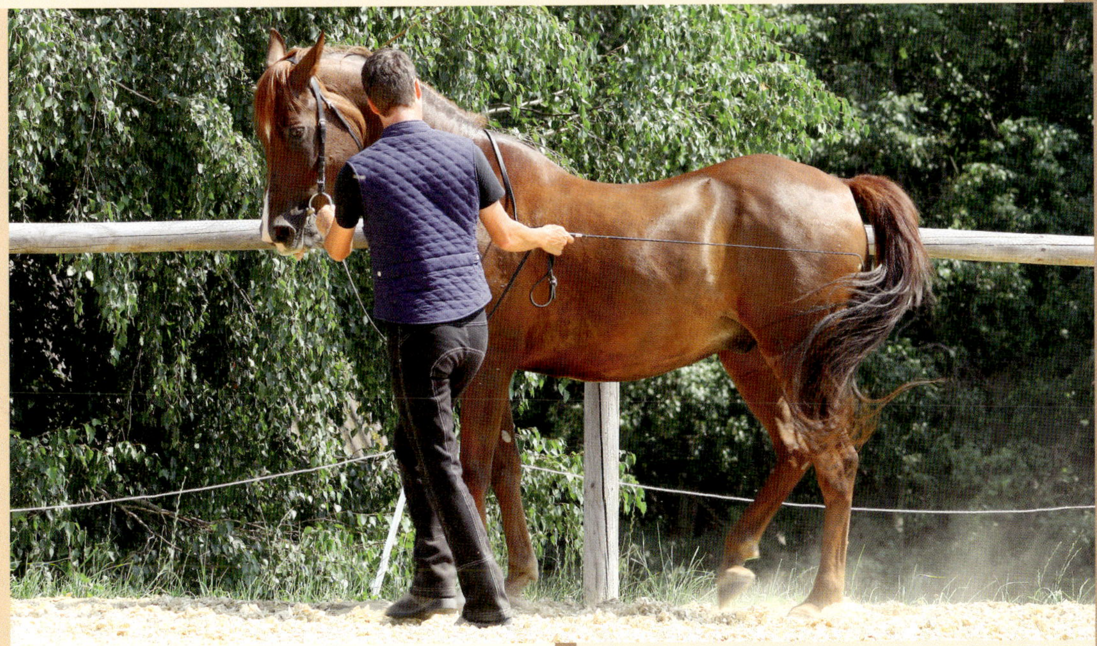

umgesetzt werden. Andererseits muss der Mensch nun wirklich seinen Körper beherrschen und gut darauf achten, keine missverständlichen Signale zu geben.

Der Oberkörper leitet die Vorwärtsbewegung ein, die Gerte belebt die Hinterhand, das Gebiss filtert das Zuviel an Schub des Pferdes heraus. Die Hinterbeine treten fleißig mit verkürzten Tritten nach vorn. Anschließend folgt wieder das Halt, das Rückwärts und daraus das Vorwärts. Mit der Zeit können die Übergänge immer kürzer aneinandergereiht werden, es entwickelt sich eine Mobilisation auf der Stelle – die Piaffe ist nicht mehr weit entfernt.

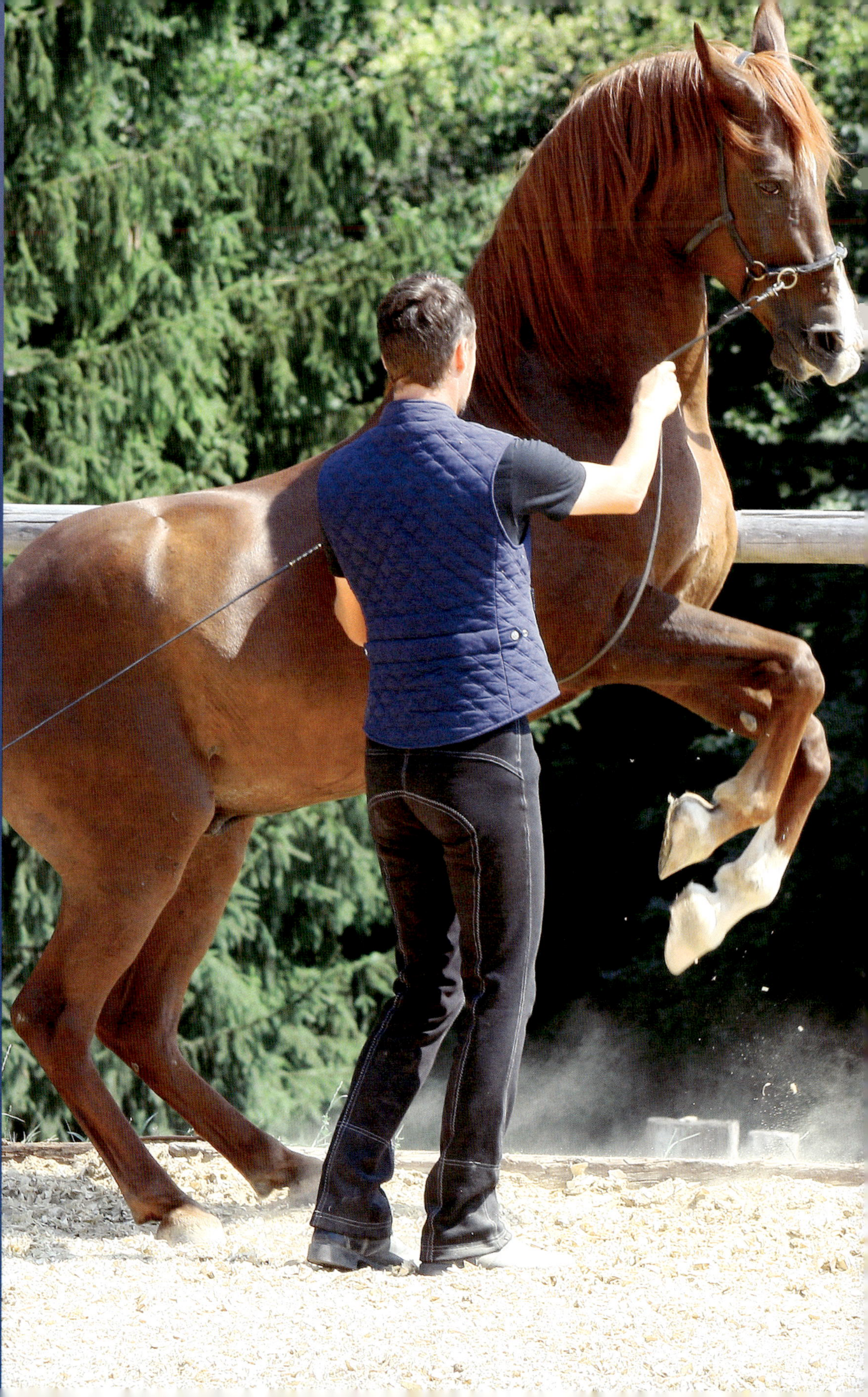

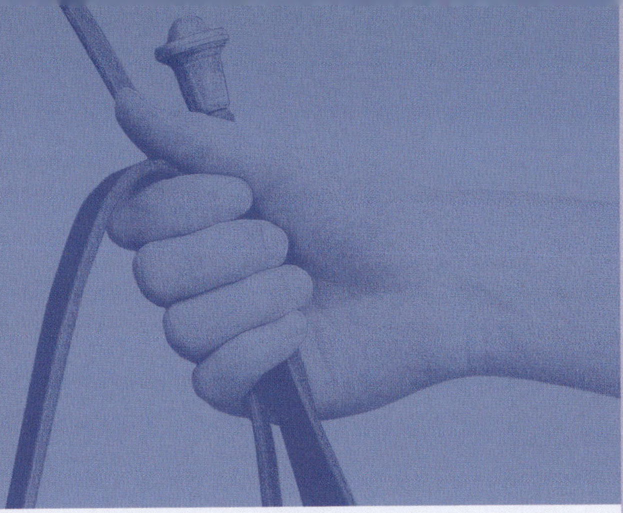

Ausblick

Wohin geht der Weg?

Wenn man den Zeilen dieses Buches gefolgt ist, hat man nun das Grundwissen, um das Dasein seines Pferdes zu bereichern. Die Gesundheit ist nicht nur für den Menschen, sondern auch für das Pferd das höchste Gut, und oftmals bedarf es nur sehr wenig, um eine große Veränderung zu bewirken.

Schon die alten Römer wussten, dass nur in einem gesunden Körper ein gesunder Geist wohnen kann. Und genau dies lässt sich mithilfe der Handarbeit sehr schnell erreichen. Befreit vom Reitergewicht kann das Pferd gezielt trainiert werden, man braucht kein außergewöhnliches Talent, um diese Art der Arbeit zu erlernen, und kommt deshalb sehr schnell zu umwerfenden Ergebnissen.

Hat das Pferd die Grundlektionen verstanden und kann sie ausführen, dann ist es kein weiter Weg, diese auch vom Sattel aus zu erarbeiten. Ausdruck, Stolz und Würde des Pferdes werden nie angetastet, im Gegenteil: Die erreichte Harmonie wird sich beim Reiten fortsetzen.

Wenn man darauf achtet, das erreichte Verständnis nicht zu zerstören, kann das Viereck

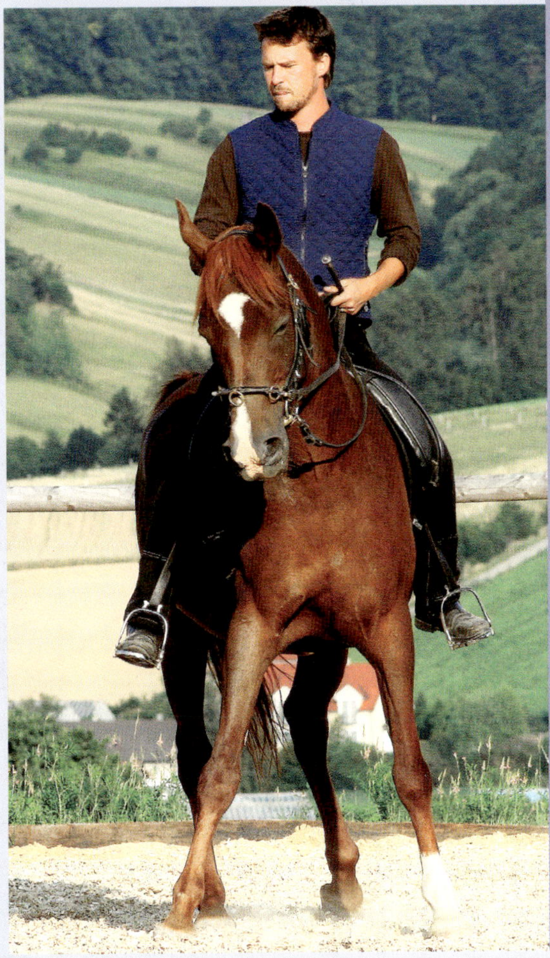

Eine an der Hand erarbeitete Traversale kann auch unter dem Sattel ausdrucksvoll gezeigt werden.

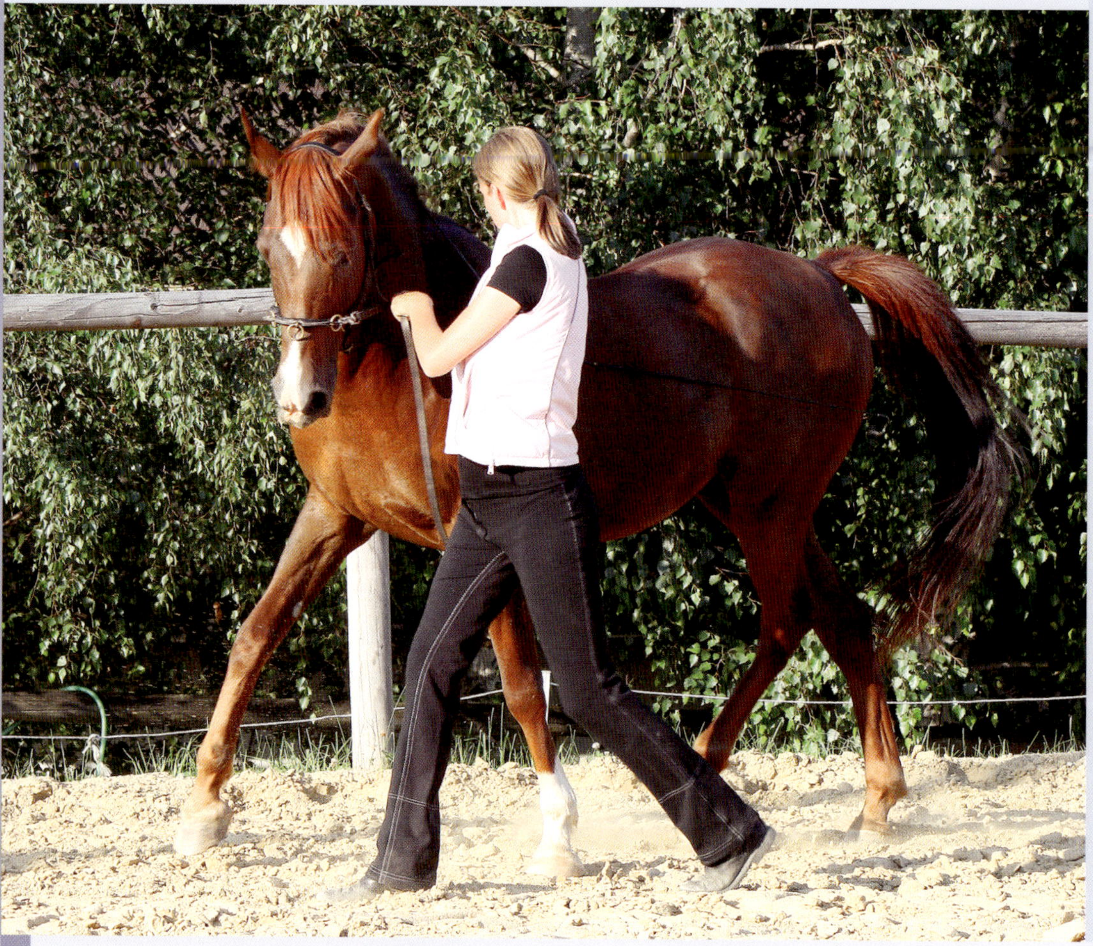

Ein gut gymnastiziertes Pferd findet oft seine Stärken im Vorwärts ...

zu einem Spielplatz werden, zu einem Ort, an dem sich Pferd und Reiter wohlfühlen, zu einem Fitnesscenter für Pferde, in dem auch Freizeitreiter Spaß und Freude an einer Traversale haben dürfen.

Meist hört für ein Pferd die Ausbildung auf einem gewissen Niveau auf. Nur Ausnahmepferden wird das Potenzial für höhere Lektionen und Seitengänge zugestanden. Dem Freizeitreiter, der sich kein Spitzenpferd leisten will, bleibt oft nur die Resignation. „Schuster, bleib bei deinen Leisten", wenn man es salopp ausdrücken darf. Trotzdem bleibt der Ruf nach einem nachvollziehbaren Weg, sein Pferd besser zu unterstützen, ohne seine eigene und die Fähigkeit des Pferdes überschreiten zu müssen.

Mit Leidenschaft zu ungeahnten Höhen

Die hier beschriebene Ausbildung an der Hand kommt ohne Hilfszügel aus. Kein Zusatzriemen kann die Haltung kaschieren und das Pferd einengen. Der Weg ist ein längerer, doch

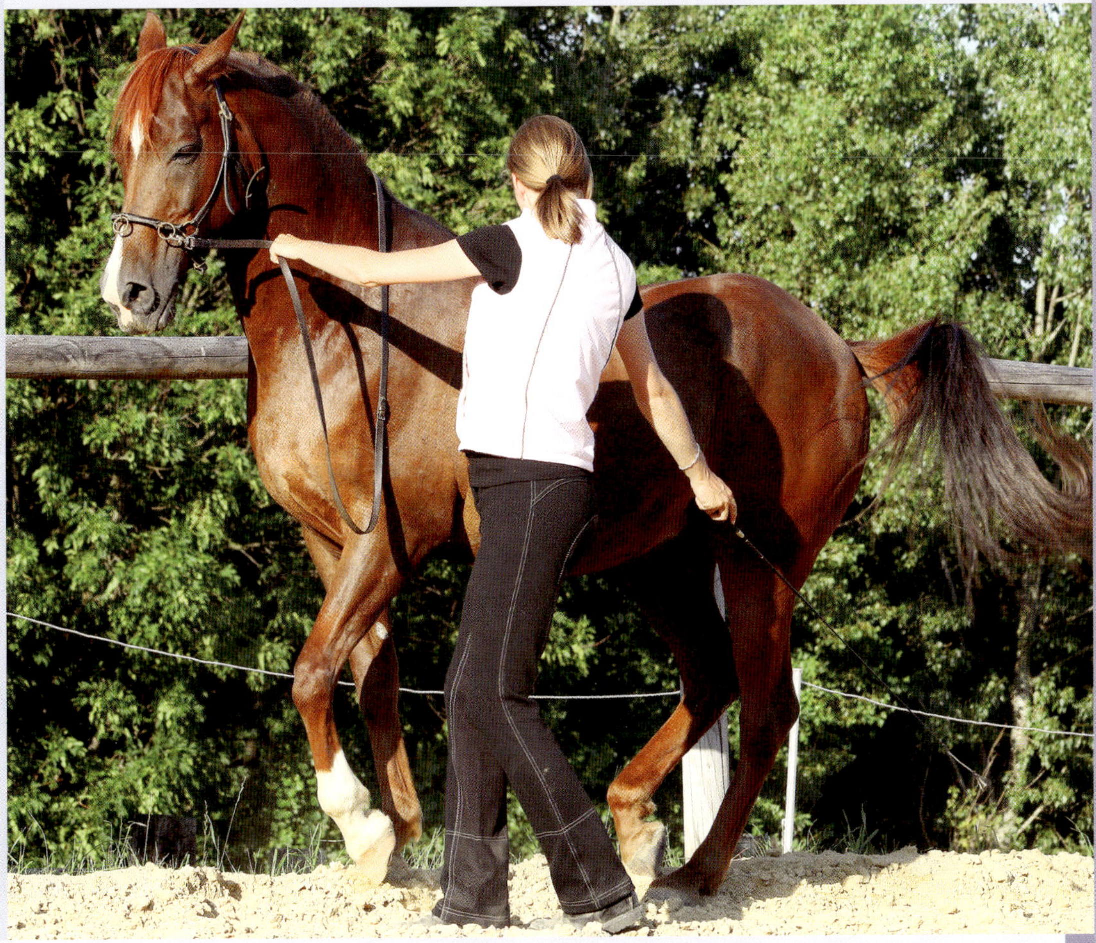

... und im Aufwärts. Die Perfektion ist nicht wichtig – die Ausstrahlung zählt.

als Ausbilder hat man die Chance, sehr genau die Stärken und Schwächen des Pferdes zu erkennen und dementsprechend zu reagieren.

Das Exterieur und die Psyche des Pferdes bestimmen den Ausbildungsweg und auch die Richtung, wohin dieser Weg führt. Die Seitengänge kann jedes Pferd erlernen und von ihnen profitieren, der Weg in die höhere Versammlung bleibt aber einigen Pferden verschlossen.

Im Laufe der Ausbildung an der Hand wird sich herauskristallisieren, welche Lektionen dem Pferd liegen und wo es Schwierigkeiten hat. Auf jeden Fall wird durch die zwanglose Arbeit, die auf Verständnis beruht, jedes Pferd dazu bereit sein, die in ihm schlummernden Talente zu zeigen.

Die größte Herausforderung ist der Beginn der Handarbeit. Die Basisarbeit entscheidet über Erfolg oder Misserfolg. Je besser und gründlicher das Pferd darin geschult wird, desto leichter werden ihm alle nachfolgenden Lektionen fallen. Keine Stunde Basisarbeit ist zu viel investiert, sondern schafft erst die psychischen und physischen Voraussetzungen beim Pferd für den weiteren Weg.

Das eigene Pferd mag kein Bewegungswunder sein. Das muss es auch nicht, denn in Wahrheit geht es nicht um spektakuläre Veranlagungen, die die Natur – oder besser gesagt die Zucht – dem Pferd mitgegeben hat, sondern um das, was in jedem Pferd steckt: Ausstrahlung, Begeisterung und Freude an der Bewegung.

Jedes Pferd lernt, mit den ihm gegebenen Grenzen einen Grad an Geschmeidigkeit und Mobilität zu erreichen, die es zu ungeahnten Höhen führen können. Die Begeisterung und die Leidenschaft, die der Mensch bei der Handarbeit entwickeln kann, wird sich über kurz oder lang auch in den Gesichtern der Pferde wiederfinden.

Jeder macht Fehler, das ist keine Schande. Der große Vorteil der Handarbeit äußert sich in einem schnelleren Erkennen dieser Fehler. Das gesamte Pferd ist immer im Sichtfeld des Ausbilders, er ist nicht allein auf sein Gefühl angewiesen. Wenn man im Sattel sitzt und noch nie zuvor ein korrektes Schulterherein gefühlt hat, dann wird es sehr schwer, die Bewegung korrekt zu beurteilen. Selbst bei Unterstützung durch einen erfahrenen Reitlehrer gestalten sich die Seitengänge häufig als großes Fragezeichen für Pferd und Reiter. Außerdem: Die meiste Zeit befindet man sich allein im Viereck, und das Wissen um die Korrektheit wird durch ein Erahnen ersetzt.

Die Handarbeit gestaltet sich da anders. Man kann die Schulter des Pferdes, die Abstellung, die Biegung, den Fleiß der Hinterhand erkennen und Fehler von Pferd und Mensch sofort korrigieren.

Durch das ständige Bemühen um ein besseres Gleichgewicht gelangt man viel schneller zu enormen Fortschritten, die sich bei jedem Pferd etwas anders äußern – in einer wunderschönen Traversale vielleicht, in einer ausdrucksstarken Piaffe oder im versammelten Galopp. Doch auch bereits die einfachen Biegungen machen jedes Pferd beweglicher und geschmeidiger.

Trabverstärkungen gehören verständlicherweise nicht zur Handarbeit, denn dieses Tempo vermag der Mensch nicht mehr zu gehen. Nichtsdestotrotz werden sich auch Verstärkungen unter dem Reiter dank der gewonnenen Balance stark verbessern, denn der Schub ist jedem Pferd als Fluchttier von Natur aus mitgegeben, und die durch die Gymnastizierung gewonnene Tragkraft kann diesen Schub kultivieren und die Gänge enorm verbessern.

Auch verrittene Pferde gelangen durch die Umformung der Muskulatur wieder zu einer Balance, die es ihnen erlaubt, einen Menschen auf ihrem Rücken zu tragen. Widersetzlichkeiten, die oft wegen des schmerzhaft blockierten Bewegungsapparats entstehen, verschwinden.

Die Handarbeit ist kein Garant für ein gesundes Pferd, aber ein wertvoller Helfer zur Gesunderhaltung des Vierbeiners.

WEITERE LEKTIONEN FÜR DAS FORTGESCHRITTENE PFERD

Die Seitengänge in Versammlung

Was beim gezählten Schritt beginnt, endet bei konsequenter Ausbildung in einer Versammlung, die ohne Krafteinsatz der Zügel auskommt. Die Seitengänge im versammelten Schritt oder Trab wirken sich auf die gesamte Muskulatur des Pferdes aus. Die Oberlinie formt sich, der Hals wird mit der Zeit aus dem Widerrist in einem wunderschön geformten Bogen modelliert, und die Hanken beginnen sich zu beugen.

Weitere Übergänge

Übergänge zwischen Halt und Trab im Wechsel oder vom Rückwärtsrichten in den Trab und zum Halt zurück stärken die Hinterhand und wandeln den Schub in Tragkraft um. Die positive Grundspannung und der Muskeltonus des Pferdes erhöhen sich, und es gewinnt an Schnellkraft.

Die Piaffe

Aus der Schaukel wird sich mit der Zeit ein „kleiner" und fleißiger versammelter Trab entwickeln, der in eine Piaffe münden kann. Auch die Übergänge zwischen Halt und Trab können auf direktem Wege dazu führen.

Der versammelte Galopp

Wird auf einer Volte angaloppiert und anschließend auf eine Gerade gewechselt, kann ein gymnastiziertes Pferd auch in dieser Gangart geschult werden. Im Galopp muss sich das Pferd deutlich auf die Hanken setzen, um den Ausbilder nicht in große Bedrängnis zu bringen.

Die Levade

Die Vervollkommnung der Schwerpunktverlagerung auf die Hinterhand des Pferdes ist die Levade. In dieser Lektion muss das Pferd sein gesamtes Gewicht mit den Hinterbeinen tragen.

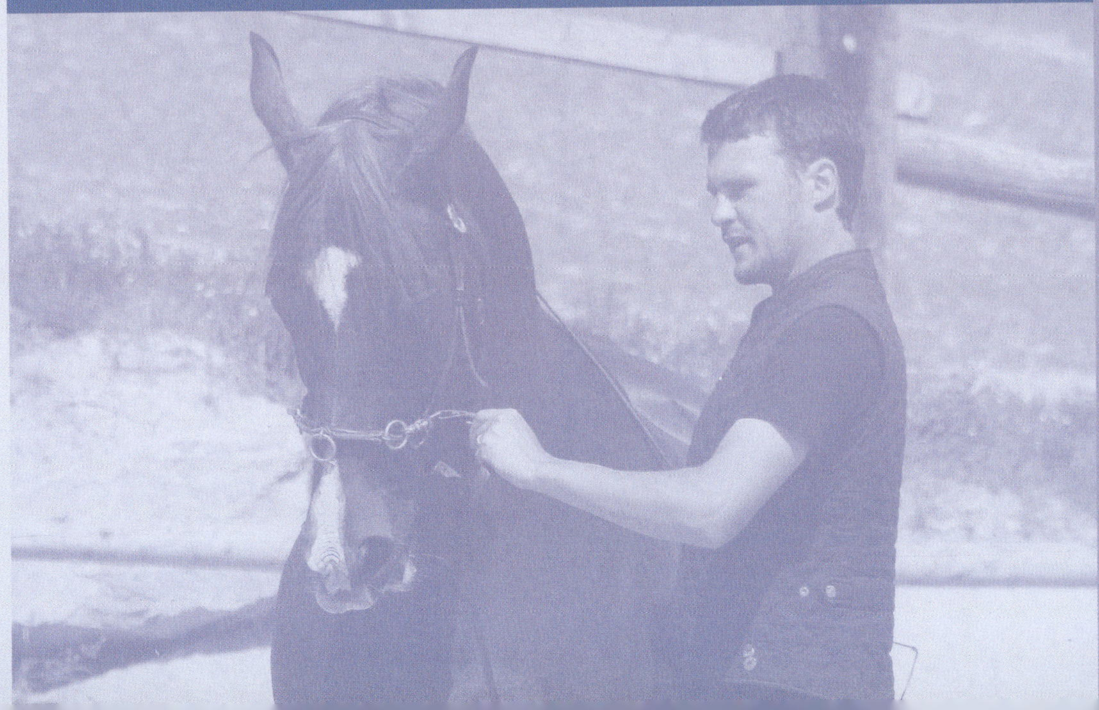

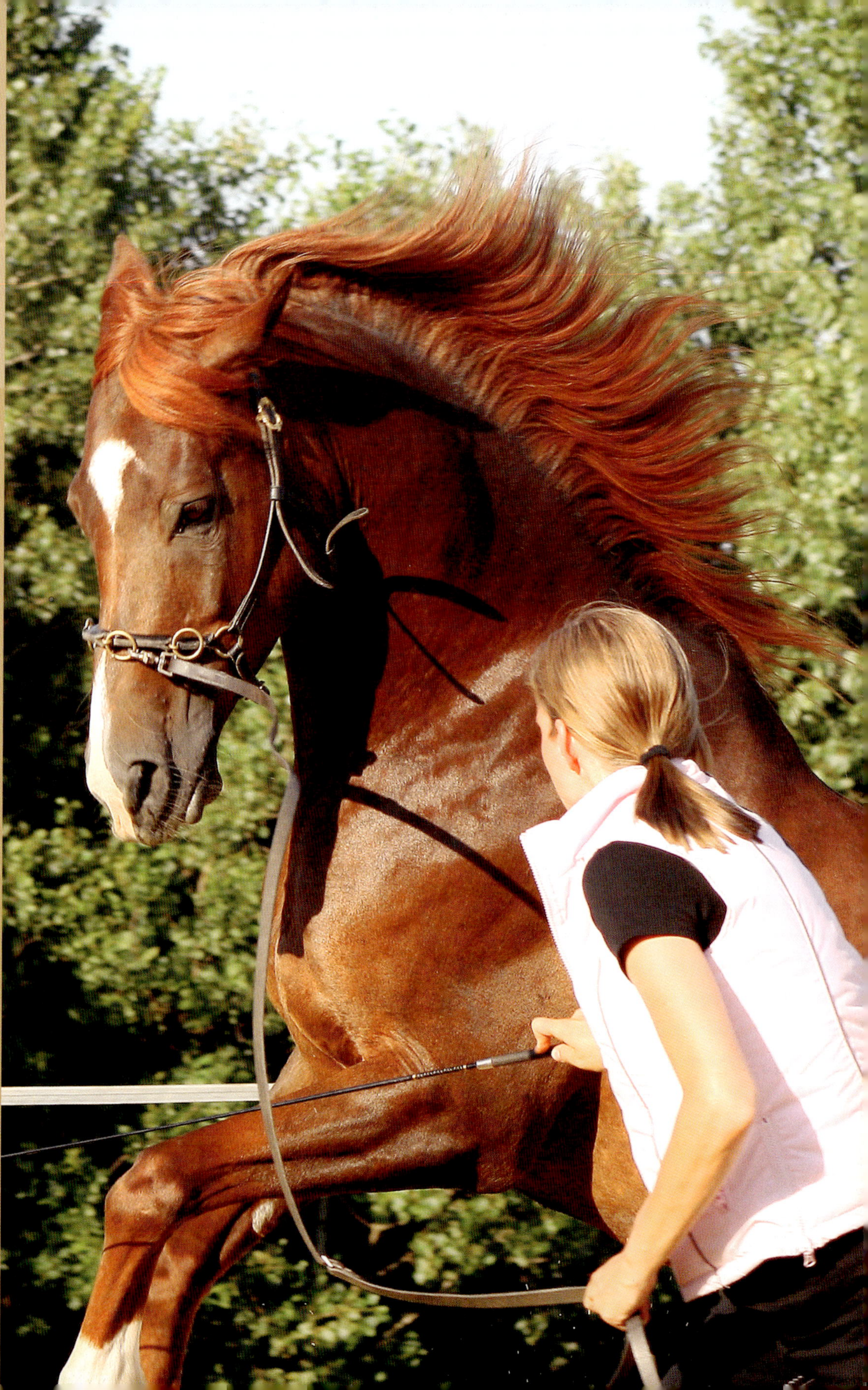

Der Hauptdarsteller

Malcolms Vorgeschichte

Die letzten Sätze dieses Buches sind dem Pferd gewidmet, das den besten Beweis für die Sinnhaftigkeit und Nützlichkeit der Handarbeit liefert.

Als reinrassiger Vollblutaraber hatte Malcolm einige Probleme in seiner Jugendzeit. Mit drei Jahren entwickelte sich bei ihm nach und nach ein ausgeprägter Senkrücken, ohne dass er jemals durch ein Reitergewicht belastet worden war.

Die Ursache dafür konnte selbst nach zahlreichen Untersuchungen nicht festgestellt werden. Das Urteil verschiedener Tierärzte war eindeutig: Malcolm würde nie ein Reitpferd werden, sein Rücken würde das nicht aushalten.

Zur Therapie, um ihm ein angenehmes Leben zu ermöglichen und vielleicht irgendwann einmal einen Menschen tragen zu können, wurden Steroide und ein Training „ausgebunden an der Longe" empfohlen.

Beides brachte nicht den erhofften Erfolg, im Gegenteil: Mit vier Jahren hatte Malcolm bereits beträchtliche Schmerzen im Lendenwirbelbereich und der Hüfte, die durch den durchhängenden Rücken und das Fehlen von unterstützender Muskulatur stark überlastet war.

Die Rettung und Verwandlung

Dank der Behandlung durch eine äußerst kompetente Tierärztin mittels Chiropraktik und Akupunktur konnten die ärgsten Schmerzpunkte

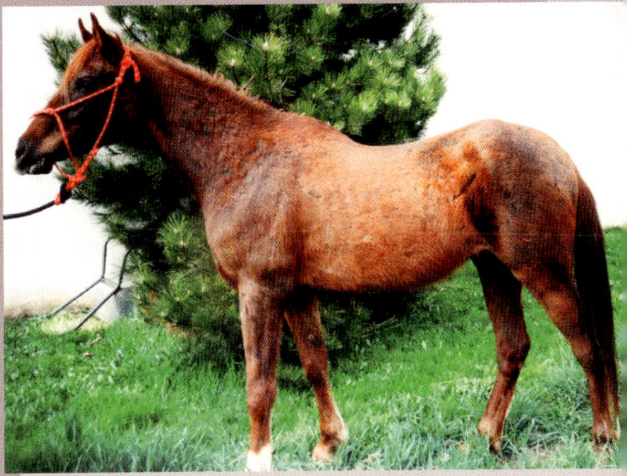

Malcolm im Alter von vier Jahren.

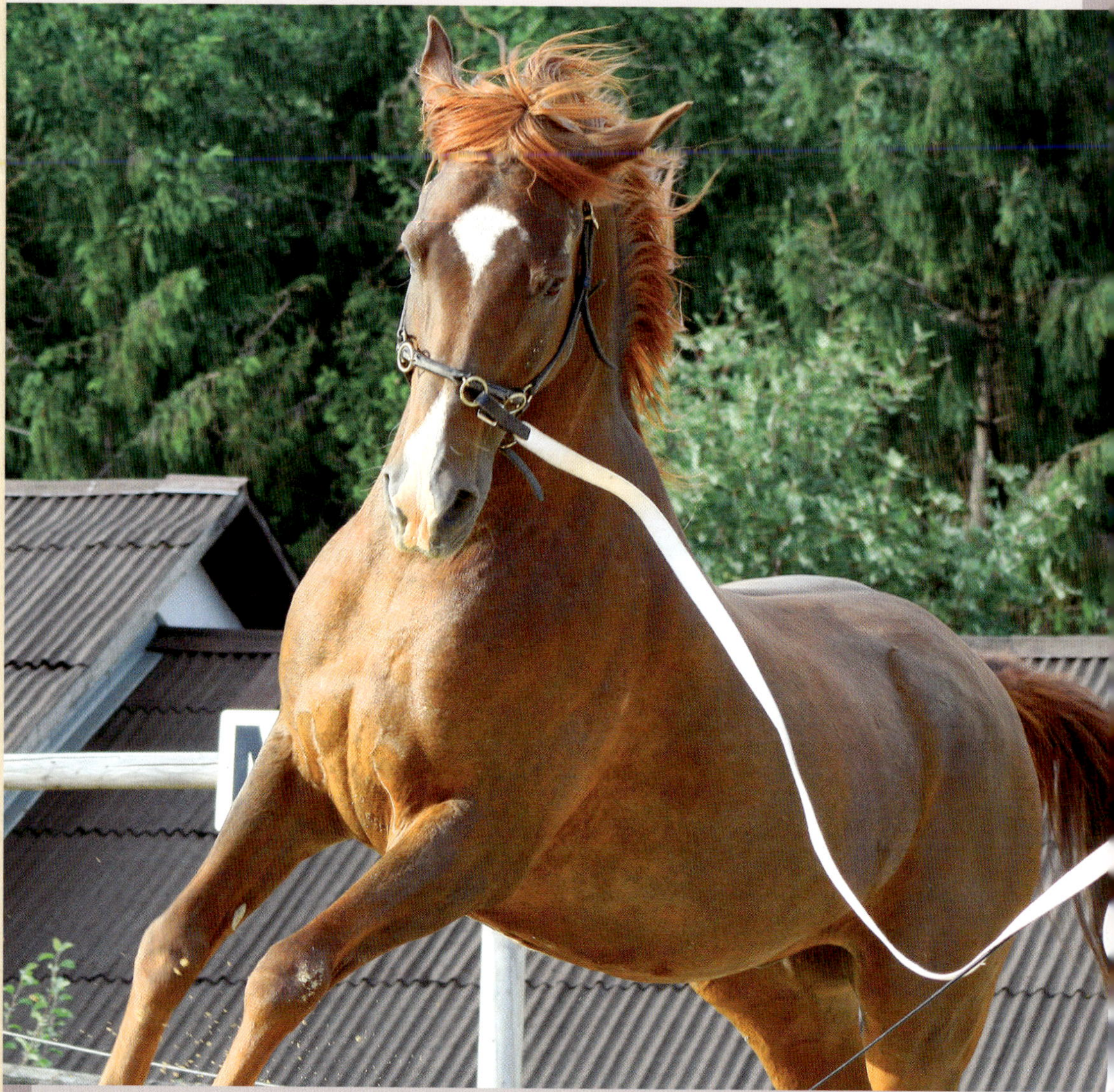

Ob an der Longe …

beseitigt werden, und Malcolm konnte vorübergehend ein schmerzfreies Leben führen. Zusätzlich wurde zu diesem Zeitpunkt mit der gymnastischen Arbeit an der Hand begonnen, die für Malcolms vollständige Genesung unerlässlich war. Zirzensische Lektionen komplettierten die Arbeit.

Dieses Aufbautraining hatte durchschlagenden Erfolg. Malcolm war alsbald nicht nur schmerzfrei, sondern sogar so stark, um einige Monate später auch schrittweise unter dem Sattel gymnastiziert zu werden. Die Muskulatur baute sich auf, die Bewegungen wurden sicherer. Der Senkrücken blieb, doch dieser wurde nun von einem erstarkten Bewegungsapparat gestützt.

Bis zu diesem Zeitpunkt war Malcolm ein introvertiertes Pferd, und er war psychisch unmöglich bereit, bei der Handarbeit in Richtung Versammlung zu gehen.

Malcolms niedrige Grundspannung und sein geringer Rang in der Herde machten ihn nie zu einem potenziellen Kandidaten für die Hohe Schule.

Nichtsdestotrotz führten ihn die Seitengänge an der Hand in eine Welt, in der er sich immer besser zurechtfand. Geduld und Zeit – zwei Komponenten, die in seiner Ausbildung unumgänglich waren und noch immer sind – ließen ihn nach und nach den Muskeltonus aufbauen, der ihn befähigte, auch in der Versammlung Fuß zu fassen.

Ab diesem Zeitpunkt ging es dann rasend schnell. Malcolm wurde mit jedem Monat selbstsicherer und ausdrucksstärker. Durch die versammelten Übungen an der Hand formte sich seine Oberlinie, seine Muskulatur wurde stärker und stärker, er genoss das Lebensgefühl als selbstbewusstes Pferd an der Hand wie auch unter dem Sattel. Aus dem introvertierten kleinen Araber wurde ein wunderbares, sicheres Pferd, das auch trotz seines Senkrückens in der Hohen Schule seinen Platz gefunden hat.

Im Laufe seines Lebens hat Malcolm auch das Kompliment, das Plié, das Sitzen und das Hinlegen gelernt: Der spanische Schritt ist seine Lieblingslektion geworden, die ihn sehr leicht in der Vorhand werden ließ.

An dieser Stelle möchte ich meinen Dank an dieses ganz besondere Pferd richten. Seine beispiellose Wandlung war es, die mich zu diesem Buch inspiriert hat und mich hoffen lässt, dass ihm noch viele Pferde auf dem Weg zu Gesundheit und Selbstvertrauen folgen mögen.

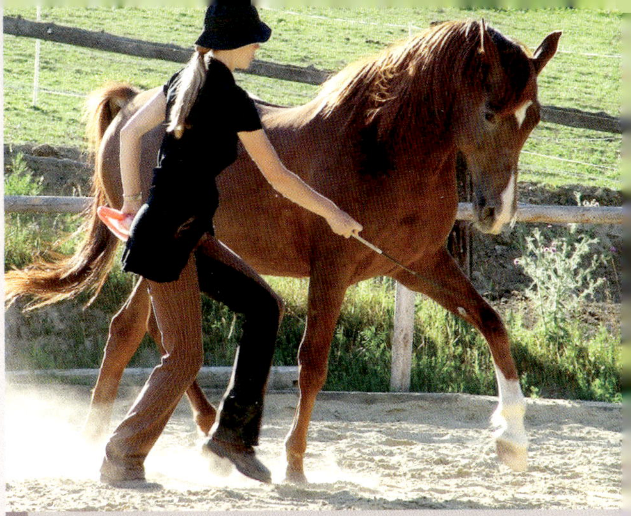

... im freien Spiel ...

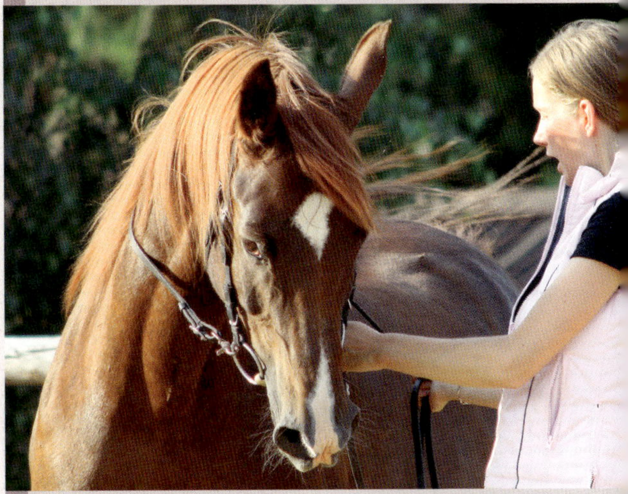

... bei der Handarbeit ...

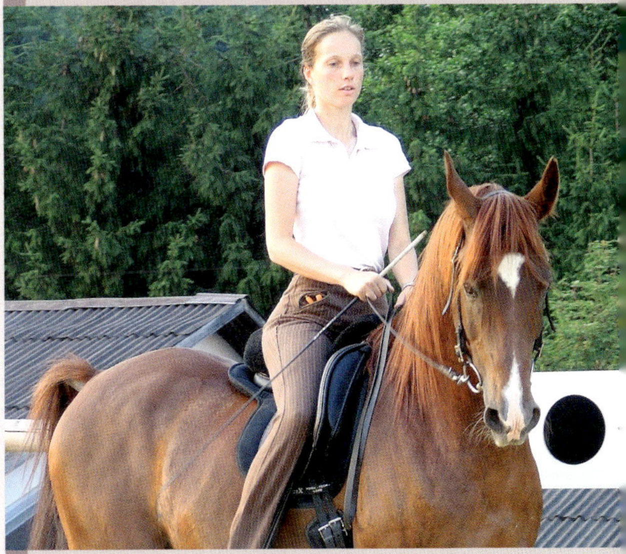

... oder beim Reiten: Malcolm ist ein gesundes, stolzes Pferd geworden.